Heinrich Smidt

Ein Berliner Matrose

Heinrich Smidt

Ein Berliner Matrose

ISBN/EAN: 9783743449220

Hergestellt in Europa, USA, Kanada, Australien, Japan

Cover: Foto ©ninafisch / pixelio.de

Weitere Bücher finden Sie auf **www.hansebooks.com**

H. Smidt's MARINE ROMANE

Verlag von R. Jacobsthal, Berlin.

Heinrich Smidt's
Marine-Romane.

Herausgegeben

von

Wilhelm Noeldechen.

Illustriert

von

E. Zardetti v. Bayer, Hans Günther
und anderen.

Magdeburg.

Creutz & Schlombach, Verlag.

Ein Berliner Matrose.

See-Roman
von
Heinrich Smidt.

Illustrierte Ausgabe.

Magdeburg.

Graunke & Schlombach, Verlag.

Druck von F. Hoede, Magdeburg.

I.

Eine Weiße bei Schulzens.

Die Wilhelmsstraße in Berlin! Es ist eine Straße, aus drei der verschiedensten Elemente zusammengesetzt. Von den Linden südwärts bis zur Leipziger Straße ist es die Stadt der Paläste. Hier stehen die Hotels der königlichen Prinzen; hier residieren Fürsten und die hohe Aristokratie. Von der Leipziger Straße bis über die Kochstraße hinaus ist es die Stadt der wohlhabenden Bürger. Der Rentier, der Gewerbetreibende, der Fabrikant haben hier ihre Heimat. Das südlichste Ende bis zum sogenannten Sechseck ist die Weberstadt. Dort stehen hinter den Fenstern mit den halb erblindeten, in grün, rot und blau schillernden Scheiben die Webestühle, deren einförmiges Geklapper melancholisch auf die Straße hinaushallt.

Sie ist, im Vergleich zu den übrigen Straßen der Residenz, still und wenig begangen. Vor sechzig Jahren und länger, da diese Geschichte ihren Anfang nimmt, war sie es in einem erhöhten Grade. Die Fenster blickten noch trüber und melancholischer. Die Farben, womit die Hausfronten angestrichen waren, hatte der Regen zum großen Teil weggewaschen. Vereinzelte Oellampen

warfen einen ungewissen Schimmer über die Straße hin,
und bei dem schlechten Verschluß derselben drohte der
stürmende Herbstwind sie jeden Augenblick auszulöschen.

In der Mitte dieser rasselnden und klappernden
Häuser befand sich eins, dessen Parterre=Wohnung ein
Wirtshaus im alt=berlinischen Stil zeigte. Friedrich
Wilhelm Schulze hieß der Inhaber, der sich von dem
Webstuhl erhob, um sich hinter dem Schänktisch einen
bequemeren Sitz zu bereiten.

Eine Weißbierstube aus jener Zeit ist eine in
unseren Tagen kaum aufzufindende Merkwürdigkeit. Der
Eingang zu derselben ward durch eine trübe brennende
Thranlampe, die der Zug in jedem Augenblick auszu=
löschen drohte, notdürftig bezeichnet. Die vier Wände,
ursprünglich weiß, hatten im Laufe der Zeit durch
Tabaksrauch und Lichterqualm einen graumelierten
Ueberzug bekommen. Braun angestrichene Bänke liefen
längs den Wänden. Vor denselben stand der Tisch
von gleicher Farbe. Eine Anzahl hölzerner, plump
gearbeiteter Stühle vollendeten das Mobiliar. Kurze
Gardinen von rotwollenem Zeuge verhinderten den
Ausblick auf die Straße. Auf dem Tische standen
eiserne Drahtleuchter mit schweren hölzernen Fuß=
gestellen und auf denselben steckten lange, schwindsüchtige
Talglichter. Neben diesen Ungeheuern sah man blecherne
Gefäße in Becherform, angefüllt mit Fidibussen zum
Anzünden der Stammpfeifen; ein Luxus, den nur her=
vorragende Wirte, wie Friedrich Wilhelm Schulze,
ihren Gästen allabendlich anboten.

Unfern vom Eingange, zwischen der Thür und dem
stattlichen Kachelofen von pechschwarzer Farbe befand

sich der Schänktisch, woselbst der Wirt die „honnet geproppten Weißen" in die stets durstbereiten Stangen laufen ließ. Für jede Stange lag ein grün oder rot lackierter Blechdeckel bereit, mit einer Nummer versehen, die sich jeder Gast zu merken hatte, um ärgerlichen Verwechslungen vorzubeugen. Mancher Stammgast forderte sich auch „eine kühle Blonde von 's eichene Brett" und um diesem Verlangen stets nachkommen zu können, war in derselben Höhe des Ofens eine Vor=richtung angebracht, über welche ein sauber gewaschenes Brett gelegt wurde. Dorthin setzte zur Herbst= und Winterzeit der Wirt die eingeschänkte Weiße, damit sie von der Ofenhitze angehaucht, ein wenig verschlagen wurde und in Begleitung eines Bierschnäpschens dem durstigen Gast weniger schade.

Hart am Schänktisch, von dem Ofen halb verdeckt, stand das Pfeifenspind. Es diente zur Aufnahme der Stammpfeifen, und eine solche Ordnung herrschte in dem beschränkten Raume desselben, daß jeder Gast auf den ersten Griff seine Pfeife zwischen den Fingern hielt.

Diesem Platze zu bewegte sich ein Mann in reiferen Jahren. Er ging etwas gebückt und man sah es ihm an, daß nicht die Zeit, wohl aber Kummer und Sorge sein Haar bleichten. Mehr aus Gewohnheit, denn aus Neigung, erschien er heute, wie immer, nickte dem freundlich grinsenden Wirt einen guten Abend zu und schaute nach dem langen Tische. Dort hatte noch niemand Platz genommen, soviel man bei dem matten Schimmer des einzigen brennenden Lichtes erkennen konnte, das seinen hinsterbenden Strahl auf die vordere Seite des neuesten Intelligenzblattes fallen ließ.

„Ih, guten Abend, Meister Pfingstberg," rief der
Wirt seinem Gaste entgegen.   „Immer ordentlich, immer
präzise. Gar nicht wie die andern. Dafür können
Sie sich auch den besten Platz aussuchen und das Intelligenzblatt, das alle Tage dickleibiger wird, in Ruhe
lesen."

„Wäre mir wie lesen," brummte Meister Pfingstberg und steuerte seinem gewohnten Platze zu, während
der Wirt ihm nachrief:

„Nun, denn nicht lieber Mann. Es muß ja nicht
sein. Aber die Weiße werde ich gleich bringen und das
Bierschnäpschen dazu."

Während Meister Pfingstberg seine Pfeife stopfte
und den ersten Zug aus der dargereichten Stange that,
erschienen mehrere der gewohnten Stammgäste. Herr
Schulze hatte für jeden die stehende Begrüßung zur
Hand und rief einem der letzteren zu:

„Das muß ich sagen! Je länger am Abend, je
schöner die Leute. Habe lange nicht die Ehre von
Meister Neumeier gehabt. Dachte schon, der Posamentier
aus dem Eckladen in der Zimmerstraße wollte mit uns
im Weberviertel nichts mehr zu thun haben. Ist mir
lieb, daß ich mich geirrt habe. Nun, womit kann ich
dienen?"

Meister Neumeier schüttelte sich, ob vor Kälte oder
vor Wohlbehagen, war nicht zu ermitteln, und machte
dann eine nicht mißzudeutende Bewegung. Der Wirt
füllte ein Glas aus zwei Flaschen und sagte:

„Kenne noch Ihren Gusto. Kümmel und Kirsch.
ehrlich gemengt. Wollen Sie nicht bei Ihrem alten

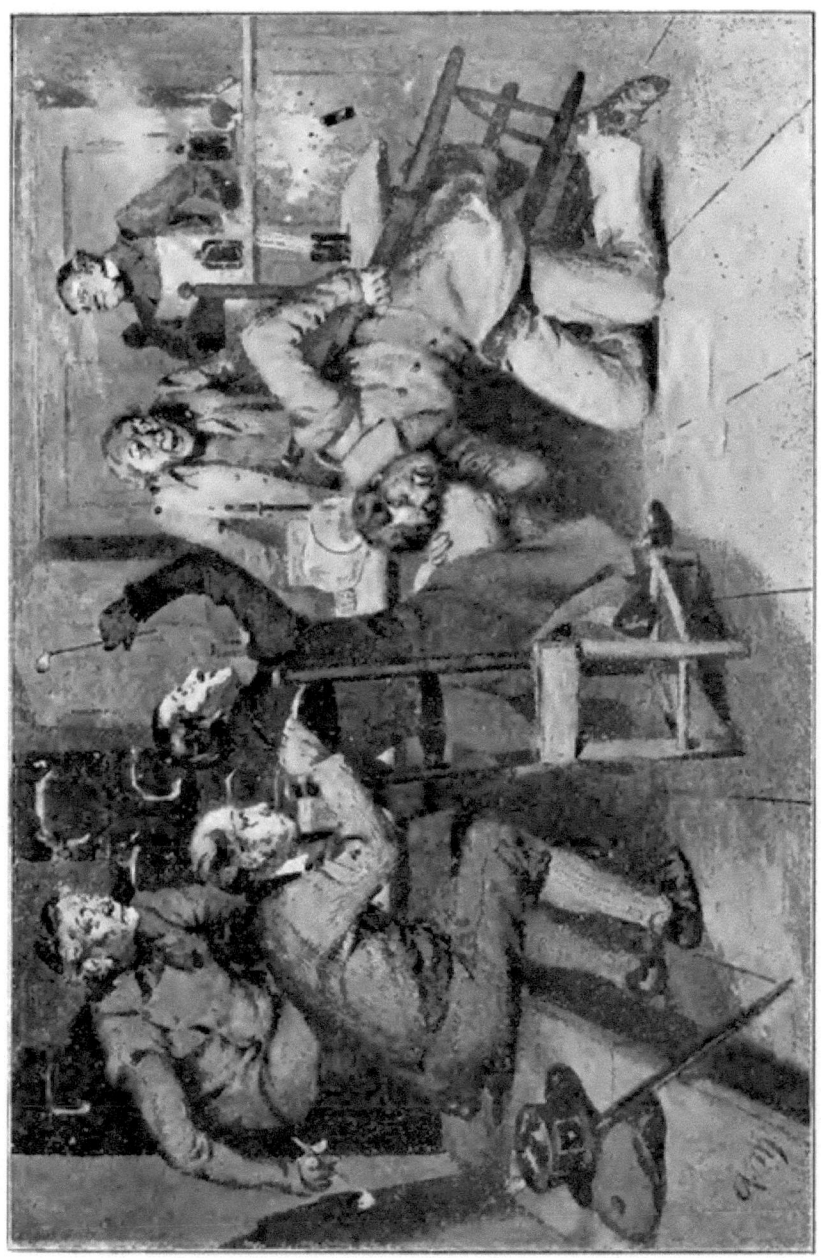

Freunde Pfingstberg platzen? Meine Karline soll gleich
die Weiße nachbringen."

Das Gesicht des Wirtes nahm bei diesen Worten
einen Ausdruck an, welcher ahnen ließ, daß es mit der
Freundschaft der beiden Meister eine eigene Bewandnis
haben müsse. Er lachte auf eine eigentümliche Weise,
als nun der Posamentierer auf den Weber lossteuerte
und diesen mit einem lauten „Guten Abend!" aus
seinem Nachsinnen aufschreckte.

Meister Neumeier nahm den ihm bezeichneten Platz
ein. Er betrachtete den Weber mit einiger Malice, wobei
er sich die Hände rieb und sagte dann im kordialen Ton:

„Sieh da, Pfingstberg. Kriegt man Euch einmal
wieder zu sehen, alter Seelenfreund? Rückt ein bischen
weiter, daß ich die Beine besser ausstrecken kann."

Der Angeredete that ihm den Willen, ohne ein
Wort hinzuzufügen. Es geschah mit einer Miene, die
zu sagen schien, daß er den Ankömmling hundert Meilen
wegwünschte. Jener bemerkte es und sagte:

„Wie es scheint, ist Euch an meiner Gesellschaft
nichts gelegen? Aber ich habe mir einmal vorgenommen,
heute Abend bei Euch zu sitzen. Wenn Ihr Euch mit
mir nicht freundschaftlich unterhalten wollt, kann ich
Euch doch ärgern."

„Das untersteht Euch!" fuhr der Webermeister auf,
und jener unterbrach ihn mit den Worten:

„Warum denn nicht? Wer sollte mich daran
hindern? Aha! Da ist mein Bier. Danke, Karline!
Nachher eine halbe Pökelbrust und eine saure Gurke.
Schade, Meister Pfingstberg, daß ich nicht früher daran
dachte. Wir hätten eine zusammen spannen können.

Na! Hernach eine Steh=Weiße. Auf der schönen Jette
ihre Gesundheit!"

Meister Pfingstberg hielt nur mühsam an sich. Der
Posamentier that, als bemerke er es nicht und fragte:
„Wie ist es denn? Noch immer keine Nachricht von
Eurem Bruder? Der Wilhelm könnte nun doch bald
nach Hause kommen, bevor es zu spät wird. Die arme
Jette bekommt ja graues Haar vor Gram und Kummer."

„Wenn Ihr Euch noch einmal untersteht — —!"
fuhr der Webermeister auf; aber sein Gegner ließ ihn
nicht ausreden.

„Warum soll ich mich nicht unterstehen? Warum
soll ich nicht da räsonnieren, wo alle Welt räsonniert?
Wenn ein junger Kerl sein Handwerk gelernt und ein
Mädchen hat, das er heiraten will, geht er nicht in die
weite Welt und vergißt das Wiederkommen, wie es
Euer Bruder Wilhelm gemacht hat."

Einige Männer, die an demselben Tische Platz
genommen hatten, gaben ihre Zustimmung. Sie ergingen
sich in nicht allzugewählten Ausdrücken, als sie sich über
den Landläufer aussprachen, der sonst die Nase so hoch
trug und jetzt längst in fremden Landen verdorben und
gestorben sei. Der Meister Neumeier hörte mit großer
Befriedigung zu und sagte:

„Und Eure Cousine hätte auch bedenken sollen, wie
es im Sprichwort heißt: Bleibe im Lande und nähre
dich redlich. Kaufe im Sommer dein Holz, dann brauchst
du im Winter nicht zu frieren. Hätte sie mich ge=
heiratet, wäre sie keine alte Jungfer geworden. Konnte
bei mir recht in der Wolle sitzen und sich gute Tage
machen, wovon Paulus nun nichts schreibt."

„Schweigt mir von der Jette!" platzte jetzt Meister Pfingstberg los. „Ist noch nicht ausgemacht, wie das Glück ausgefallen wäre, wenn sie mit einem Krakehler, wie Ihr seid, hätte zusammen leben müssen. Und den Wilhelm sollt Ihr mir auch nicht schimpfieren, oder ich vergreife mich an Euch. Laßt meine Verwandtschaft in Ruhe, sowie ich mich um die Eurige nicht kümmere."

Mehrere der Anwesenden gaben dem Meister recht und bedeuteten den Posamentier, daß er zu weit gehe. Das machte Pfingstberg Mut und er sagte achselzuckend: „Allzutief wird der Gram bei Euch wohl nicht gegangen sein, denn Ihr habt Euch bald genug getröstet und eine andere geheiratet, wobei Ihr die Bosheit hattet, mich und die Jette zur Hochzeit einzuladen, Ihr maliziöser Kerl. Aber es soll Euch beigebracht werden, wie das Einmaleins, versteht Ihr? Grämt sich um die Eine und macht mit der Andern Hochzeit."

„Sollte wohl um der albernen Gans willen mein Leben lang in Sack und Asche trauern? Oder gar mich abgrämen und abhärmen um einen Landläufer, wie den Wilhelm, und von Haus und Hof gehen, um ihn zu suchen und ihm gute Worte geben, daß er mit mir umkehren soll?"

Ein vorübergehendes Geräusch unterbrach ihn für den Augenblick. Keiner konnte sagen, woher es kam, Herr Schulze ausgenommen, der, beide Hände in die Seiten gestemmt, behaglich darein schaute. Da es weiter keine Folgen hatte, that Meister Neumeier einen tiefen Atemzug und fuhr fort, seinen Gegner dermaßen mit spitzen Redensarten zu stacheln, daß dieser seines Leibes keinen Rat wußte. Er rückte ungeduldig auf dem

Stuhle hin und her und war in Gefahr, mit demselben umzustürzen, als Neumeier ausrief:

„Wie der Thunichtgut Wilhelm, so ist sein Neffe der Lude."

„Was wollt Ihr von meinem Sohne?" fragte Pfingstberg, sich aufraffend.

Die Antwort auf diese Frage erfolgte von mehreren Seiten zugleich. Ludwig war Meister Pfingstbergs Sohn. Als die Meisterin starb, zog die Jette zu dem Bruder in das Haus und nahm sich des verlassenen Knaben an. Sie vertrat Mutterstelle bei ihm und ließ ihn das Verlorene nicht vermissen. Aber die Hand eines unerfahrenen Mädchens war nicht stark genug, einen wilden, unbändigen Knaben zu leiten und zu zügeln. Ludwig Pfingstberg wurde nach und nach der Schrecken der Nachbarschaft und manche brummige Alte, die er in seinem Uebermut narrte, rief Zeter und Mordio auf ihn herab.

Auch die Bierbrüder an dem langen Tische bei Schulze waren nicht verschont geblieben von den Schelmenstreichen Ludwigs und seiner Genossen, die sich um ihn sammelten und ihn zum Anführer wählten. Haarsträubende Geschichten wurden erzählt, eine noch entsetzlicher, aber auch unglaublicher und unmöglicher, als die andere, bis der Vater, der auf diese Weise von den Heldenthaten seines Sohnes Kenntnis erhielt, mit schlaff herabhängenden Armen da saß und die Schreier vor Erschöpfung innehielten.

Das Geräusch von vorhin wiederholte sich. Wie es sich früher von dem Eingange her nach dem Hinter= grunde der Bierstube bewegte, machte es jetzt den um=

gekehrten Weg. Die müden Kämpfer hatten sich noch nicht erholt; dann aber wurde die Thür mit großem Lärmen aufgerissen und eine helle Stimme rief:

„Meister Neumeier, Eure Frau steht draußen mit einer Laterne und einem Besen und will Euch holen."

Lautes Gelächter der Anwesenden folgte diesen Worten, verstummte aber sogleich, als es unter dem Stuhle des Angerufenen anfing zu knistern und zu knattern. Alle schrieen erschreckt auf, als zahllose Funken um ihre Beine flogen. Neumeier sprang in die Höhe, aber zugleich fiel er kopfüber seinem Nachbar auf den Schoß. Der Stuhl, worauf er bislang saß, stürzte über ihn hin, und die umgerissenen Gläser bedeckten ihn mit einem Strom von Weißbier.

Eine mutwillige Hand hatte während der vorangegangenen tumultuarischen Scene die Rockschöße des Meisters unter dem Stuhl zusammengeheftet. An dem unteren Ende befestigte sie einen Schwärmer und an den Zünder desselben ein Stück Schwamm. In dem richtigen Augenblick platzte die Bombe und Meister Neumeier glich dem Beelzebub, der auf seinem feurigen Wagen in die Tiefe fährt.

„Das war der Lude!" rief Meister Neumeier, als er, von hilfreichen Nachbarn erlöst, sich erhob und den Angstschweiß von der Stirn trocknete.

„Der Lude! Der Lude!" erklang es im Echo. „Wer hat ihn gesehen? Wo ist er? Wo?"

„Weg ist er!" sagte Herr Schulze, der bislang unthätig dastand und nun anscheinend außer Atem herbeikam. „Ich habe mir alle Mühe gegeben, ihn zu greifen aber der Bengel schlüpfte mir zwischen den Beinen durch und hätte mich beinahe umgeworfen. Muß mir so ein Skandal in meiner ehrbaren Bierstube geschehen. Meister Pfingstberg, wenn wir nicht so lange mit einander bekannt wären, ich würde grob wie Bohnenstroh. Aber wer die beiden zerbrochenen Gläser bezahlen wird, soll mich doch wundern."

Mehrere Stimmen erhoben sich zugleich, lebhaft gegen eine solche Zumutung protestierend, bis endlich Pfingstberg sagte:

„Ich will es thun, damit nur der Skandal aufhört, obgleich ich schuldloser bin, als alle andern. Und meine Pfeife ist auch hin. Hier, Schulze, ist Euer Geld. Laßt mich gehen, Leute, an den Abend will ich denken."

„Und ich auch!" sagte Neumeier, der seine Hand auf Pfingstbergs Schulter legte. „Euer Taugenichts von Junge hat heute Abend bei mir einen Pump gemacht, den Ihr bezahlen sollt bis auf den letzten Münzgroschen. Nun könnt Ihr gehen!"

„Wenn er gehen kann, der alte Knickebein!" warf ein mutwilliger Geselle drein.

„Dann kann er sich eine Sänfte aus dem Schloßportal holen und sich nach Hause tragen lassen!" rief Neumeier und schickte dem fortschleichenden Meister ein schallendes Gelächter nach. „Schulze, einen Kümmel per Kopf und ein paar honnet geproppte Weiße für meine Rechnung. Auf den Schreck müssen wir zusammen einen Schluck trinken."

———

Jette Leffler hielt das Abendbrod bereit, welches Meister Pfingstberg mit ihr zu essen pflegte, wenn er

aus der Schulzeschen Bierstube nach Hause kam. Auf
dem Tische lagen ein Viergroschenbrod und ein Bündel
schwarzer Rettige. Daneben standen die Schmalzbüchse
und das Salzfaß. Jette Leffler, für den Genuß solcher
Gottesgaben nicht unempfindlich, warf einen begehrlichen
Blick darauf und sah mit steigender Ungeduld der Rückkehr des Vetters entgegen, der heute über die Gebühr
ausblieb.

„Na, endlich!" rief sie dem Eintretenden zu, als
dieser über die Schwelle schritt. „War heute wohl ausnehmend schön bei Schulzens."

„Ja, endlich!" erwiderte Pfingstberg, indem er
sich den Schweiß von der Stirn trocknete. „An die
Schönheit will ich denken."

Er setzte sich an den gewohnten Platz. Jette
Leffler betrachtete ihn näher und sagte mit unverkenn-
barer Teilnahme: „Hast Du Verdruß gehabt, Vetter?
Haben sie Dich geärgert?"

„Das haben sie!" seufzte er.

„Dir geschieht ganz recht. Warum läßt Du es
Dir gefallen? Hast ja zwei Arme am Leibe, womit
Du Dich wehren kannst. Gewiß war der schlechte Kerl,
der Neumeier wieder dabei?"

„Das war er! Aber die Hauptschuld trägt der
Lude!"

„Was hast Du wieder mit dem Jungen?" fragte
sie mit gehobener Stimme. „Wild und unbändig ist
er. Gott sei es geklagt; ich weiß ein Lied davon zu
singen. Aber gut, seelengut. Und verlassen kann man
sich auf ihn, mehr als . . ."

Sie brach ab. Pfingstberg sah zu ihr auf und sagte: „Warum sprichst Du nicht aus? Mehr als auf den Vater; das willst Du doch sagen?"

„Wenn Du von selbst darauf kommst, Vetter, halte ich nicht hinter dem Berge. Du bist verzagt und kannst nie zur rechten Zeit den Mund aufmachen. Wenn Du nur den vierten Teil von der Courage Deines Bruders Wilhelm hättest . . ."

„Gönne doch dem armen Jungen die ewige Ruhe und fange nicht immer das alte Lied von vorne an".

„Woher weißt Du, daß er tot ist?" unterbrach sie ihn lebhaft. „Wir haben keinen Totenschein in den Händen und keiner ist gekommen, der uns sagte, der Wilhelm ist da oder da gestorben. Du bist ein schlechter Bruder, daß Du so geringschätzig von einem armen Jungen sprichst, der nur darum sein Bündel schnürte . . ."

Jette Leffler sprach sich so sehr in die Rührung hinein, daß sie mitten in der Rede stecken blieb und dem Vetter Zeit ließ, loszupoltern:

„Für uns ist er so gut als tot, weil er ohne Abschied davon ging, weil er nie etwas von sich hören ließ und weil er sich die vielen langen Jahre nicht um Dich bekümmert hat. Wie gut wäre es, hättest Du auch gesagt, aus den Augen, aus dem Sinn, und den Neumeier geheiratet, der Dich partout haben wollte. Du säßest dann in der Wolle und brauchtest Dich nicht in meiner armseligen Wirtschaft abzuquälen. Ich hätte keinen, der mir wie ein böser Geist auf den Nacken sitzt und mich auf alle Weise schurigelt und der Lude . . ."

„Was hast Du nur heute Abend mit dem Jungen, Vetter? Sprich doch einmal von der Leber weg."

„Ich wollte einen Kerl aus ihm machen, der etwas gelernt hat und sich durch die Welt helfen kann, darum ließ ich ihn in die Schule gehen. Hat er etwas gelernt? Nein. Darauf ließ ich ihn an meinen Webstuhl gehen. Aber Gott bewahre! Kein Sitzfleisch. Nun gaben wir ihn zum Schuster Schön in die Lehre, aber auch da betrug er sich nichtsnutzig.“

„Das habe ich gleich gesagt. In dem Jungen steckt etwas besonderes. Er ist nicht für die Werkstatt gemacht.“

„Aber für das Vagabundieren!“ platzte der Meister heraus. „Für das Herumtreiben und Lodderleben. Er ist nur gut, um Leute miteinander zu verhetzen . . .“

„Es ist Dein eigen Fleisch und Blut, Vetter, wovon Du sprichst!“ sagte Jette Leffler ernst, allein jener ließ sich nicht stören und erzählte mit sprudelnder Hast, was sich abends in der Schulzeschen Bierstube begab und wie der Junge mit seinem Schwärmer beinahe das Haus hätte in Brand stecken können. „Und warum hat er dem Neumeier den Tort angethan? Wo hat er den Schwärmer her, der uns um die Ohren flog?“

Ludwig, der kurz vorher eintrat und die Anklage des Vaters hörte, fiel mit den raschen Worten ein:

„Den Schwärmer habe ich am dritten August auf dem Exerzierplatz gefunden und ihn mir bis heute aufgehoben. Den Neumeier habe ich darum am Stuhl festgebunden, weil er auf Onkel Wilhelm schimpfte, den er einen schlechten Kerl nannte, und weil er Tante Jette . . .“

„Was?" fiel diese ein. „Er hat sich unterstanden, in der Bierstube vor dem Mannsvolk von mir zu sprechen? Und Du hast Dich meiner angenommen, Junge? Und auch Deines Onkels Wilhelm, den Du nicht einmal gekannt hast?"

„Ja, Tante Jette, das habe ich," fiel der Junge lebhaft ein. „Und ich würde es wieder thun, morgen, oder übermorgen, oder über Jahr und Tag, wenn es sich einer unterstände, auf Dich oder auf den Onkel zu schimpfen. Ob Neumeier oder ein anderer. Hier findet er seinen Mann."

„Junge, Du bist . . ." rief Jette Leffler und war nahe daran, ihren jungen Ritter um den Hals zu fallen; allein sie besann sich noch zur rechten Zeit, indem sie einen Blick auf den Vater warf und sagte:

„Laß es nur gut sein und iß Dein Abendbrod."

„Ich bin nicht hungrig, Tante, aber müde, denn ich habe heute mit besohlten Schuhen und geflickten Pantoffeln durch halb Berlin laufen müssen. Wenn man die Schusterei mit Rennen erlernen könnte, müßte ich es einem Jahre mit Meister Schön auf der Schloß- freiheit aufnehmen können. Gute Nacht, Tante; es ging nicht anders. Gute Nacht, Vater. Wenn Sie mir böse sind und mich schlagen wollen, muß ich es mir gefallen lassen und ich will nicht mucksen. Aber dem Neumeier bleibe ich nichts schuldig und kommt er mir so, komme ich ihm so."

Ludwig ging hinaus, wo in einem Verschlage neben der Küche sein dürftiges Lager stand. Jette Leffler sah ihn mit einem Blicke des herzlichsten Wohlwollens nach und trat dann zu dem Alten, der in sich versunken auf seinem Stuhle saß.

„Woran denkst Du, Vetter?"

„An den Wilhelm. Ich kann ihn nicht wieder aus dem Kopfe los werden."

„Halte ihn fest darin, Vetter, Du wirst dann besser von Deinem Sohne denken. Ich will mich noch eine Stunde zum Spinnrade setzen und Dir Gesellschaft leisten. Mein Glaube steht nicht auf so schwachen Füßen, als der Deine. Und wie ich an den lieben Gott und an den Herrn Jesus Christus glaube, ebenso glaube ich an den Wilhelm und an sein ehrliches Herz. Thue Du das auch, Vetter Andreas.

11.

Eine Vorgeschichte.

————

Es war in jenen Tagen kein leichtes Unternehmen, vom Halleschen Thor aus durch den tiefen Sand nach der Hasenheide zu waten. Aber der Berliner jener Zeit glich dem Berliner der Gegenwart. Staub und Sonnenglut hielten ihn nie ab, am Sonntag-Nachmittag seine Wanderung anzutreten und mit staubbedeckten Schuhen, triefend von Schweiß und halb erschöpft sich auf den grünen Rasen niederzulassen.

Es war ein Uhr mittags, als ohne weitere Verabredung sich die Karawane in Bewegung zu setzen begann. Junge und Alte, Kinder mit ihren Wärterinnen, ganze Familien und einzelne Liebespaare drängten sich durch das Thor ins Freie. Es war ein fröhliches Treiben, das sich über den ganzen Weg hinzog, der an das ersehnte Ziel führte.

Andere, die noch nicht auf der Straße waren, suchten sie sobald als möglich zu erreichen. Zu diesen gehörte der junge Webermeister Andreas Pfingstberg, der mit dem Hut auf dem Kopfe, die Pfeife in der Hand, mitten in der Stube stand und seiner Frau zurief, sich zu sputen und den Jungen in Gottes Namen in der

Wiege liegen zu lassen. Frau Rosen wisse, was Rechtens sei und werde schon für das Kind sorgen.

Frau Rosen, die Witwe eines schwindsüchtigen Webergesellen, die in mehreren Familien hilfreiche Hand leistete und damit ihr Leben fristete, nickte mit dem Kopf und setzte sich verdrossen zur Wiege. Die junge Meisterin gab ihr mehrere gute Lehren, die der Meister mit den Worten unterbrach:

„Nun Lied am Ende. Ich will mir nicht den ganzen Sonntag=Nachmittag um die Ohren schlagen. Da kommt auch die Jette, wie bestellt; nun kann es losgehen.“

Das Frauenzimmer, welches unter diesem Namen angekündigt ward, trat ein. Sie war eine Muhme des Meisters und bei diesem wohl angeschrieben. Ein kräftiges, gesundes Mädchen mit hellen Augen und roten Backen.

Als Meister Andreas sie erblickte, rief er ihr verwundert entgegen: „Was ist das? Wie bist Du angezogen, Jette?“

Jette Leffler erschien in derselben Kleidung, welche sie trug, wenn die gewöhnliche Hausarbeit gethan war und sie sich zum Spinnrade niedersetzte. Sie suchte eine aufsteigende üble Laune, so gut es ging zu verbergen und sagte in ihrer einfachen Weise: „Du weißt ja, Vetter, daß ich nicht ausgehe, wenn der Wilhelm nicht mit dabei ist.“

Der Name Wilhelm machte auf den Meister einen nicht angenehmen Eindruck und ließ ihn ganz vergessen, daß die edle Zeit ungenützt verstrich. Er fuhr mit

der Hand über die Stirn und flüsterte seiner Frau,
die aus der Kammer trat, zu: „Haft Du denn nichts
von dem Menschen gehört, der schon wieder acht Tage
fort ist, niemand weiß wohin. Oder ist es länger her?"

Wilhelm war der jüngere Bruder des Meisters.
Als der Vater starb, erbte Andreas die Werkstatt nebst
der Kundschaft, und Wilhelm wurde mit einer entsprechen=
den Geldsumme abgefunden. Es wäre ihm ein Leichtes
gewesen, sich damit einen eigenen Haushalt zu gründen
und sich mit seiner Cousine Jette Leffler zu verheiraten,
die ihm ein treues Herz und eine nicht zu verachtende
Aussteuer entgegen brachte. Aber es hatte sich noch
immer nicht finden wollen.

Jette begab sich in die Kammer, um die alte Rosen
fortzuschicken und sagte zu ihrer jungen Schwägerin:

„Die alte Frau ist müde zum Umfallen und taugt
nicht zum Kinderwarten. Ich bleibe bei dem Jungen
und Du weißt schon, daß er gut behütet ist, wenn ich
an der Wiege sitze Geht nun und kommt abends nicht
zu spät nach Hause."

Das junge Paar ließ sich nicht lange bitten. Die
Meisterin gab der zuverlässigen Wärterin einen herzlichen
Kuß. Meister Andreas schüttelte ihr die Hand und sagte:

„Du bist doch ein gar zu gutes Mädchen und
der Wilhelm, der Landstreicher, verdient Dich eigentlich
gar nicht."

„Vetter!" entgegnete sie verweisend und er fiel
ihr rasch in's Wort;

„Ist nicht so böse gemeint. Du weißt ja, daß
ich dem Wilhelm alles Gute gönne. Und mit dem
Anton Neumeier ist auch alles vorbei?"

„Es ist nie etwas mit ihm gewesen!“ entgegnete Jette Leffler bestimmt. Wenn der eitle Mensch sich das einbildete, ist es seine Schuld, nicht die meinige.“

„Er glaubt aber noch fest daran, daß Du seine Frau wirst!“ sagte Meister Andreas, der schon auf der Treppe war. Der Anton ist ein resoluter Kerl und nicht so leicht von etwas abzubringen, wonach ihm einmal der Sinn steht, weißt Du . . . .“

Die letzten Worte verhallten ungehört. Jette zog die Thür nach sich. Da der Kleine in diesem Augenblick an zu weinen fing, eilte sie in die Stube zurück, ohne darauf zu achten, ob die Thür wirklich geschlossen sei. Sie trat an die Wiege des kleinen Pfleglings, der sie mit hellen Augen anlachte und als sie sich zu ihm niederbog, um ihn zu küssen, streckte er ihr die kleinen Arme entgegen.

Als Jette ihren Liebling in den Schlaf gesungen und im Hauswesen nach dem Rechten gesehen hatte, setzte sie sich zum Spinnrade. Anfangs ging es mit der Arbeit rasch von statten, allein nach und nach drehte sich das Rad langsamer und stand zuletzt ganz und gar still.

Die Erinnerung kam über sie mit unwiderstehlicher Gewalt. Die schönen Stunden und Tage, da Wilhelm ihr zuerst seine Liebe gestand und beide sich eine glückliche Zukunft verhießen, stand vor ihrer Seele. Aber an dem heitern Himmel erschien eine Wolke und machte der Herrlichkeit ein Ende. Es war der junge Anton Neumeier, der eine unbezwingliche Leidenschaft für das schöne Mädchen empfand und kein Mittel unversucht ließ, sie für sich zu gewinnen. Umsonst. Je beharr-

licher Anton in seinen Bewerbungen war, desto fester
klammerte sie sich an Wilhelm.

Mit diesem war eine auffällige Veränderung vorgegangen. Jette bemerkte es zuerst, dann ihr Bruder,
mit dem er gemeinschaftlich arbeitete. Sonst der erste
und der letzte beim Werk, fehlte er jetzt kürzere oder
längere Zeit. Er kam am Morgen später als üblich,
und brach unter irgend einem Vorwande vor Feierabend
auf. Keiner wußte, was er trieb, bis endlich ein Zufall es dem Bruder verriet. Ein entfernter Bekannter
von der Schulbank her hatte seine Wanderjahre angetreten, war ungewöhnlich lange fortgeblieben und wußte
nach seiner jetzt erfolgten Rückkehr Wunderdinge von
fremden Ländern und Völkern zu erzählen. Wilhelm
ward sein eifrigster Zuhörer. Eine tief in seinem
Innern schlummernde Neigung, ein unbestimmtes Sehnen
in die Ferne wuchs zu einer unbezwinglichen Neigung
heran. Bei einem Trödler in der Heiligen-Geiststraße
hatte er ein Paar alte Reisebücher aufgefunden, worin
die Wahrheit von einer kaum glaublichen Erfindungs-
gabe überwuchert wurde. Hatten diese Bücher jemals
gläubige Leser gefunden, Wilhelm Pfingstberg bieb der
gläubigste unter allen. Wo er ging und stand, träumte
er von jenen fernen Paradiesen, von jenen Wundern
und Schrecknissen, womit diese Schriften angefüllt
waren: brennende Berge und heiße, kochende Ströme,
Elephanten, die ganze Häuser auf ihrem Rücken trugen
und Sonne, Mond und Sterne, die zugleich am Himmel
sichtbar wurden; pechschwarze Mohren in goldenen
Mänteln und liebliche Jungfrauen mit blauen Augen
und langen Locken, die auf der See umher schwammen,

wie auf der Spree die Schwäne. Er sah die fast end-
lose Straße, die quer durch die Wüste führte und mit
goldenen Platten gepflastert war. Er hörte die Quellen
rauschen, die einen stark duftenden Wein spendeten und
streckte seine Hand begehrlich nach den Bäumen aus,
die dem Wanderer ihre Aeste entgegen hielten, damit
er die Purpurfrüchte breche, die zum Genusse einluden.
Dann kam der Geist der Unruhe über den armen
Wilhelm. Er raffte seine Barschaft zusammen, griff zum
Wanderstabe und eilte zum Thor hinaus. Die Zurück-
gebliebenen waren voll Angst und Sorgen, bis er
endlich nach einigen Tagen matt und zerschlagen vom
zwecklosen Wandern heimkehrte. Dann blieb er ruhig
am Webestuhl sitzen, sprach wenig, war freundlich und
gefällig gegen alle, bis der Geist der Unruhe auf's
Neue in ihm erwachte.

Das waren die Gedanken und Träume, denen
Jette Leffler sich hingab. Wenig achtete sie auf ihre
nächste Umgebung und sie erschrak heftig, als es dicht
vor ihr wie ein schwarzer Schatten hinstreifte. Sie sprang
auf und schrie laut:

„Jesus, der Anton!"

„Ja, ich bin es," sagte dieser und suchte ihre
Hand zu ergreifen. „Hören Sie mich an, Mamsell
Jette. Ich habe viel mit Ihnen zu reden."

„Wie kommen Sie hierher?" fragte sie unwillig.
„Es ist unglaublich . . ."

„Nun, so unglaublich ist es wohl nicht, wenn
die Thür sperrangelweit aufsteht," entgegnete Anton
Neumeier mit jenem Anflug von Spott, der ihm eigen
war, fiel aber gleich darauf in seine leidenschaftliche

Stimmung zurück. Er beteuerte, seine Liebe sei so
groß, daß keine andere ihr gleichkäme und versprach die
unglaublichsten Dinge, wenn sie ihn erhören und seine
Hand annehmen wolle.

Während dieser langen Herzensergießung hatte sich
Jette Leffler wieder völlig gesammelt. Sie blickte den
jungen Mann halb verächtlich, halb mitleidig an und
sagte, als dieser endlich vor Verlegenheit inne hielt,
mit fester Stimme:

„Ich begreife nicht, Herr Neumeier, wie ein junger
Mensch immer und immer wieder zu einem Mädchen
von Liebe sprechen kann, wenn er von ihr jedesmal
abgewiesen worden ist. Haben Sie doch mehr Respekt
vor sich selbst und werfen sie sich nicht so weg. Ich
bin nun einmal nicht für Sie geschaffen. Schlagen
Sie sich die eigensinnige Jette aus dem Sinn, die kein
Herz für Sie hat . . ."

„Das Herz hat der Wilhelm!" brach Anton
Neumeier mit Heftigkeit los.

„Ja, der Wilhelm hat es und wird es behalten,
so lange es schlägt!" war die entschiedene Antwort.

„Verdient er es denn, von Ihnen geliebt zu
werden?" entgegnete Jener. „Er vernachlässigt sein
Handwerk und verthut sein Bischen Geld, indem er im
Lande sich umher treibt, bis er abgerissen, krank und
halb verhungert wieder an Ihre Thür kopft. Können
Sie, als ein vernünftiges Frauenzimmer, sich einbilden,
daß Sie mit einem solchen Manne glücklich werden?
Er wird Sie an den Bettelstab bringen und eines
schönen Morgens ist er auf und davon: Heidi!"

„Sprechen Sie nicht weiter!" sagte Jette Leffler heftig. Ihre Wangen brannten und ihre Augen leuchteten auf im Zorn. „Und wenn alles wäre, wie es eben gesagt wurde, und wenn es zehnmal ärger wäre, als Sie jemals ausspechen können, werde ich ihn doch lieben und mit ganzer Seele ihm anhangen, ja, ihm folgen bis an das Ende der Welt, in Jammer und Not, ehe ich ohne ihn in Wohlleben schwelge, das mir ein Anderer bereiten will."

„Mit diesem Andern bin ich doch gemeint, Mamsell Leffler?" fragte Anton Neumeier und die Malice, welche ihm inne wohnte, malte sich in allen seinen Zügen.

„Ich habe keinen Namen genannt!" entgegnete sie etwas ruhiger.

„O, bemühen Sie sich deshalb nicht," fiel Anton Neumeier ihr in das Wort. „Mir genügen diese zarten Anspielungen vollständig. Nun sehe ich freilich ein, daß ich gegen einen solchen Ausbund, wie der Herr Wilhelm ist, nicht aufkomme und ihm die Vorhand lassen muß. Aber heute ist heute und morgen ist morgen. Das Besinnen ist das Beste beim Menschen. Die Gedanken über Nacht sind anders, als die Gedanken bei Tage . . ."

„Das sollen Sie von mir nicht denken," unterbrach sie ihn lebhaft. „Sie sind nicht der Mann, der den Wilhelm vergessen und mein Herz von ihm abwendig machen kann. Aber wenn ich auch den Wilhelm nie gekannt hätte, wenn er gar nicht auf der Welt gewesen wäre, so weit wäre es doch mit mir nicht gekommen, daß ich mich in Ihre Arme geworfen hätte. Nun und nimmer!"

Zornesglut färbte das Gesicht des in dieser Weise abgewiesenen Mannes. Er ballte die Faust und stieß einen entsetzlichen Fluch aus. Jette Leffler blieb ihm gegenüber scheinbar ruhig und sagte:

„Warum zwingen sie mich, solche Worte zu gebrauchen? Ich hatte Ihnen gesagt, wie ich gesonnen bin und ich dachte, Sie würden mich verstehen. Nun aber werden sie soviel Rücksicht haben und mich verlassen. Gehen Sie, Anton und vergessen Sie, was ich sagte. Ich will auch nicht daran denken, wie oft Sie mich kränkten und den Mann beschimpften, dem ich meine Liebe schenkte. Gehen Sie, um Gottes Barmherzigkeit willen, und kommen Sie zu einer solchen Unterredung nicht wieder."

„Zu einer solchen? Nein! aber ich werde mir sonst ab und zu die Ehre geben!" entgegnete Neumeier mit verbissenem Grimm. „Ich hatte es gut mit Euch allen im Sinn. Den Andreas wollte ich zu einem tüchtigen Mann machen. Meine Bekanntschaft mit vielen reichen Fabrikanten hätte ich benutzt und ihm tüchtige Kunden zugewiesen."

„Gott wird den braven Vetter nicht verlassen, wenn Sie ihm auch Ihren Beistand entziehen!" sagte Jette Leffler. „Er ist arbeitsam . . . ."

„Nun, viel Glück!" sprach Neumeier spöttisch. „Wollen sehen, wie es thut, wenn auch nur aus der Ferne, da mir hier die Thür gewiesen ist. Freuen Sie sich nicht allzusehr, wenn ich jetzt gehe. Sehen Sie mich auch nicht mehr, Mamsell Leffler, können Sie sich darauf verlassen, daß Sie noch oft von mir hören sollen."

Mit diesen Worten eilte er aus der Stube und lief polternd die Treppe hinunter.

Der Lärm hatte den Knaben aus dem Schlafe aufgeschreckt. Er fing an zu weinen und streckte die Arme aus. Die Beschäftigung mit dem Kinde, gab dem aufgeregten Mädchen die verlorne Besonnenheit zurück. Sie tändelte mit dem Knaben, sang ihm ein Liedchen und unter ihren Küssen und Liebkosungen schlief er wieder ein.

Bald darauf — die Sonne ging bereits stark abwärts — klopfte es. Jette Leffler öffnete die Thür und fuhr erschreckt zurück.

Ein junger Mann trat über die Schwelle. Sein Anzug war ziemlich vernachlässigt. Die Augen blickten unstätt. Er befand sich in dem Zustande völliger Erschöpfung.

„Wilhelm!" rief sie, sichtbar bewegt.

„Ich bin es! sagte er tonlos und ging näher. Sie schob ihm einen Stuhl hin und sagte mit dem Tone der innigsten Teilnahme:

„Bist Du krank, Wilhelm?"

Er schüttelte mit dem Kopfe. Sie ging hinaus, um einen Trunk herbeizuschaffen und was ihr sonst nötig schien. Als sie alles bereit gestellt hatte, fragte sie, indem sie teilnehmend seine Hand ergriff:

„Du bist lange weg gewesen, Wilhelm. Wo warst Du und woher kommst Du jetzt?"

„Ja wohl, weit weg! Im Thüringer Lande und nach Franken zu, wo es meilenlange Wälder giebt und hohe Berge! Aber nirgends fand ich, was ich suchte."

„Weil Du in der Fremde finden wolltest, was Du zu Hause von Dir gestoßen hattest," antwortete sie. „Die Heimat und ein treues Herz, das sich Dir ganz und gar ergeben hat. Und wenn Du tausendmal weiter gehst, Du wirst nicht froh und glücklich sein."

„Ich werde es nicht, aber ich bin allein unglücklich, während ich hier Alle, die mich lieben mit in mein Verderben ziehe," entgegnete Wilhelm. „Dem Bruder verbittere ich das Leben, weil ich nicht zu thun vermag, was er mit Recht von mir verlangen kann. Seine Frau grollt mit mir, weil ich ihr im Wege bin. Sie sieht mich für einen Menschen an, der sich eindrängt, um die Zwietracht auszusäen. Und Du, Jette? Was hast Du nicht schon um meinetwillen erduldet?"

„Davon sollst Du nicht sprechen!" sagte sie lebhaft. „Ich liebe Dich; darin liegt alles."

„Um meinetwillen hast Du hingegeben, was Dir geboten ward: Geld und Gut und eine Häuslichkeit. Der Neumeier ist ein Nichtsnutz; allein Du hättest ihn zu einem rechtschaffenen Kerl gemacht. Was könnte ich sonst alles sagen, das Du um meinetwillen thatest. Aber das soll anders werden."

Er sprang auf und ging in großer Erregtheit in der Stube hin und her. Jette bewog ihn, sich wieder zu setzen und fragte nicht ohne Besorgnis:

„Was hast Du nur? Dir liegt etwas im Sinne, sollte ich meinen."

„Das thut es und ich will kein Geheimnis vor Dir haben!" entgegnete er rasch. „Bis vor wenigen Tagen wußte ich es selbst noch nicht. Da überraschte mich die Nacht. Es war mitten im Walde und ich

wußte nicht Weg noch Steg. Ich warf mich in's
Gras und schlief ein. Aber nicht lange, da fuhr ich
mit einem Schrei auf, denn es setzte im Galopp über
mich weg. Ein Hirsch oder sonst ein Tier mochte es
gewesen sein. Verstört blickte ich um mich. Der Sturm
brausete durch die Luft und die Bäume rauschten. Die
Nachtvögel wurden lebendig und krächzten und krähten
in den Zweigen über mir. Ich sah in die funkelnden
Augen der Eule und fühlte den Flügelschlag der Fleder=
maus, die mir die Backen streifte. Kalt rieselte es mir
über den Rücken und ich wußte nicht, wohin mich
wenden. Ein banges Fürchten überkam mich und ich
schüttelte mich im Fieber. Dann fiel ich wieder in den
vorigen, bewußtlosen Zustand zurück, und das Traum=
gesicht, welches an mir vorüberging, hat mir die Augen
geöffnet."

„Wer weiß, was Du in der Nacht gesehen haben
magst. Du sagst selbst, das Fieber habe Dich geschüttelt.
Daran mußt Du nicht denken," sagte Jette Leffler.

„Doch! entgegnete Wilhelm rasch." „Ich befand
mich in einem schönen Zelte und vor mir stand ein
Mann, der trug ein weißes Kleid und hielt einen
goldenen Stab in der Hand. Er sagte, ich sei vom
Schicksal bestimmt, das Glück zu suchen und dürfe nicht
eher ruhen, bis ich es gefunden; dann aber solle ich es
recht fest halten und heimbringen. Gleich jetzt müsse
ich die Wanderung beginnen und er selbst wolle mir
den Weg zeigen. Mit dem goldenen Stabe zeigte er
vor sich hin. Da fiel das Zelt in sich zusammen und
mit jedem Schritte weiter veränderte sich die Gegend
um mich her. Bald sah ich schöne Gärten und schmucke

Dörfer, dann himmelhohe Berge und endlich das weite,
weite Meer. Dorthin! sagte der Mann und deutete
auf den Punkt, wo ein Stern auf dem Wasser tanzte.
Der Stern war aber die Sonne und wie sich diese hob,
stieg mit ihr ein großes, schönes Land aus dem Meere
auf, mit goldenen Palästen und Türmen, so strahlend,
daß meine Augen davon geblendet wurden und ich sie
mit der Hand bedeckte. Als ich sie wieder sinken ließ,
war Alles verschwunden. Ich lag noch im Grase und
die Sonne stand hoch am Himmel."

„Gott beschirme und behüte Dich, armer Junge!"
sagte Jette. „Was für wirres Zeug hast Du zusammen
geträumt."

„Mag es ein wirrer Traum gewesen sein," entgegnete Wilhelm nach einer Pause. „Mich hat er ge-
lehrt, was ich thun soll und alsbald will ich es in's
Werk richten."

„Was willst Du thun?" fragte Jette erschreckt
und umschlang ihn mit ihren Armen, als fürchtete sie,
daß sie ihn für immer verlieren müsse und wollte ihn
nicht lassen.

„Hier wird nichts aus mir," sagte Wilhelm nach
einer Pause. Seine Aufregung legte sich und der Ton
seiner Stimme gewann an Festigkeit, je länger er sprach.
„Zu dem Handwerke des Vaters habe ich so wenig
Lust, als zu irgend einem andern. Ich würde stets
nur ein Pfuscher bleiben und wenn ich nach schwerer
Anstrengung eine Arbeit zu Stande brächte, würde man
sagen, sie taugt nichts. Darum will ich fort: weit,
weit weg von hier. Rede mir nicht darein; es ist mein
fester, unwandelbarer Entschluß."

Jette Leffler hatte ihren Geliebten noch nie in solcher Stimmung gesehen. Es war eine Entschlossenheit in seinem ganzen Wesen, die ihm sonst fern lag und sie fühlte, daß hier jeder Widerstand vergeblich sein würde. Sie schlang ihren Arm um seinen Hals und sagte mit unterdrücktem Weinen:

„So willst Du mich ganz und gar verlassen?"

„Ich muß es thun, wenn ich nicht uns beide unglücklich machen will," war die Antwort des jungen Mannes. „Oftmals habe ich mich zur Reise angeschickt, aber stets kam ich, wie auch heute, als ein Feigling zurück, der das Schlachtfeld verläßt, ehe noch der Kampf begonnen hat. Ich schäme mich der Halbheit und will als ein ganzer Kerl handeln. Nach der großen Seestadt Hamburg will ich wandern und von dort aus mein Glück weiter suchen. Mein ganzes Herz, alle meine Liebe und Treue bleiben bei Dir zurück."

„Du gehst von mir!" schluchzte das Mädchen. „Unter andern Menschen, in fremden Ländern wirst Du mich vergessen."

„Niemals!" beteuerte Wilhelm. „Komm, mein liebes Kind; lasse uns niedersitzen und zum letzten Male vertraulich mit einander sprechen. Mein Herz ist übervoll und ich habe Dir noch vieles mitzuteilen."

Sie saßen neben einander, Hand in Hand. Sie hatte den Kopf an seine Schulter gelegt und horchte seinen Worten. Anfangs war sie weit entfernt, auf die Ideen des Geliebten einzugehen, aber je länger er sprach, je schwächer wurde der Widerstand. Seine Worte drangen tief in ihr Inneres und fanden dort einen fruchtbaren Boden. Der Unglaube ward zur

Hoffnung, die Hoffnung zur Ueberzeugung, und als Wilhelm endlich schwieg sagte sie mit unterdrückter Bewegung:

„Ja, Du hast recht; Du kannst nicht anders. Gehe, wohin Du willst. Ich will in Treuen auf Dich hoffen und harren, bis zu Deiner Wiederkehr. Und wenn sich alle gegen Dich erheben und Dich ver= wünschen; ich stehe auf Deiner Seite und keiner soll sich unterstehen, Dir ein böses Wort nachzusagen. Nun aber gehe hinauf in Deine Kammer und lege Dich zur Ruhe. Du bist schwächer, als Du selbst weißt. Deine Beine zittern und der kalte Schweiß perlt Dir von der Stirn."

Er that, was von ihm verlangt ward. An der Thür kehrte er noch einmal um, schloß die Jette fest in seine Arme und drückte sie mit leisem Schluchzen an sich; dann ging er hinaus. Sie blieb allein und ein banges Fürchten kam über sie.

Bald darauf kehrte Andreas Pfingstberg mit seiner Frau aus der Hasenheide zurück. Es hatte dort einigen Verdruß gegeben und der Vetter war nicht in der besten Laune. Der Wind hatte Regenwolken zusammengetrieben und eine neue Dormeuse, welche die Meisterin dem Sonntage zu Ehren aufgesetzt hatte, war gründlich ver= dorben. Die Stimmung schien der Jette nicht dazu angethan, jetzt von Wilhelms Rückkehr zu sprechen. Sie beschloß damit bis zum folgenden Morgen zu warten.

Mit dem anbrechenden Tage erwachte sie. Alles war noch still. Sie vernahm ein leises Knarren draußen auf der Treppe und fühlte ein seltsames Bangen.

Sie kleidete sich schnell an und eilte nach Wilhelms Kammer. Die Thür stand weit auf. Niemand war darin. Auf dem Tische lag ein beschriebenes Blatt.

Unten war alles in gewohnter Thätigkeit. Der Meister saß am Webestuhl, seine Frau ging von der Stube in die Küche, von dort wieder in die Stube und vermochte sich nicht zu erklären, wo die Jette bleibe, da sie wisse, wie nötig sie hier sei. Da trat diese ein, das Blatt in der Hand, welches auf dem Tische in Wilhelms Kammer lag, und sagte mit klang=loser Stimme:

„Wilhelm ist fort und für immer; das sind seine Abschiedsworte für mich und Euch."

Sie sank auf einen Stuhl und weinte bitterlich.

—————

Jahre vergingen. Anton Neumeier hatte seinen Schwur nicht vergessen. Er war der Mann darnach, ein in der Hitze der Leidenschaft gesprochenes Wort aufrecht zu erhalten. Seinem Einflusse war es zu verdanken, daß Meister Andreas Pfingstberg immer weniger Bestellungen erhielt. Der Verdienst war mit jedem Jahre geringer und setzte immer schmälere Bissen. Die Frau, welche sich nicht in die beschränkte Lage finden konnte, wurde mürrisch. Sie zankte immerfort und that alles verdrossen. Ihre Kräfte schwanden. Sie kränkelte fortwähend und wurde endlich durch einen sanften Tod von ihren wirklichen und eingebildeten Leiden erlöst.

Als Meister Andreas von dem Kirchhofe nach Hause kam, stand er vor dem Bette still, worin sein Sohn lag und ihn mit seinen hellen Augen anlachte:

3*

„Nun ist der arme Junge ganz verlassen. Wer wird ihm die Mutter ersetzen?"

„Ich, Vetter Andreas," antwortete Jette Leßler. „Und ich will rechtschaffen meine Schuldigkeit thun, darauf gebe ich Dir meine Hand. Bis der Wilhelm wiederkommt, habe ich keinen auf Erden, als dieses Kind. Und wenn er zu uns zurückkehrt, woran ich fest und sicher glaube, wie an das Evangelium, wird er es mir nicht versagen, dem lieben Jungen die Mutter zu ersetzen, soviel ich das im Stande bin. Sei darüber ganz beruhigt, Vetter Andreas."

Und wieder vergingen Jahre. Wilhelm kam nicht; Jette's Vertrauen war nicht erschüttert und treu übte sie Tag für Tag die übernommenen Pflichten. Meister Andreas wurde hinfällig, aber Ludwig wuchs heran, ein hübscher Junge, kräftig und gesund, ein Ausbund von Wildheit und Uebermut; dem Trotz gegenüber ein dreifacher Trotzkopf, dankbar für ein freundliches Wort; die verkörperte Anhänglichkeit und Treue, die sich durch nichts beirren, durch nichts wankend machen ließ.

III.

Wo ist Lude?

„Wo ist Lude?" Mit diesen Worten fuhr Meister
Andreas Pfingstberg am nächsten Morgen aus
dem Bette und tobte in der Stube auf und ab. Der
Verdruß des gestrigen Abends lag ihm noch im Kopfe
und er suchte nach irgend einem Gegenstand, um seinen
Zorn daran auszulassen.

„Wo ist Lude!" fuhr er die eintretende Tante
Jette an und diese entgegnete:

„Der arme Junge steht draußen und heult. Es
ist spät und die höchste Zeit, daß er nach der Werkstatt
kommt. Allein er traut sich nicht, Dir Adieu zu
sagen . . . . . ."

„Er traut sich nicht?!" fuhr der Meister auf.
Das glaube ich ihm! Aber ich traue es mir zu, ihm
einen Denkzettel mitzugeben, daran er Zeit seines Lebens
genug haben soll und dann fort mit ihm, wohin solche
Taugenichtse gehören. Meinetwegen in den Ochsenkopf.
Ich hole ihn nicht wieder heraus."

Mann! Bedenke die Worte, die Du sprichst!
Du hast sie einst vor Gott zu verantworten!"

„Was ich zu verantworten habe, braucht mir
keiner zu sagen!" polterte der Meister weiter. „Der

Junge ist ein Nichtsnutz durch und durch. Hinterrücks
schleicht er ehrbaren Leuten nach und thut ihnen Schimpf
und Schande an. Aber wenn man ihn ruft, ist er
nicht zu finden und kriecht vor Angst in den verborgen=
sten Winkel.“

„Nein, Vater! Verstecken thue ich mich nicht!“
sagte Ludwig, indem er eintrat. „Ich habe es dem
Meister Neumeier lange zugedacht, weil er Dich auf=
zieht und Dich schreckt und neckt und immer Trumpf
ausspielt, weil er reich ist und Du arm bist! Nun
hat er seinen Teil bekommen, wie es ihm gehört. Und
wenn er nicht genug daran hat, kann er den Spaß
noch einmal erleben.“

„Das unterstehst Du Dich, zu sagen?“ brach der
Vater los und wollte nach ihm schlagen, was Tante
Jette abwehrte, indem sie sich zwischen beide stellte.

„Es ist gut!“ sagte der Meister mit verbissenem
Zorne. „Nimm nur die Partie des Taugenichts!
Vertusche seine Bosheit und seine Tücke; ich will Dich
nicht hindern. Hast ja immer vor allen Leuten damit
geprahlt, was für ein Prachtjunge das ist! Nun
siehe zu, wie weit er es in der Welt bringt. Ich will
nichts mehr von ihm wissen!“

„Vetter Andreas!“ rief warnend Jette Leffler.

„Ich habe es gesagt!“ unterbrach er sie in steigen=
der Heftigkeit. „Fort mit dem unnützen, ungeratenen
Buben! Hinaus mit Dir und daß Du mir nicht
wieder in’s Haus kommst!“

„Ja, Vater! Ich gehe!“ sagte Ludwig mit unter=
drücktem Weinen. „Nun muß Meister Schön mich ganz
und gar behalten und wenn Der mich auch nicht haben

will, wandere ich zum Thore hinaus und suche Onkel Wilhelm, der . . . ."

„Ludwig!" rief Tante Jette und wandte sich zu dem Knaben. Dieser war bereits zur Thür hinaus und eilte die Treppe hinunter, ohne auf das Rufen der erschrockenen Tante zu hören, die bei dem Namen Wilhelm alle Besonnenheit verloren hatte.

Eine Stunde war vergangen. Der Meister setzte sich zur Arbeit, allein es ging ihm nicht von der Hand. Er wollte mit seiner Verwandten ein Gespräch anknüpfen, aber sie wich ihm aus. Da fuhr er in den Rock, stülpte den Hut auf den Kopf und rannte auf die Straße, um seinen Verdruß zu verlaufen.

An der Ecke der Kochstraße prallte er gegen jemand an, der alsbald losbrach:

„Sieh da, Meister Pfingstberg. Also gestern von dem Jungen insultiert und heute von dem Alten. Aber es soll Euch nicht so hingehen!"

„Nichts für ungut, Neumeier!" sagte Meister Andreas. „Ist nicht gerne geschehen."

„Das will ich glauben. Ganz von ungefähr, wie gestern Abend der Schwärmer an meinem Rockschoß. Aber den Jungen lasse ich setzen. Den Polizeikommissarius hetze ich Euch auf den Hals, darauf könnt Ihr Euch verlassen. Den verbrannten Rock will ich bezahlt haben und mein Schmerzensgeld obenein. Und sitzen sollt Ihr mir, darauf könnt Ihr Euch verlassen. Will Euch die Lust zur Kunstfeuerwerkerei schon vertreiben!"

Der Meister tobte weiter, und Andreas Pfingstberg, der sich etwas gesammelt hatte, entfernte sich schweren

Herzens, als ihm jemand begegnete, dem er gerne aus=
gewichen wäre. Dieser aber hatte ihn schon bemerkt
und sagte, ihn anhaltend:

„Einen Augenblick, wenn ich bitten darf; es wird
bald geschehen sein.“

„Was steht dem Meister Schön zu Diensten?“
fragte Pfingstberg kleinlaut.

„Unangenehmes muß man sobald als möglich von
sich thun,“ sagte Herr Schön. „Ist mir unlieb, es
sagen zu müssen, daß Euer Sohn — —“

„Konnte es mir denken!“ seufzte Pfingstberg.

„Euer Junge mag ganz gut sein, aber zum
Schuster taugt er gar nicht. Mein Altgeselle hat sich jede
erdenkliche Mühe gegeben, allein umsonst. Da er über=
dies die andern Lehrburschen von der Arbeit abhält und
zu dummen Streichen verleitet, da auch sonstige achtbare
Personen sich über ihn beschwerten — —“

„Neumeier!“ sagte Pfingstberg unwillkürlich.

„Herr Neumeier ist ein achtbarer Bürger, der zu
meiner Kundschaft gehört und seine Rechnung viertel=
jährlich bar bezahlt,“ entgegnete Herr Schön. Genug,
Meister Pfingstberg. Es thut mir leid, und wenn ich
Euch sonst dienen kann, soll es mit Vergnügen geschehen.
Allein Euern Sohn kann ich nicht behalten, was ich
ihm auch schon angekündigt habe. Und somit wünsche
ich Euch einen guten Morgen.“

Niedergeschlagen kam Meister Andreas nach einiger
Zeit zu Hause an. Er setzte sich an den Webestuhl,
aber die Hand blieb müßig. Tante Jette stand, ihn
beobachtend, unfern von ihm. Verdruß und Unmut
stritten sich um die Herrschaft.

Da erhob der Meister das gesenkte Haupt. Er gewahrte seine Verwandte und fragte leise:

„Wo ist der Lude?"

„Weiß ich es?" fuhr sie auf. „Du hast ihn ja gehen und nicht wiederkommen heißen. Da ist er ge= gangen, ich weiß nicht, wohin."

Bei diesen Worten wurde sie blutrot im Gesicht. Sie sprach eine Lüge aus, denn sie wußte wohl, wo ihr Neffe sich befand.

Draußen am lustigen, grünen Spreeufer war es und in dem Dorfe, wo die Eierkuchen nur auf einer Seite gebacken wurden, weil nur auf der einen Seite des Dorfweges Häuser standen. In jenem Dorfe, das einmal im Jahre aus dem harmlosen Stillleben zur tollsten Ausgelassenheit sich verleiten läßt, wenn der Tag anbricht, den der Berliner „Stralauer Fischzug" nennt. In der neuesten Zeit ist auch dieser Ort von der Kultur beleckt. Die Eierkuchen werden nicht mehr auf einer Seite gebacken, denn die Häuser stehen über= all. Dampfschiffe fliegen in eilender Hast aneinander vorüber und eine ganze Flotte von Seglern aller Art kreuzt stromauf und stromab. Die Flaggen aller Nationen wehen hier von Top und Gaffel.

Das war ehemals anders. Nur die schwerbe= lasteten Spreekähne schwammen an dem Dorfe vorüber und zwischen den Fischerböten ward mitunter an Sonn= und Feiertagen eine buntbemalte Gondel, oder ein ver= einsamter Angler sichtbar, der sich in dem Röhricht versteckte, das an der Mündung der Spree in den See von Rummelsburg auf der sogenannten Liebesinsel üppig wucherte. Der Strom hatte seine einsamen Stunden

und Tage, wie die Stadt selbst, durch welche er seinen
Lauf nahm.

In dem nach Berlin zu gelegenen Garten stand
ein bescheidenes Häuschen, das längst nicht mehr vor-
handen ist, denn es war schon damals sehr baufällig.
Dort wohnte Mutter Ranst, die mit Tante Jetten's
Vater, dem alten Leßler, der bei einem Justizcommissarius
Schreiber gewesen war, gemeinschaftlich bei einem Dritten
Gevatter gestanden hatte und die darum die Freund-
schaft für den Vater auf die Tochter übertrug.

Mutter Ranst trat aus der Thür und rief einem
Knaben nach, der in vollen Sprüngen dem Strome
zueilte:

„Junge! Lude! Louis! Ludwig! Willst Du gleich
hierbleiben! Ja, wer es hörte! Ich mag dem Bengel
so viel Namen geben, als ich nur zu ersinnen vermag,
er hört auf keinen. Acht Tage habe ich ihn bei mir,
aber noch sitzt er keine zwei Stunden hintereinander
ruhig auf einem Fleck. Gott helfe uns, das wird ein
eben so unruhiger Geist, als sein Onkel Wilhelm, der
auch kein Sitzfleisch hatte und nun, wer weiß wo, still
liegt und von seinen langen Wanderungen ausruht! —
Lude, sage ich! Ja, ich höre und sehe ihn nicht mehr.
Wahrscheinlich ist er wieder mit den anderen Tauge-
nichtsen zusammen und dann werde ich vor Einbruch
der Nacht nichts von ihm gewahr. Dafür soll er sich
die Finger entzweiklopfen, ehe ich ihn einlasse.

Mit dieser Drohung kehrte Mutter Ranst in ihre
Behausung zurück, und überließ Ludwig Pfingstberg seinem
Schicksal, der von zweien ebenso lustigen Burschen, als
er selbst mit lautem Zuruf empfangen wurde. Die

Letzteren hatten sich bisher vergeblich bemüht, einen ziemlich wackeligen Kahn, der mit dem vordern Teile im Wasser stand, vollends flott zu machen. Jetzt gelang es mit überraschender Schnelle. Die drei lustigen Burschen sprangen hinein und mit flinken Ruderschlägen erreichten sie bald die Mitte des Stromes.

„Wer soll der Kapitän sein?" fragte Ludwig nach einer Pause seine Gefährten.

„Ich!" antwortete Ferdinand Strömer, den seine Kameraden in beliebter Kürze Nante riefen. „Dies ist ein Kahn, den mein Onkel mir einen Tag vor seinem Tode vermachte und darum bin ich nicht blos Kapitän, sondern auch Eigentümer dazu."

„Das bist du," sagte Ludwig, „und ich mißgönne es Dir nicht, mein Junge. Wer ist nun der Steuermann?"

„Ich!" sagte Eduard Hochfeld, indem er sich in die Brust warf. „Ich kann nicht nur rechnen, sondern das Zusammengerechnete auch festhalten, was ich Euch bewiesen habe, wenn ich für unsere Paar Pfennige alles Mögliche besorge und noch für die Not etwas übrig behalte."

„Das ist wahr," sagte Ludwig. „Ede, mein Junge, Du bist Steuermann und Proviantmeister in einer Person."

„Und was stellst Du nun vor?" fragte Eduard Hochfeld, der unter dem Rufnamen Ede bei der Besatzung des Kahns figurierte.

„Was ich immer vorstelle, wenn wir unsere Posten vertheilen, die stets dahin fallen, wohin sie heute gefallen sind," antwortete Ludwig. „Ich bin Matrose und Decksjunge und Alles andere, was sonst keiner sein will, und das mit Recht, denn dem Einen gehört das Schiff, dem Andern der Proviant und ich selbst habe nichts, als meine beiden Arme und den guten Willen."

„Das ist auch etwas wert!" sagte Eduard begütigend, und Ferdinand, der hierauf nichts gab, brach die Rede des Freundes ab, indem er sagte:

„Ich setze den Kurs zunächst nach dem Hammelstall. Anker auf und davon!"

Und raschen Fluges ging der Kahn, von den Rudern getrieben, dem bezeichneten Orte zu, der auf der oberen Spree eine nicht unbedeutende Rolle spielt.

Es waren drei lustige Gesellen, die im Sonnenschein und voll Sorglosigkeit auf dem spiegelglatten Wasser im leichten Kahn dahinschwammen. Den Knabenschuhen entwachsen und auf der Lebensstufe angelangt, wo es galt, einen Beruf zu wählen, wußte keiner von ihnen, wie er mit sich daran war.

„Jungens!" rief Ludwig. „Ich soll Schuster werden, aber ich habe keine Lust dazu, und heute Morgen hat mein Meister mich aus der Werkstatt gejagt. Nach Hause darf ich nicht kommen und hier werde ich auch nicht lange ungeschoren bleiben."

„Na und ich!" rief Eduard Hochfeld. „Mein Vormund ist ein alter Kandidat, der partout will, daß ich studieren und eben so ein Bücherwurm werden soll, als er ist. Dagegen wehre ich mich aus Leibeskräften. Ich möchte in irgend ein Geschäft treten, bei Haase Söhne oder bei Ossent und Poppe. Aber das will er nicht. Nun stehen wir uns kampfbereit gegenüber. So sagt nämlich der Vormund; ich möchte wissen, was es heißt, kampfbereit?"

„Das ist soviel," sagte Ludwig Pfingstberg, „als wenn Du Lust hättest, auf Deinen Vormund loszukeilen und er keilte Dich! Wie steht es mit Dir, Nante?"

„Mir geht es kläglich mit meiner alten Groß= mutter," entgegnete dieser. „Sie sagte, ich soll ein arbeitsames Leben führen und mich um die Freuden dieser Welt nicht kümmern. Bete und arbeite, singt sie den ganzen Tag, aber von Schlafen und Essen keine Spur. Was ich treibe, ist ihr egal, wenn ich nur ein nützlicher Mensch werde und vor allem im Schweiße meines Angesichtes mich abmühe. Das ist aber nicht nach meinem Gusto. Soll ich mich abquälen, will ich auch wissen warum, und noch besser, wenn Andere das Abquälen für mich besorgen. Drei Wochen habe ich, von heute ab, Bedenkzeit, wenn ich dann nicht thue, was die Großmutter verlangt, schickt sie mich in eine Anstalt, wo verwahrloste Knaben zur Vernunft gebracht werden."

„So sind wir denn drei ratlose Waisen und liegen gerade vor dem Hammelstall, wo wir mit den andern Schafen blöken können," sprach Ludwig Pfingstberg nach einer Pause, indem er die Ruder einzog und die Fang= leine um einen Pfahl schlang, der hart am Ufer ein= gerammt war. „Wie wäre es, wenn wir unsere Proviant= kammer untersuchten und während des Essens zusammen= ratschlagten, was wir mit uns selbst anfangen sollen, damit wir es in der Welt zu etwas bringen."

Der dürftige Mundvorrat war bald erschöpft und die letzten Krumen wurden mit einem tüchtigen Schluck Spreewasser hinuntergespült. Als die Mahlzeit beendet

war, streckten die Drei sich auf dem Rasen aus und
schliefen ein.

Eine Stunde verging. Die Mittagssonne drückte
schwer. Die Heimchen zirpten. Es war so still, daß
man ein fallendes Blatt hätte hören mögen, wenn es
die Spitzen der Gräser berührte. Plötzlich sprang
Ludwig Pfingstberg auf und rieb sich die Augen. Mit
ihm fast zugleich erwachten seine Gefährten und alle
drei sahen einander an, als ob sie sich seit Jahr und
Tag nicht sahen und als seien wer weiß welche
Erlebnisse an ihnen vorübergegangen.

„Es war ein Traum," sagte Eduard, der sich
zuerst besann. „Es muß ein Traum sein, ob es mir
gleich vorkommt, als stehe alles vor mir da, wie ich
es gesehen."

„So geht es mir auch!" sagten die beiden andern
und Ferdinand setzte hinzu:

„Ich will Euch erzählen, was ich sah: Ich schwamm
ganz allein in meinem Kahn auf der See umher. Alles
Land war weit weg und ich glaubte, elend untergehen
zu müssen, als mit einem Male eine weiße Gestalt vor
mir auftauchte und zu mir sprach: „Fürchte Dich nicht.
Ich bringe Dich in das gelobte Land!"

„Recht!" rief Ferdinand aus. „Und wie die
Funken sprühten, daß ich glaubte, der Kahn müsse zu
brennen anfangen, entfaltete die Gestalt an der Schulter
ein Paar schimmernde Flügel und nun ging es im
Fluge davon."

„Was wißt Ihr denn von meinem Traum?"
fragte Eduard staunend und Jene 'entgegneten, wie
aus einem Munde:

„Ich spreche von dem, was mir träumte."

Die drei sahen sich erschrocken an und fast kam, trotz des hellen Sonnenscheins, ein banges Fürchten über sie. Endlich nahm Eduard das Wort:

„Ich will weiter erzählen; Ihr mögt dann sehen, ob unsere Träume sich zu gleichen fortfahren. Die Fahrt dauerte nicht lange. Wir kamen nach einem schönen Lande, wo himmelhohe Bäume voll goldner und silberner Früchte am Ufer standen. Pechschwarze Mohren, die uns landen sahen, erhoben ein großes Geschrei und fingen an, nach uns zu werfen. Es waren aber keine Steine . . ."

„Nein!" fiel Ludwig lebhaft ein, „sondern schöne Aepfel, die wie Zucker schmeckten."

„Ja!" unterbrach ihn Ferdinand. „Und blanke Goldstücke, größer wie ein harter Thaler. Sie fielen so reichlich vor uns nieder, daß ich in wenigen Augenblicken die ganze Tasche voll hatte."

„Ich auch!" bestätigte Ludwig.

„Kinder!" fing Eduard wieder an. „Das ist übernatürlich. Wort für Wort dasselbe. Was ward denn bei Euch aus der weißen Gestalt, die uns in das schöne Land brachte?"

„Ich sah mich plötzlich von mehreren Seeleuten umgeben," antwortete Ferdinand. „Wir warfen uns auf die schwarzen Männer, banden sie an Händen und Füßen und schleppten sie fort. Die Gestalt aber rief meinen Namen, und als ich mich nach ihr umsah, erhob sie dräuend die Hand, worauf ich erwachte."

„Das war bei mir nicht so!" berichtete Eduard. „Ich sah einen Pfad im Grase, und als ich ihn betrat

stand ich bald darauf vor einem großen Haufe, worin,
wie in einem Kaufmanns-Gewölbe, vielerlei Waren auf-
gespeichert lagen. Verwundert sah ich all diese Reich-
tümer an, als ein alter Herr im leichten Sommerrock
und einen Strohhut auf dem Kopfe erschien. Er deutete
auf ein Schreibepult, welches in der Nähe stand. Und
als ich darauf losgehe, sehe ich die weiße Gestalt mit
den silbernen Flügeln, die mir freundlich zunickte. Da
wachte ich auf."

　　"Also in die enge Schreibstube hast Du gemußt?"
fragte Ludwig. "Das wäre nicht nach meinem Sinn
gewesen. Ich sah mich vielmehr auf dem Deck eines
Schiffes, mitten in Sturm und Wetter. Als das Ge-
witter sich verzog und das Schiff, welches weithin verschlagen war, sich dem Lande wieder näherte, sah ich
Euch von weitem am Strande; aber nicht wie vorhin,
als junge Kerle mit der leinenen Jacke angethan, sondern
als vornehme Herren mit feinen Kleidern und goldenen
Uhrfetten, und als Ihr an einander vorübergingt,
nahmt Ihr den Hut ab und warft Euch einen Kußfinger zu, wie es Sonntagsmorgens die Herren Unter
den Linden machen. Ich fing darüber an zu lachen,
rief Euch bei Namen und verlangte, daß Ihr ein Boot
an Bord schicken solltet, um mich abzuholen. Aber Ihr
hörtet nicht und die weiße Gestalt trat dicht an mich
heran und sagte, indem sie auf die See deutete: "Dort
ist Deine Heimat!" Und als diese Worte gesprochen
waren, zerrann alles und ich erwachte."

　　Als sich die Freunde in Mutmaßungen erschöpft
hatten, was diese Träume, anfangs einander gleich und
nachher so verschieden, zu bedeuten haben könnten, sagte

Ludwig endlich: „Das ist nicht schwer, einzusehen. Wir werden gemeinsam etwas beginnen, um in der Welt vorwärts zu kommen. Unsere Wege werden auseinandergehen, einer hierhin, der andere dorthin, wie es ihm bestimmt ist. Und weil wir alle drei es träumten, nicht nur an demselben Tage, sondern auch in derselben Stunde, dürfen wir den Wink nicht unbeachtet lassen."

„Gewiß nicht!" fielen die beiden andern ihm in die Rede, und Eduard sagte: „Wir wollen mitsammen beratschlagen, wie es am besten anzufangen ist."

„Wir fangen damit an, in die weite Welt zu gehen!" entschied Ferdinand. „Gleich, wie wir da sind, mit dem Kahn von der Spree in die Havel, von der Havel in die Elbe und weiter nach Hamburg, wo die großen Seeschiffe liegen."

„Das lasse ich mir gefallen. Nur gleich Anker auf!" rief der lebhafte Ludwig, während Eduard kopfschüttelnd sagte: „So geht es doch nicht. Vorher müssen wir es überlegen, wie unser Vorhaben ausgeführt werden kann, und woher wir die nötige Kost nehmen. Ich denke, wir fahren jetzt nach Stralau zurück und jeder bedenkt für sich allein, was er thun kann, um unser Fahrzeug auszurüsten, so gut wir es verstehen. Morgen wollen wir uns gegen Abend an der gewohnten Stelle treffen und sehen, wie weit wir gekommen sind."

Dabei blieb es, zum großen Verdrusse Ludwigs, der am liebsten in dieser Minute die abenteuerliche Reise angetreten hätte. Die drei Gefährten ruderten langsam nach Stralau zurück. Sie erreichten ihren gewohnten Liegeplatz um dieselbe Zeit, als Tante Jette von der

Stadt herkam und die alte Frau Ranft in ihrem
Garten aufsuchte.

Ludwig sprang ihr laut grüßend entgegen. Sie
empfing ihren Liebling mit lebhaften Vorwürfen und
überhäufte ihn mit Zärtlichkeit. Seit Meister Andreas
die Erlebnisse des Vormittags ihr mitteilte, war sie
sehr niedergebeugt, und die gewohnte Zuversicht hatte
einen harten Stoß erlitten. Der Polizeikommissarius
galt den Berlinern von damals für ein Schreckgespenst,
dem man nicht weit genug ausweichen könne. Daß
dieser auf ihren Liebling fahnden solle, machte sie auf
das Ernstlichste besorgt. Beide waren in das Haus
getreten, und als Tante Jette ihr Herz erleichtert hatte,
sagte Ludwig:

„Damit hat es nicht not. Mich soll er nicht
greifen, denn ich reise nach dem Mohrenlande. Der
Eduard und der Ferdinand machen mit. Die Mohren
haben keinen Polizeikommissarius, aber soviel Gold, daß
sie es den Leuten an die Köpfe werfen. Ich glaube,
meiner thut mir noch davon weh.“

„Der Junge ist nicht bei sich!“ rief Tante Jette
erschrocken aus. „Kind! Was faselst Du da von Mohren,
Gold und Kopfweh? Besinne Dich, lieber Junge, und
nimm Dir das Unglück nicht so zu Herzen.“

„Ich weiß von keinem Unglück, Tante,“ antwortete
Ludwig fröhlich. Höre mir nur zu und Du wirst bald
andern Sinnes werden.“

Er setzte sich auf einen Schemel zu ihren Füßen,
legte den Kopf auf ihren Schoß und erzählte nicht
nur den Traum, den jeder der drei Freunde hatte,
sondern auch den Entschluß, den sie faßten und daß

sie nichts davon abbringen solle. Die Tante hörte ihn mit wachsendem Staunen an und suchte ihn mehrere Male zu unterbrechen; er aber ließ sich nicht stören, sondern fuhr schmeichelnd fort:

„Rede mir nichts darein, Tantchen, und lasse es geschehen. Hier wird nichts aus mir. Zum Weber tauge ich nichts und zum Schuster noch weniger. Das Reisebuch mit den vielen bunten Bildern, das dem Onkel Wilhelm gehörte, hat mir ein Licht aufgesteckt, und jetzt durch den Traum ist es vollends helle in mir geworden. Der Onkel Wilhelm, dem Du noch immer so gut bist, hat sich draußen in der Welt verirrt, und wer weiß, ob ich nicht dazu bestimmt bin, ihn wieder aufzufinden. Dann bringe ich ihn mit nach Hause."

„Kind! Kind! Was führst Du für Reden? Laß doch den armen Mann in seinem Grabe ruhen, das sich Gott weiß wo befindet."

„Wer hat es Dir gesagt, daß er tot ist? Kein Mensch. Die Welt ist so groß, daß man sich wohl darin verirren kann. Ich aber finde den rechten Weg, darauf verlasse Dich. Bis jetzt habe ich die großen Seeschiffe nur in dem Reisebuch abgemalt und heute im Traum gesehen, weiß aber, daß dort meine Werkstatt ist, aus der ich nicht weglaufe, wenn ich nur erst darin bin. Es ist mein Glück, Tante Jette, was ich vor mir sehe und Du wirst mich nicht hindern, es zu holen."

„Barfuß wollte ich durchs Feuer gehen, wenn ich wüßte, wo es wäre und es Dir bringen."

„Ich weiß, wo es ist und getraue mir, es zu greifen und festzuhalten!" rief Ludwig lebhaft aus.

„Schaffe mir nur ein Stück Zeug auf den Leib und
gieb mir so viel Geld, daß ich bis Hamburg komme.
Dort brauche ich nichts mehr, denn dort liegen die
großen Schiffe, mit denen ich nach dem Mohrenlande
fahre; da will ich mir die Kost schon verdienen und
alles übrige dazu.“

Die Tante war still geworden. Die Begeisterung,
womit Ludwig zu ihr sprach, die Zuversicht, welche ihn
beseelte, machten Eindruck auf sie. Der Wunsch des
Knaben erschien ihr nicht mehr so abenteuerlich. Die
Gestalt des verschollenen Freundes trat vor ihr inneres
Auge und schmerzlich-süße Thränen perlten über ihre
Wangen herab. Ludwig wagte nicht, sie zu stören;
er hielt ihre Hand nur noch fester zwischen der seinigen
und drückte sie an seine Lippen.

Da erschien Mutter Ranft, die brennende Lampe
in der Hand und rief:

„Nun, das muß ich sagen! Sitzen die beiden da,
mitten in der Finsternis, als wären sie auf dem Stuhl
festgewachsen und geben nicht einen Laut von sich. Seid
ihr denn eingeschlafen?“

Verstört fuhren beide aus ihren Träumereien auf
und Tante Jette sagte nach einigem Besinnen:

„Wie ist das zugegangen? Nehmen Sie es nicht
übel, Mutter Ranft. Ich wollte eigentlich nur das
Kostgeld bringen und da habe ich mich, ohne es zu
wollen, länger aufgehalten, als ich sollte. Aber der
Junge erzählt so hübsch und ist ein lieber Kerl. Was
wird Vetter Andreas von mir denken? Nun, gute
Nacht. Gehe mit bis an's Thor, mein Junge; ich
fürchte mich unter den dunklen Bäumen.“

„Verlasse Dich nur auf mich, Tantchen," sagte Ludwig, sogleich zum Abmarsch bereit. „Und wenn hinter jedem Baum einer von den Mohren stände, die ich heute gesehen habe, ich halte sie Dir alle vom Leibe."

Die beiden traten ihre Wanderung an, nicht ohne ein bedenkliches Kopfschütteln der alten guten Mutter Ranst, die ob der seltsamen Reden, welche sie vernahm, auf noch viel seltsamere Gedanken geriet. Sie hatte sich noch immer nicht mit diesen abgefunden, als Ludwig bereits wieder zurück war und in aller Stille den Winkel aufsuchte, wo er sein bescheidenes Nachtlager aufgeschlagen hatte.

Acht Tage waren seit jener Unterredung verflossen, als Jette Leffler frühmorgens zu dem Vetter Andreas in die Stube trat. Dieser saß an seinem gewohnten Platz und hielt einen abgerissenen Faden in der Hand. Es wollte mit der Arbeit nicht mehr vonstatten gehen. Vor einigen Tagen schickte der Polizeikommissarius seinen Sergeanten, um nach dem Ludwig, dem Allerwelts= Taugenichts, zu forschen. Am folgenden Morgen kam der gestrenge Herr selbst in der gleichen Absicht; allein umsonst. Der Meister konnte mit Wahrheit beteuern, daß er von dem Aufenthalte seines Sohnes nichts wisse, und Jette Leffler hütete sich wohl, der Polizei in den Weg zu treten.

„Wo ist der Lude?" sprach der Meister vor sich hin und seine Stirn umwölkte sich. „Wo ist er hin= gegangen und was ist aus ihm geworden?"

„Das kann ich Dir sagen, Vetter," sprach Jette Leffler, die zu ihm trat. „Dein Sohn, dem hier die Leute alle aufsässig sind, ist entschlossen, sich die Welt zu besehen und draußen sein Glück zu suchen, weil er es hier nicht finden wird — —"

Meister Andreas sah seine Verwandte fragend an, als rede sie in einer fremden Sprache, und er verstände kein Wort von dem, was sie sprach.

„Ist er fort?" bebte es von seinen Lippen.

„Noch nicht; aber er wird es sein, noch ehe der Tag zu Ende geht."

„In die weite, weite Welt hinein? Dem Bruder Wilhelm nach?"

„Gott wird seine Schritte leiten und ihm gnädig sein," sagte die Tante fromm. „Vetter Andreas, der Ludwig möchte Dich gerne noch ein Mal sehen und zu seinem Vorhaben um Deinen Segen bitten. Du hast zwar gesagt, er solle gehen und Dir nicht wieder vor Augen kommen; aber ich denke, Dein Vaterherz wird sich erbarmen und Deine Arme werden sich ihm öffnen."

„Mein Schmerzenssohn!" rief der Vater mit gepreßter Stimme. „Wo finde ich ihn?"

Die Thür öffnete sich leise und der Sohn warf sich vor dem Vater in die Kniee:

„Hier bin ich, Vater und bitte um Vergebung für Alles, was ich Dir jemals zu Leide that. Ich will gehen, wie Du es mir geheißen hast, weit weg und will auch sobald nicht wiederkommen, aber ich mag nicht anders, als mit Deinem Segen scheiden."

Meister Andreas war krank und schwach. Das wiederholte Unglück hatte seinen Geist gedrückt und er wußte sich nicht gleich in das Ungewöhnliche zu finden. Er murmelte etwas vor sich hin, legte dann seine Rechte auf das Haupt des Sohnes und sagte:

„Der Herr ſegne und behüte Dich jetzt und immer=
dar. Er gebe Dir ſeinen Frieden und . . . . . Oh,
mein Kind, ich weiß nicht, was ich Dir ſagen und Dir
wünſchen ſoll. Meine Augen ſtehen voll Waſſer und
ich kann Dich nicht ſehen; aber meine Arme ſind noch
ſtark genug, Dich zu halten und an mein Herz zu drücken.“

„Vater!“ rief Ludwig, indem er ſich den Armen
des Vaters entwand. „Ich will ein braver Kerl werden;
das gelobe ich Dir. Der Schwärmer, den ich an
Neumeiers Stuhl band, war mein letzter dummer Streich.
Lebe wohl, Vater und mache Dir um mich keine Sorge.
Lebe wohl! Lebe wohl!“

Er ſchloß ihn in ſeine Arme drückte einen letzten
Kuß auf ſeine Lippen und flog dann zu Tante Jette,
die ihm unter Thränen das Geleite bis vor die Thür
gab. Als ſie zurückkehrte und hörte, wie der Vater
nach dem Sohne fragte, ſagte ſie, ſich mühſam faſſend:

„Auf dem Wege nach Hamburg. Laß ihn mit
Gott gehen, Vetter. Es iſt etwas in ihm von dem
Geiſte Deines Bruders Wilhelm. Wir hätten ihn um=
gebracht, wenn wir ihn mit Gewalt bei uns behielten.“

VI.

Berliner Argonauten.

Zu Hamburg war es und auf dem Ródingsmarkt.
Längs dem Fleth standen die hohen Krahne und
die grünen Bäume, die alten Brauerben mit den tief-
gelegenen, gewölbten Kellern und mit den hohen, steinernen
Treppen, die zu den Comptoirstuben der dort ansässigen
Kaufherrn führten.

Unter diesen war auch die mehr als hundert-
jährige Firma von Martens Witwe und Sohn, die
jenseits des Oceans wohl bekannt war und bedeutenden
Handel auf Westindien trieb. Der zeitige Chef des
Hauses war ein gereister Mann, der im Auslande vieles
von dem alten Sauerteige wegwarf. Er ließ gesunde
Gedanken, die in ihm auftauchten, lebendig werden,
wenn sie auch gegen Sitte und Herkommen verstießen.
Die jüngeren Comptoirleute begrüßten die Anordnungen
ihres Chefs mit lautem Jubel, aber die älteren schüttelten
mißbilligend den Kopf bei diesen Neuerungen. Das
heiße die alte Ordnung der Dinge über den Haufen
werfen und namentlich die Autorität gefährden. Am
unzufriedensten war der Buchhalter Ehrenfried Sander.
Er trat als blutjunger Lehrling in das Geschäft und
sollte nun mit grauem Kopfe sehen, daß die Autorität,

woran er sich mit beiden Händen klammerte, in nichts
verschwamm. Der Kapitän, der durch des Kaufmanns
Güte den Befehl eines Schiffes erhielt, war auf dem
blauen Wasser alleiniger Herr, aber in dem Comptoir
nichts mehr und nichts weniger, als die übrigen Diener,
der die Weisungen des Chefs zu respektieren und buchstäblich
auszuführen hatte, denn alles ging für des Hauses
Gefahr und Rechnung. Als man aber gestattete, daß
die Kapitäne einen Anteil am Schiffe erwerben durften,
wurden sie Partner des Herrn und der blinde Gehorsam
hörte auf, um so mehr, wenn der Anteil die Hälfte des
Wertes und darüber betrug. Dies führte dahin, daß
manche Häuser eine ansehnliche Flotille unter ihrer
Firma auf See hatten und doch auf keinem der Decke
eine souveräne Gewalt ausüben konnten.

Das war es, was die Brust des ehrsamen Buchhalters Ehrenfried Sander bedrückte, als sich der Kapitän
Johannes Hansen von ihm verabschiedete. Dieser war
ein junger Herr, fast zu jung, um einen so stattlichen
Dreimaster, als der „Grasbrook“ war, zu kommandieren.
Und doch hatte dieser die volle Gewalt über das Schiff,
da er die größere Hälfte desselben als volles Eigentum
besaß und noch soviel übrig behielt, um auch die kleinere
Hälfte auszubezahlen.

Herr Ehrenfried Sander war es von früher her
gewohnt, sagen zu hören: „Das Schiff so und so geht
morgen mit Hochwasser von der Stadt laut Ordre“
und es kam ihm hart an, als der Prinzipal, dem Kapitän
die Hand schüttelnd, sagte: „Es wäre mir lieb, wenn
der „Grasbrook“ morgen von der Stadt käme, da die
Liegezeit um ist. Scheint die weitere Fahrt dann nicht

paßlich, kann ja bei Neumühlen die erste Station gemacht
werden." Und auf diese Worte hatte der Kapitän
erwidert: „Wenn es irgend möglich ist, werde ich Ihren
Wunsch erfüllen, Herr Martens; aber bei der Station
Neumühlen müßte es jedenfalls sein Bewenden haben.
Der Steuermann meldet, daß noch nicht alles gehörig
vierkant sei und mehrere Tage vergehen würden, bevor
wir seeklar wären."

Mit diesen Worten hatte der Kapitän das Kontor
verlassen und der „Grasbrook" lag noch immer bei
Neumühlen; der Kapitän aber ließ die Schaluppe an
das Fallreep legen, um seinen letzten Besuch im Comptoir
zu machen. Der bislang konträre Wind hatte nachge-
lassen und alle Zeichen deuteten darauf hin, daß er nach
Osten umspringen würde.

Die Schaluppe lag seit einer Viertelstunde bereit,
allein der Kapitän zögerte noch immer, auf dem Deck
zu erscheinen. Er hatte den Kajütenwächter entfernt,
ging unruhig auf und ab und schien nicht mit sich einig
werden zu können.

„Es ist mir, als sei nicht alles richtig am Bord
und ich kann mich doch nicht auf das besinnen, was
noch fehlt," sprach er vor sich hin. Auf dem Tische
lagen einige Papiere, die er flüchtig durchsah und dann
in einen Wandschrank legte.

„Daran fehlt kein Tittelchen. Ladung komplett,
Bullerei und Kabelgat wohl versorgt; Mannschaft voll-
zählig und gesund . . . . . Wer sagt mir, weshalb ich
zögere und den Lotsen zur Verzweiflung bringe, der
durchaus Anker lichten will und mir jedenfalls Schwierigkeiten macht, wenn jetzt der Wind nach Osten umsetzt."

Es war ein eigner Mann, dieser junge Kapitän.
An das Land fesselte ihn nichts. Einige sehr entfernte
Verwandte ungerechnet, stand er allein in der Welt, da
auch sein Herz noch durch keine zärtlichen Bande ge=
fesselt wurde. Alle Tugenden des Seemannes waren
ihm eigen, wenn es galt, diese geltend zu machen. Aber
in den Tagen der Ruhe machte die kalte Besonnenheit
anderen Empfindungen Platz. Johannes Hansen konnte
dann stundenlang in der größten Einsamkeit hinbringen
und befand sich doch in guter Gesellschaft, denn er be=
völkerte diese Einsamkeit mit den Gestalten seiner Phantasie.
Es steckte etwas von einem Dichter in diesem Seemann
und oft stieg das Blut ihm in die Wangen, wenn der
Gedanke, der ihn beherrschte, unwillkürlich sich in das
laute Wort verwandelte und die Verse von seinen Lippen
rollten, wie einzelne Perlen, die in voller Farbenpracht
schimmerten. Es lag manches Blatt in dem entferntesten
Winkel seines Schrankes, worauf er das flüchtige Wort
niederschrieb und nur in geweihten Stunden, wenn er
gewiß war, nicht überrascht zu werden, nahm er sie
hervor und durchlebte im Anschauen dieser Schriftzüge
alle Wonnen noch einmal, die er bei dem Schaffen
dieser Lieder empfunden.

Etwas Aehnliches ging jetzt in ihm vor. Es brausete
und wogte in ihm wie Sturmeswehen, es säuselte um
ihn wie sanftes Flötentönen, aber draußen auf der
Kajütstreppe raschelte es zu wiederholten Malen und
er sagte, sich gewaltsam zusammennehmend, mit schmerz=
lich=süßem Lächeln:

„Laßt mich gehen, Ihr Kobolde! Ich habe keine
Zeit, mit Euch zu tändeln und zu lachen. Der Ernst

des Tages ruft mich und ihr werdet mir doch nicht bringen, was ich vergebens suche. Hallo draußen! Tragt diesen Kasten in die Schaluppe und legt sie hart an das Fallreep!"

Mit diesem Befehl bestieg er das Verdeck, wechselte einige Worte mit dem Lotsen, wies den Steuermann an, alles zur Abfahrt bereit zu halten und begab sich in das auf ihn harrende Boot.

Während Kapitän Johannes Hansen stromaufwärts fuhr, um durch das Westergat in den Hafen zu gelangen, kam von der Oberelbe herab ein anderes Fahrzeug, dessen Bemannung eine gleiche Absicht hatte, wenn sie auch nicht so klar in den Köpfen derselben zurechtgelegt war.

Es waren die drei Berliner mit ihrem wackeligen Kahne, die nicht ohne mancherlei Abenteuer von der Spree in die Havel und von dort in die Elbe gekommen waren und nun unterhalb Geesthacht anlangten, wo der Schiffer die ersten schwachen Einwirkungen von Flut und Ebbe verspürt.

Ferdinand hatte einen sogenannten Pätschriemen in der Hand und lenkte den Kahn nach rechts oder links, wie es ihm gerade passend schien. Er streckte sich dabei behaglich und sah mit schlauem Lächeln auf seine beiden Gefährten. Diese ruderten im Schweiße ihres Angesichts, ohne daß der Kahn sichtlich von der Stelle kam, denn schon hatte sich die erste Flutwelle dem Kahne entgegengeworfen. Endlich war die Kraft der Ruderer vollends erschöpft und sie zogen die Riemen ein. Eduard wehte sich mit seiner Mütze Kühlung zu, Ludwig aber, der Brausekopf, rief dem steuernden Ferdinand zu:

„Du läßt es an Dich kommen, wie immer! Wir arbeiten uns die Seele aus dem Leibe und Du sitzest da, wie ein Prinz."

„Ich bin der Kapitän heute!" entgegnete Ferdinand mit unerschütterlicher Ruhe.

„Das warst Du gestern auch und ehegestern und alle Tage!" brach Ludwig los.

„Gott giebts den Seinigen im Schlafe! sagte Eduards Onkel, der Kandidat," fuhr jener fort. „Wenn ich nur wollte, hätte der alte Herr statt den Eduard mich zu einem Gelehrten gemacht und ich säße nun nicht hier und spielte den Argonauten."

„Was sind das für Kerle?" fragte Ludwig.

„Das waren alte Griechen, die einen Schafbock suchten, der ein goldenes Fell hatte!" lachte Ferdinand.

„Willst uns wohl zum Narren haben!" sagte Ludwig, sich ereifernd. Lieber thue als ein rechtschaffener Kapitän Deine Schuldigkeit und schaffe uns etwas zu essen, denn der Magen ist leer und der Brodbeutel ist es auch."

Das Weitere blieb ihm in der Kehle stecken, denn der Kahn, der zur stillen Verwunderung der jungen Seefahrer unbeweglich lag, trieb plötzlich zurück des Weges, den sie gekommen waren.

„Halt an! Halt an!" riefen alle drei erschreckt und arbeiteten so mächtig an den Rudern, daß der Kahn, wenn auch nicht vorwärts, doch dem Lande zu trieb, bis er auf dem weichen Sande sitzen blieb.

Ein Mann, der in der Nähe seine Angelruten ausgeworfen hatte, fuhr die unwillkommenen Störer seines Gewerbes an und hieß sie, sich zum Teufel

scheeren, dann aber betrachtete er das seltsame, hierorts
nicht übliche Fahrzeug und die Besatzung desselben, die
nicht in den beneidenswertesten Umständen war   Er
that unterschiedliche Fragen, die Ludwig beantwortete
und dann hinzusetzte:

„Wir haben alles gut überstanden und ausgehalten
bei Kälte und Hitze, bei Regen und Wind, ohne zu
mucksen. Aber wenn nun gar das Wasser rebellisch
wird und umkehrt . . .“

„Das ist die Flut, Ihr dummen Jungen,“ sagte
der Mann lachend. „Ich sehe schon, woran es fehlt
und will Euch klar machen, so gut ich kann, denn
fahrt Ihr weiter, ohne mit dem Stromwechsel bekannt
zu sein, kann es Euch schlimmer als schlimm ergehen.“

Die drei horchten auf die ihnen neue Lehre von
Ebbe und Flut und Ludwig rief mit einem tiefen
Athemzuge:

„Das muß ich sagen: Frau Flut und Frau Ebbe
sind ein Paar kuriose Weiber, auf deren nähere Be=
kanntschaft ich mich freue. Aber fett wird man nicht
davon, und wenn wir nicht verhungern wollen, muß
ich wohl mit der Tante Jette ihren letzten Spar=
pfennigen herausrücken. Sagt mir, guter Mann, ob
man in dem Dorfe da oben für Geld und gute Worte
ein Stück Brod und einen Schluck Bier bekommen
kann?“

„Das könnt Ihr,“ sagte der Mann. „Aber Ihr
scheint mir keinen sonderlich großen Geldbeutel zu haben
und Hamburg ist ein teures Pflaster; darum laßt nur
Eure paar Schillinge stecken und geht bei mir zu Gaste.

Es wird über und über reichen, denn mein Ranzen ist noch ziemlich gefüllt."

Er fing an auszupacken und die drei Berliner Argonauten sahen mit lüsternen Blicken auf das große Stück Speck und den Topf voll goldgelber Butter, die der Mann aus dem Ranzen zog. Er legte das Brod daneben, gab ihnen sein Messer und sagte:

„Nun seht zu, was Ihr im Genusse der Gottes= gaben zu vollbringen imstande seid."

Eduard bemächtigte sich des Messers, aber nicht um für sich selbst zu sorgen, sondern um seine Kameraden zu bedienen, wie sein wirtlicher Sinn ihm dies lehrte. Erst als beide vollauf hatten, dachte er an sich selbst und es begann nun ein lautloser Vertilgungskrieg von solcher Ausdauer, daß der mitleidige Angler seine Ver= wunderung nicht unterdrücken konnte und einige Zweifel hegte, ob auch für ihn ein bescheidenes Vesperbrod übrig bliebe.

„Halt und stopp!" sagte er endlich, indem er das Messer ergriff und die Ueberbleibsel des Mahles sich selbst hinschob. „Nun werdet Ihr wohl Kraft genug gesammelt haben, um bis Hamburg in einem Zuge rudern zu können. Morgen bei guter Zeit langt Ihr im Hafen an, und wenn Ihr auf den ersten Vorsetzen in dem Fährkeller von Conradsen vorsprecht und einen Gruß von Anton dem Fischer aus Geesthacht bringt, wird der Mann Euch vielleicht zu Euerm Fortkommen behilflich sein. Ihr Drei seid so närrische Buben und Ihr habt ein so seltsames Wagestück unternommen, daß ich etwas für Euch thun muß, ich weiß es selbst nicht, warum."

„Dank Herr! Dank für Eure Güte!" sagte Ludwig Pfingstberg. Ihr sollt es nicht bereuen, uns eine Hand gereicht zu haben; ich verspreche es Euch für mich und kann es auch für meine Kameraden thun."

Ferdinand hielt es nicht der Mühe wert, der Versicherung des Freundes beizustimmen. Ihm schien, als empfange er nur, was ihm zukomme, während Eduard die Hand des Mannes ergriff und beteuerte, er werde stets des treuen Helfers eingedenk sein und Alles daran setzen, ein braver Kerl zu werden.

„Nun, das ist gut, Jungens," entgegnete der Mann, nach seinen Angelruten und seinem Ranzen greifend. „Was werdet Ihr thun, wenn Ihr in Hamburg landet?"

„Spornstreichs," rief Ludwig, „gehen wir nach dem ersten Vorsetzen in den Fährkeller von Conradsen und bringen einen Gruß von Anton dem Fischer aus Geesthacht, worauf Gott weiter helfen wird."

„Gut behalten!" lachte Anton der Fischer. „Thue Deine Schuldigkeit und behandle jedes tüchtige Werk, das sich vor Dir aufthut, mit gleicher Aufmerksamkeit. Setzt die Ruder ein und laßt mich sehen, was Ihr könnt. Die Flut hat ihre Kraft verloren, und die Ebbe strömt wieder ab. Hurra!"

„Hurra!" schallte es aus dem Kahn, welchen Ludwig und Eduard rasch mit ihren Rudern forttrieben, während Ferdinand mit aller Behaglichkeit den Kapitänssitz einnahm, ohne daran zu denken, denselben auch einmal seinen Kameraden anzubieten.

Kapitän Johannes Hansen hatte seinen Besuch im Comptoir gemacht, das bedenkliche Kopfschütteln des alten Buchhalters weggescherzt, den jungen Leuten, die sich

an ihn herandrängten, zum Lebewohl die Hand geschüttelt und ging nun den Vorsetzen zu, wo das Boot
seiner harrte, das ihn an Bord bringen sollte. Er
ging, zweifach sein eigener Herr, denn er hatte dem
Chef des Hauses mehrere Wertpapiere eingehändigt,
welche soviel betrugen, als das Haus bei dem Schiffe
„Der Grasbrook" beteiligt war und konnte mit gutem
Gewissen sich als den alleinigen Herrn betrachten, der
über Schiff und Ladung zu verfügen hatte. Sein
Partner war gedeckt, wenn durch seine Schuld etwas
verloren ging.

Auf der Straße fanden sich mehrere Bekannte, die
sich von ihm verabschiedeten und ab- und zugingen.
Johannes Hansen stand sowohl wegen seiner see-
männischen Tüchtigkeit, als auch wegen seines geregelten
Vermögens in Ansehen; doch konnten die Leute kein
rechtes Zutrauen zu ihm fassen und behandelten ihn
mit einer gewissen Förmlichkeit. Es lag etwas zwischen
ihnen und ihm, was sie nicht deutlich erkannten, was
aber gerade wegen seiner Ungreifbarkeit sie doppelt
zurückhaltend machte.

Schon hatte er sich von den Letzteren getrennt
und winkte den Hafenmeister herbei, der gerade seine
Frühtour beendet hatte, als ein junger Seemann
keuchend vor dem Kapitän stehen blieb.

„Wie nun, Steuermann Berg, was hat das zu
bedeuten?" fragte der Kapitän. „Nichts Geringes
muß es sein, das einen Schiffsoffizier das Deck räumen
heißt in einer Zeit, da in jeder Minute der Befehl
zum Ankerlichten gegeben werden kann. Wollt Ihr mir
sagen, was es betrifft?"

„Vergönnt nur einen Augenblick, Kapitän," entgegnete der Untersteuermann des „Grasbrook". „Ich bin in einer Tour von Neumühlen hier her gerannt, ohne anzuhalten und freue mich, Euch alsbald zu treffen, damit Ihr erfahrt, was ich zu sagen habe."

„So sagt es in des Himmels Namen, Herr!" bemerkte der Kapitän etwas ungeduldig und jener fuhr fort:

„Kaum waret Ihr vom Bord, als sich das Unglück ereignete, um dessenwillen ich hier bin. Der Schiffsjunge Martin ward in den Fockmast hinaufgeschickt, um die Flaggenleine zu befestigen, die sich in der Bramsahling losgelöst hatte. Er trieb gerade Possen mit seinem Bruder, der ihn gehänselt hatte und rief ihm noch einige aufreizende Worte nach. Der Martin wird ärgerlich, will etwas erwidern, beugt sich dabei zu sehr vornüber und stürzt aus der Vormars zu Deck. Er hat sich den Kopf aufgeschlagen und wir brachten ihn an's Land, wo zum Glück ein Doktor zur Hand war. Der Bruder ist in heller Verzweiflung. Er klagt sich an, durch seinen Mutwillen den Martin getötet zu haben, und ist weder in Güte, noch mit Gewalt von dem Verwundeten zu trennen."

„So laßt die beiden zusammen und ich will sorgen, daß sie vor Mangel geschützt sind," sagte der Kapitän nach einer Pause.

„Wie Ihr befehlt, Herr!" entgegnete der Steuermann rasch. „Aber statt zweier Schiffsjungen haben wir gar keinen und die Mannschaft ist in dem Augenblick der Abfahrt inkomplett."

Der Kapitän blickte auf den Hafenmeister, der bei
dem Auftritt gegenwärtig war und dieser sprach achselzuckend:

„Da wird schwer zu helfen sein, zumal es gleich
zur Stelle sein muß.   Auch tritt ungern jemand auf
ein Deck, das noch von dem Blute seines Vorgängers
gerötet ist.   Sonst treiben sich müßige Jungen genug
umher und gerade jetzt ist ein empfindlicher Mangel.
Eher ließ sich noch ein befahrener Mann auftreiben.“

„Wir wollen sogleich bei den Schlafbaasen umher-
schicken,“ sagte der Kapitän.   „Geht Steuermann und
thut Euch um, wo Ihr Paßliches findet.“

„Allstunds, Herr,“ entgegnete der Steuermann
seinem Kapitän und wandte sich zum Gehen, als er
von jemandem angehalten wurde.

„Mit Gunst, Herr!“ sagte dieser.   „Es würde ein
vergeblicher Gang sein.   Mein Name ist Conradsen und
ich bin einer der bekanntesten Schlafbaasen hier. Keiner
da, den ich Euch empfehlen könnte.   Entweder ein paar
alte Burschen, die zu einer langen Reise nicht geschickt
sind, oder junges, grünes Volk, das von der Jungfernreise zu Hause kam und mit der vollen Geldtasche auf
dem Tanzboden umherspringt.“

Die Männer standen einen Augenblick ratlos neben-
einander, als ihre Aufmerksamkeit unerwartet auf einen
anderen Gegenstand gelenkt wurde.   Unter den mancherlei
Jollen und Schaluppen, die von dem Vorsetzen nach
dem Kehrwieder, oder umgekehrt, fuhren, erschien ein
leichtes plattbodiges Fahrzeug, dessen Planken nicht
besonders dicht kalfatert waren und daher zum vierten
Teile mit Wasser gefüllt war: Einer der Besatzung

lungerte mit einem Ruder in der Hand am Stern,
während ein zweiter bemüht war, das Wasser aus dem
Kahn zu entfernen. Der Dritte stand aufrecht am
Steven und schrie ohne Aufhören:

„Wo sind die Vorsetzen und wo ist Conradsen der
Schlafbaas, an den ich eine Botschaft auszurichten habe?“

Die Vorüberfahrenden lachten den Frager aus.
Einige antworteten im breiten, plattdeutschen Dialekt;
ein anderer deutete mit der Hand nach der Richtung,
wo die Vorsetzen lagen.

Mitten in das Gewirr der verschiedenen kleinen
Fahrzeuge schoß der Kahn hinein. Der Bursche am
Steven stürmte die Treppe hinan und vor dem ersten
besten Menschenhaufen stehenbleibend, wiederholte er die
Worte, die er vorhin mehrere Male hintereinander ausrief.

„Warum rufst Du auf offener Straße meinen
Namen aus?“ fragte Conradsen, und der Bursche, dem
seine Kameraden auf dem Fuße folgten, sagte:

„Wenn Ihr der Mann seid, den ich suche, soll ich
Euch einen schönen Gruß bestellen von Anton dem Fischer
aus Geesthacht, worauf Gott weiter helfen wird.“

„Das ist eine Botschaft, wie eine solche mir noch
nicht vorgekommen ist,“ sprach lachend der Schlafbaas.
„Wo bist Du mit dem Manne, der Dich zu mir schickt,
zusammen gekommen und was ist es, wozu Gott weiter
helfen soll?“

Während die Berliner Argonauten dem Schlafbaas
in aller Kürze ihre Geschichte erzählten, schaute Kapitän
Johannes Hansen die drei Burschen mit großer Teilnahme an, absonderlich den Vordersten, der seine Worte
am Schnürchen hatte und eben jetzt mit dem Ausrufe schloß:

„Ludwig Pfingstberg heiße ich. Mein Vater ist ein braver Webermeister zu Berlin in der Wilhelmstraße, worauf Gott weiter helfen wird.“

„Ist das nicht eine Fügung des Himmels, daß in dem Moment, wo uns alles versagt, unerwartet drei solche Jungen in den Weg kommen und wir nun das Aussuchen haben?“ fragte Kapitän Johannes Hansen seinen Steuermann.

Dieser zuckte die Achseln und sagte verächtlich:

„Grünes Volk aus dem Binnenlande, das noch kein Salzwasser sah und obenein unnütze Buben, die den Ihrigen davongelaufen sind.“

Ludwig hatte diese Worte vernommen und entgegnete, indem er sich dicht vor den Steuermann hinstellte:

„Das ist nicht wahr, Herr. Jene Beiden da, der Eduard Hochberg und der Ferdinand Strömer, haben keine Angehörigen mehr. Sie sind ledig und los und können gehen, wohin sie wollen, um für sich zu sorgen. Mich aber hat meine Tante Jette ausgerüstet und mein Vater hat mir zum Abschied seinen Segen gegeben, damit ich mich durch die Welt bringe und ihm seinen Bruder Wilhelm aufsuche, der ihm schon vor Jahren abhanden gekommen ist. Das alles will ich redlich thun, worauf dann Gott weiter helfen wird.“

Der Steuermann, an seemännische Kürze gewöhnt, schien von dieser etwas langen Auseinandersetzung nicht sonderlich erbaut; aber Kapitän Johannes Hansen schnitt ihm jede Antwort ab, indem er sagte:

„Wenn es wahr ist, was Du uns sagst, und ich glaube Deinen Augen, will ich Dich bei mir an Bord nehmen und einen Seemann aus Dir machen.“

„Dank, Herr, Dank!" rief Ludwig, mit Lebhaftigkeit die Hand des Kapitäns ergreifend. „Ihr sollt, das verspreche ich Euch, nicht bereuen, was Ihr an uns armen Jungen gethan habt."

„Von Dir ist die Rede, Bursche! Von Dir allein."

„Von mir allein?" fragte dieser und ein Zug der Trauer legte sich um den noch eben hell lachenden Mund. „Dann Herr, kann ich Euer Anerbieten nicht annehmen, denn ich müßte die in der Not verlassen, die mich nicht verließen."

„Was für ein kecker Bursche ist das?" sprach der Hafenmeister vor sich hin, der an die strenge Schiffs-disciplin dachte, die keinem Jungen gestattet, ungefragt zu sprechen.

„Wir sind zusammen die Berliner Argonauten," fuhr Ludwig fort. „Ihr wißt vielleicht nicht, was dies ist. Ich weiß es auch nicht recht, allein der Ferdinand weiß es und es wäre eine Sünde, wenn ich von den Kameraden abfiele."

Der Steuermann zuckte die Achseln und sah zu dem Kapitän auf, der die drei jungen Leute unver-wandten Blickes anschaute, als vom Wasser herauf ein dumpfes Krachen vernommen wurde.

Zwei Böte, welche von den entgegengesetzten Richtungen herkamen, wollten sich ausweichen und durch dies Manöver geriet der ohnehin wackelige Berliner Kahn zwischen den beiden eisenbeschlagenen Vordersteven und brach zusammen. Ehe es noch jemanden einfiel, eine helfende Hand darnach auszustrecken, sanken die Trümmer unter und nur das spitze Vorderende schaute, wie eine Boje aus dem Wasser.

Einer der Jollenführer lachte. Ein anderer verwies dem Matrosen, der zuerst den Anlaß zum Zusammenstoß gab, sein Ungeschick. Dieser verantwortete sich. Für und wider wurden Stimmen laut. Der Hafenmeister mußte sein ganzes Ansehen gebrauchen, um die Ruhe wieder herzustellen.

Die drei Berliner Argonauten eilten zum Bollwerk, um das Unglück, welches über sie hereinbrach, mit eigenen Augen zu sehen. In dieser Minute trat der Charakter dieser drei in scharfen Umrissen hervor. Ferdinand beklagte den Verlust seines Kahnes, der ihm als Rheder und Eigentümer ein Uebergewicht verliehen hatte. Der Verlust des bequemen Sitzes am Pätschriemen war es, was er am meisten beklagte. Eduard fing laut an zu jammern. Er wußte, daß alles Gute in dem verlorenen Fahrzeuge die Frucht seines Fleißes war. Er allein hatte Kunde von den einzelnen Zehrpfennigen, die er zwischen den Duchten verbarg und hielt die Thränen nicht zurück, die sich aus seinen Augen drängten. Ludwig's Gesicht glühte und mit beiden geballten Händen drohend, rief er:

„Ich wollte, daß ich die Kerle, welche dies Unglück über uns bringen, zwischen diesen Fäusten hätte, sie sollten es mir entgelten."

Es war gelungen, den Vordersteven des Kahnes zu heben; aber auch nur diesen. Der Boden wich gänzlich und das Ganze war ein wertloses Wrack. Bei diesem Anblick huben die beiden ersten von neuem ein Klagegeschrei an, doch Ludwig unterbrach sie mit den Worten:

„Wollt Ihr wohl stille sein? Soll der hiesige Polizei-Kommissarius kommen und uns das Maul verbieten? Hier giebt es auch einen Ochsenkopf, könnt Ihr wohl denken. Der Kahn ist hin und Ihr werdet ihn nicht wieder zusammen weinen. Thränen sind kein Leim. Seid still, Jungens. Es geht Euch schlimm genug, aber ich bin bei Euch und will Euch nicht verlassen. Ihr wißt ja, daß wir während der Reise schon oft in der Patsche saßen und daß ich uns immer wieder herausbrachte. Ich will es jetzt auch thun.

„Ja, Du bist gut und treu," rief Eduard ihm zu, „und stark bist Du auch. Wir verlassen uns auf Dich. Und was ein Mensch thun kann, Dir beizustehen, das will ich redlich thun! darauf kannst Du Dich verlassen."

„Ich verlasse mich auch darauf. Und auf den Ferdinand verlasse ich mich auch. Kommt her, Jungens, das gilt für heute und immer."

Die drei umarmten sich und hielten fest aneinander. Kapitän Johannes Hansen wendete kein Auge von dieser Gruppe.

Das ungewöhnliche Ereignis hatte einen Menschenknäuel auf diesen Fleck zusammengedrängt. Man fragte, man antwortete; man bedauerte, und einer sagte, indem er einen Doppelschilling auf die flache Hand legte: „Da müssen wir ein Uebriges thun. Ist nicht Brauch in Hamburg, Notleidende zu sehen, ohne ihnen beizuspringen. Ich mache den Anfang. Wer hält mit?"

„Ich! Ich!" rief es von mehreren Seiten. Die Schillinge flogen von allen Orten, Ecken und Enden herbei, und die Hände des Sammlers waren bald über

und über gefüllt. Der barmherzige Samariter schüttete
die reiche Gabe in Ludwigs Mütze und sagte: „Da
habt Ihr einen Zehrpfennig, um wieder nach Hause zu
kommen!"

„Dank, Herr, tausend Dank Euch und allen, die
dazu beisteuerten. Aber nach Hause gehen wir nicht,
die beiden nicht und ich — der Ludwig Pfingstberg —
vor allem nicht. Den Schimpf thue ich mir nicht an.
Es wird ja wohl Arbeit hier geben, womit man sein
Brod verdienen kann. Nehmt Ihr Beiden das Geld
und haltet Haus damit; ich will nichts davon haben.
Ihr lieben Leute, ist einer unter Euch, der einem armen
Jungen Arbeit giebt?" Im Notfall kann ich auch
schustern."

„Das entscheidet!" sagte da Kapitän Johannes
Hansen fest.

„Was meint Ihr, Herr?" fragte der Untersteuer=
mann verwundert, als ahne er, was folgen würde.

„Den da nehme ich statt des Verunglückten, und
die beiden andern gehen mit in den Kauf."

„Süßwasserjungen, Herr!"

„Die Nordsee soll ihnen das nötige Salz bei=
bringen, und was diese versäumt, das thut der Atlantic.
Holla, Ihr Dreie! Wollt Ihr Schiffsjungen an Bord
des „Grasbrook" werden?"

Die Berliner Argonauten standen mit offenem
Munde da. Der Untersteuermann bemühte sich, ihnen
die plötzliche Wendung ihres Geschickes kund zu thun.
Sie schrieen laut auf vor Entzücken und Ludwig sprach
verworrenes Zeug durcheinander. Keiner von den dreien
wußte, was er wollte und meinte.

„Nüchterne Kälber, die auf das Verdeck kommen,
ohne zu wissen, wo vorn und hinten ist," sagte der
Untersteuermann zu dem Hafenmeister, indem er die
Jungen die Treppe hinab und in die harrende Schaluppe
jagte. „Es wird eine schöne Bescherung werden."

„Berliner Argonauten!" sagte der Kapitän. „Ich
weiß nicht, woher die Jungen es haben, allein in mir
ist jene Sage des alten Griechenlands mit vielen andern
lebendig, wie ich sie aus dem Munde meines unvergeß-
lichen Lehrers empfing. Ihm zum Gedächtnis unter-
nehme ich diese abenteuerliche Fahrt mit drei Süßwasser-
Matrosen. Vielleicht helfen sie mir das goldene Vließ
finden, das ich bisher vergeblich suchte."

„Behaltene Reise, Kapitän Johannes Hansen," war
alles, was der Hafenmeister auf diese ihm nicht ganz
verständliche Rede zu antworten wußte, indem er demselben bis an die Treppe das Geleite gab.

Die Schaluppe stieß ab und fuhr bald darauf
zum Westergat hinaus. Die drei Argonauten saßen
mit offenen Augen und offenem Munde da, das ihnen
gänzlich ungewohnte Schauspiel anstarrend, das sich
nach und nach entfaltete. Die Schiffsoffiziere waren
gutmütig genug, sie in ihren Betrachtungen nicht zu
stören.

Es war die höchste Zeit. Das Hochwasser schwoll
mächtig an, und der Strom war nahe daran zu kentern,
als die Schaluppe an dem Fallreep des „Grasbrook"
anlegte.

„Endlich!" rief der Lotse, und auf den bejahenden
Wink des Kapitäns gab er den Befehl:

„Alle Mann an die Ankerwinde!"

„Allstunds!" entgegnete der Bootsmann, und als=
bald scholl das einförmige Klappern der Pallen über Deck.

Die Berliner Argonauten kamen, ohne sonderlich
beachtet zu werden, an Deck und verloren sich in dem
Gewühl. Die Matrosen wußten nicht, was mit ihnen
zu thun sei, und schoben den beiseite, der ihnen im
Wege war. Sie drängten sich im Lee des großen
Bootes wie zu einem Knäuel zusammen und sahen
klopfenden Herzens, mit Zittern und Zagen auf das
sich vor ihnen entfaltende Schauspiel.

Drei stolzen Marmorsäulen gleich ragten die mit
Segeln bedeckten Maste in den blauen Himmel empor.
Schäumend schoß das Schiff durch das Wasser und
wurde von der ausströmenden Ebbe weit über die
Blankeneser Berge hinausgetragen, unaufhaltsam der
roten Tonne zueilend.

V.

In einer neuen Welt.

Angestrahlt von dem Lichte der aufgehenden Sonne, getragen von der unsichtbaren Strömung des Golf-stromes, der durch den Meerbusen von Mexiko rauscht, umwallt von dem milden Hauch des östlichen Passat-windes zieht der stolze Dreimaster, der die Berliner Argonauten zwischen seinen Planken birgt, gegen die Perle der Antillen, das zauberische Cuba, heran, dessen stolze Bergspitzen Sierra da Cobra, Picu da Matanzas und Lomas da San Juan weit auf die See hinaus-schauen und angehaucht vom ersten Golde des Tages den nahenden Seglern ein Willkommen zuwinken. Um ihre Gipfel kreist der strahlende Flamingo und der schwarzglänzende Fregattenvogel. Balsamische Wohl-gerüche trägt der laue Nachtwind auf die See hinaus. An den Bord der Schiffe hin saust der fliegende Fisch und der ihm folgende gefräßige Delphin, oder jene dunkle, ungewisse Masse, welche auf der Königin der Antillen die Ballandra del Frayle heißt und nichts anderes ist, als der gespenstische Schatten eines unter-gegangenen Schmugglerschiffes, das ein Mönch befehligte, der unter der Maske eines trostbringenden Dieners des

Heilandes das einträgliche Gewerbe eines vom Glück
begünstigten Freihändlers trieb.

Die Berliner Argonauten kommen; aber ungezählte
andere fliegen vor ihnen her und steuern durch die
Festungswerke von Mora und Punta in das innere
Hafenbecken, an dessen äußerster Grenze sich der spanisch-
westindische Weltmarkt dem staunenden Beschauer in all
seiner Pracht zur Schau stellt.

Und auf diesem Weltmarkt selbst entfaltet sich das
Leben in hundert-, in tausendfachen Gestalten. Da
schreitet gravitätisch der stolze Hidalgo einher, den
Mantel malerisch um seine Schulter drapiert. Der ein-
geborene Weiße — insoweit dieser gelbe Teint noch
weiß genannt werden kann — welcher zur Gentemas-
decente gehört, geht seinen Geschäften nach. Achselzuckend sieht er mit einer nicht zu beschreibenden Verachtung auf die Gente di Color, die farbige Rasse herab,
die in den mannigfachsten Abwechselungen von dem
tiefsten Schwarz des Congonegers bis zum halbgeröteten
Indianertypus sich aneinander vorüberdrängt. Auf den
hochgetürmten Manicohaufen tanzt der Affe, verfolgt
von der kreischenden, olivenfarbigen Verkäuferin, und
zwischen den Orangen- und Patatenbergen flattert der
buntgefiederte Papagei, von einer leichten Schnur am
Beine gehalten, krächzend hin und her. Auf seinem
Knie dreht der wollköpfige Mulatte die duftige Cigarre
und bietet sie, eine brennende Lunte in der Hand
schwingend, dem Vorübergehenden zum Kaufe an.

„O, Sennor Padre!" ruft er aufspringend und
sich bekreuzend. „Gebt einem armen Jungen Euern
Segen und zahlt einen Vintem für diese Cigarre, damit

ich mir ein Stück Maisbrod kaufen kann. Ich habe
seit gestern Morgen nichts gegessen, und mein Magen
knurrt ganz entsetzlich. Habt Erbarmen, Sennor Padre,
mit einem armen Jungen von der Gente di Color, der
von einem Hund von einem Weißen erbärmlich gemiß-
handelt wurde, als er versuchte, etwas von dem Braten
zu essen, wovon jener die Fülle hatte."

Der Pater nahm die Zigarre, zündete sie an der
Lunte an, machte das Zeichen des Kreuzes über den
Mulattenburschen und sprach im Weitergehen:

"Wandle die Wege des Gerechten, damit Du nicht
strauchelst und in die Schlingen fällst, welche der Gott-
seibeiuns den armen Sterblichen legt. Den Vintem
aber, den die Zigarre kostet, nimm von Deinem Ueber-
fluß und opfere ihn dem heiligen Franziskus mit
demütigem Herzen."

Der Mulattenjunge sah dem Pater mit offenem
Munde nach. Dieser durchschritt unbefangen das dichteste
Marktgewühl, nickte herablassend den Käufern und Ver-
käufern zu, die ihm ehrfurchtsvoll Platz machten,
blinzelte einer schönen Dirne zu, die hart an ihm vor-
überstreifte, schlug vor einer alternden Nonne, die ihm
entgegenkam, einige unverständliche Worte murmelnd,
die Augen nieder und bog in eine Seitenstraße ein,
deren tiefe Stille zu dem betäubenden Lärmen des
offenen Marktes einen schreienden Gegensatz bildete.

Vor einem unscheinbaren Hause, dessen Jalousieen
dicht verschlossen waren, stand der Pater still und zog
die neben der Thür hängende Klingel. Eine junge
Negerin öffnete und sagte:

„Lebet tausend Jahre in Freuden, Sennor Padre. Meine Gebieterin, Sennora Aricia, wartet bereits seit einer Stunde auf Euch.“

Der Pater ging in das Innere des Hauses. Die Sicherheit, womit er auftrat, zeigte, daß er hierorts wohl bekannt sei. Er ging in das am Ende des Flurs liegende Zimmer, welches in ein trauliches Halbdunkel gehüllt war. Die Dame des Hauses erhob sich bei seinem Eintritt, setzte sich aber alsbald wieder und deutete mit der Hand auf ein Tabouret zu ihrer Rechten.

Der Pater setzte sich und sah mit begehrlichen Blicken auf den vor ihm stehenden Tisch, der mit Früchten und Gebackenem, mit Wein und Eiswasser reichlich besetzt war. Lautlos, wie er vorhin eintrat, machte er sich über die Collation her und entwickelte eine solche Fertigkeit in dem Genusse der Gottesgaben, daß selbst die Dame des Hauses, die doch ihren Gast kannte, einen leisen Ruf des Staunens nicht unterdrücken konnte. Als endlich der fromme Vater seinem Vertilgungswerke Einhalt that, nahm sie aus einem sauber polierten Kästchen eine Cigarre, brannte sie an der neben ihr stehenden Kerze an und reichte sie dem Pater mit den Worten:

„Gehen wir nun an die Geschäfte.“

Der Pater begann mit einigen salbungsreichen Worten, allein Sennora Aricia fiel ihm schnell in die Rede, indem sie sagte:

„Bitte, Sennor Timotheus, verschont mich und Euch mit allem überflüssigen Ballast. Wir stehen beide im Dienst der Kirche — versteht sich, jeder auf seine

Weiſe — und wollen ihr vor den Leuten alle gebührenden Ehren erweiſen. Wenn wir aber unter uns
ſind, laßt nur die Ceremonien beiſeite.“

„Eures Gefallens!“ entgegnete jener und nahm
eine jener nachläſſig-bequemen Stellungen ein, die vor
einer ſtrengen Etikette ſchwerlich beſtehen können. Er
blies den Dampf der Zigarre mit Wohlbehagen von
ſich und ſagte:

„Sennora-Donna, welche Botſchaft ſoll ich von
Euch für Seine Eminenz, den treuen Hirten ſeiner
Schafe, empfangen? Sieht der junge leichtſinnige
Don Gaspardo ſeinen Fehler ein, daß er die arme
kleine Lisarda in Jammer und Not brachte und iſt
er gewillt, zur Sühne ſeiner Schuld ſeine Plantage, die
mit den Plantagen des Monte del Jeſus grenzt, dem
Kloſter zu überlaſſen, dann wird er mit einer leichten
Pönitenz in Gnaden abſolviert werden.“

„Sennor Gaspardo iſt dazu bereit und hat die
Schenkungsurkunde unterzeichnet,“ ſagte Sennora Aricia.
„Bevor ich ſie aber in Eure Hände lege — —“

Sie hielt inne. Beide betrachteten ſich näher.
Die Dame war eine alternde Schönheit, die früher
die Luſt des Lebens reichlich genoß und dieſen Genuß
jetzt andern gönnte, vorausgeſetzt, daß man ihr den
landesüblichen Zoll nicht weigere. Der Pater verſtand,
was ſie meinte, holte ſeufzend einen ledernen Beutel
hervor und fragte, indem er eine Reihe Doublonen
aufzählte:

„Reicht das?“

„Es thut mir leid um Euch, guter Padre, Seiner
Eminenz anzeigen zu müſſen, daß Ihr geiſtesſchwach

werdet, denn sonst müßtet Ihr wissen, daß an der verabredeten Summe noch sechs solcher Dinger fehlen," sagte die Dame.

Aergerlich legte der Pater die verlangten Gold= stücke zu den übrigen und sagte, während Sennora Aricia diese einstrich:

„Ihr seid ein Nimmersatt. Euer Beutel muß keinen Boden haben, sonst müßte er längst überschwellen. Welche guten Nachrichten darf ich inbetreff des Testa= mentes machen, das Don Augustino zu unsern Gunsten zu erlassen gedenkt?"

„Don Augustino ist ein alter kränklicher Sennor, dem schwer beizukommen ist, und ich weiß jetzt schon, daß es mir unmöglich ist, von ihm etwas zu erreichen. Wenn es dennoch gelingt, die heilige Kirche in den Besitz jener reichen Güter zu setzen, so gebührt der Ruhm ausschließlich meinen Nichten . . . ."

„Euern — wen? —"

„Meinen Nichten, Sennor Padre, habe ich gesagt," entgegnete Donna Aricia. „Die schlaue Isabella und die schmachtende Beatrice sind unermüdlich in dem heiligen Eifer, dem eigensinnigen Augustino sanftere Gefühle ein= zuflößen und ihn trotz seiner Podagra zur Erkenntnis zu bringen. Seine Eminenz wird das hoffentlich zu würdigen und zu belohnen wissen."

Der Pater Timotheus erwiderte hierauf nichts und ertränkte den aufsteigenden Ingrimm mit einem Glase goldigen Alicante. Sennora Aricia aber ließ ihm kaum Zeit, das Glas zu leeren, und fragte: „Da Ihr jetzt hoffentlich genug fragtet, ich auch heute nichts mehr zu beichten habe, gestattet mir die Gegenfrage, wie weit

Ihr in der Angelegenheit mit Don Fabio Crustello oder
vielmehr mit dessen würdiger Gattin, der sehr frommen
und sehr bußfertigen Donna Petrea, gekommen seid?"

„Donna Petrea?" fragte der Pater mit offenem
Munde.

„Mit Donna Petrea," wiederholte Sennora Aricia,
„der tugendsamen Gattin des reichen Handelsherrn Don
Fabio Crustello. Ei, mein guter Pater! Dachtet Ihr
einmal im Trüben zu fischen und den Zehnten, den die
heilige Kirche großmütig zahlt, in Euerm Säckel zu
behalten? Verhüte Gott, daß ich dergleichen sündige
Neigungen bei Euch aufkommen ließe, Ihr frommer
Mann. Geht immerhin in das Gewölbe des Kaufherrn
und sprecht von seinem erlaubten Handel und seinen
verbotenen Liebeshändeln; fahrt mit der fliegenden Volante in die ländliche Einsamkeit seiner frommen Gattin.
Kasteit Euch, fastet und betet mit ihr; ich finde Euch
doch aus, und was ich nicht finde, das spürt meine
Freundin Sennora Petronella aus, welche in dem
Crustelloschen Hause das Amt einer Beschließerin be-
kleidet."

„Dies Weib hat den Teufel im Leibe!" schrie der
Pater, indem er aufsprang und sie mit starren Blicken
ansah. „Ich glaube, Euer Wein enthält Gift, denn es
brauset mir im Hirn, als ob der Orkan von der Sierra
de Cobre sich auf die arme sündige Menschheit stürzt,
um sie zu verschlingen. Lebt so wohl, oder so übel,
als Ihr könnt, Weib! Ich will heute nichts mehr mit
Euch zu schaffen haben."

Von dem lauten Gelächter der Dame verfolgt,
entfernte sich der Pater Timotheus und erschien bald

nachher auf einem anderen Teile des lauten Marktes,
wo die ehrbaren Sennores von der Börse neben ein=
ander standen oder gingen und mit geringerer oder
lebhafterer Beredsamkeit ihre wechselseitigen Interessen
erörterten.

Unter diesen Männern spielte Sennor Fabio Cru=
stello eine hervorragende Rolle. Dieser Kaufmann hatte
das Talent, sich mit einem solchen Nimbus zu umgeben,
daß es selbst den schlauesten Börsenherren nicht gelingen
wollte, denselben zu durchdringen. Fast das ganze
Habanna war überzeugt, daß das Vermögen dieses
Mannes nach Millionen zähle, während einzelne Stimmen
behaupteten, er verstehe trefflich mit fremdem Gelde zu
wuchern, und wenn man den geborgten Flitter von
seinem Mantel trenne, werde man ihn in seiner ganzen
Blöße erblicken. Sennor Crustello besaß eine reizende
Tochter, Donna Livia, die in ländlicher Einsamkeit
unter den Augen ihrer frommen Mutter zu einem Wunder
der Schönheit heranreiste. Diese junge Dame war, so
wollte die geschäftige Fama wissen, mit einem entfernten
Verwandten des Kaufherrn, dem jungen Riccardo, ver=
lobt, und alle Welt pries den Bräutgam glücklich, der
eine solche von Schönheit und Anmut strahlende Braut
davontragen solle. Im Stillen aber flüsterten einige
Auserwählte und scheinbar Eingeweihte: Sennor Crustello
mag sich beeilen, aus seiner Tochter Livia und seinem
Vetter Riccardo ein Paar zu machen. Ein Vetter kann
den Mund weit aufreißen, aber ein Schwiegersohn muß
schweigen, um die Ehre seines Weibes zu schonen. Und
es möchte in der allernächsten Zeit vieles geben, was am
besten vor den Augen der ganzen Welt verborgen bliebe.

6*

Das waren die Gerüchte, welche über den angesehenen Kaufmann umherliefen und sich immer weiter
ausbreiteten. Ob er sie kannte? Keiner wußte es, und
wenn es der Fall war, schienen sie ihn wenig zu rühren.
Sein Angesicht war voll Sonnenschein. Mit der Miene
eines Protektors, der von seinen Klienten begleitet wird,
schritt er den Platz vor dem Gouvernementspalast auf
und ab und beurlaubte sich von seinem Neffen, der im
Begriff war, seine Volante zu besteigen, die in einiger
Entfernung zu seinen Diensten bereit stand.

„Geht unter dem Schutze der heiligen Jungfrau,
werter Sennor und geliebter Neffe!" sagte der Kaufmann zu seinem jungen Begleiter, der ebenso reich als
stutzerhaft gekleidet war. „Dürfte ich meinem Herzen
folgen, würde ich nichts Eiligeres zu thun haben, als
mich Euch zum Begleiter aufdringen; allein die leidigen
Geschäfte wollen es nicht gestatten. Empfehlt mich meiner
edlen Gattin und sprecht ihr mein Bedauern aus, ihres
Anblickes nicht froh werden zu können."

„Ich will alles pünktlich ausrichten, verehrtester
Herr Onkel," sagte der junge Riccardo, „wenn nur meine
gnädige Tante nicht allzu strenge wäre und der Jugend
ihr Recht gelten ließe. Sie hofmeistert fortwährend."

„Ihr müßt das der wahrhaft mütterlichen Zärtlichkeit zu Gute halten, die Sennora Petrea für Euch
empfindet," entgegnete der Kaufmann in dem Tone der
Entschuldigung. „Wir sollen durch die innigsten Bande
des Blutes aneinander gekettet werden und die Sorge
für das Glück unseres Kindes mag sie in ihrer Zärtlichkeit
zu weit führen."

„Das kann ich noch immer nicht recht einſehen!"
fiel Riccardo ihm in die Rede. „Es iſt nicht das kalte
Benehmen der Tante allein, welches mich verletzt; ſondern
noch mehr das Benehmen der jungen Dame. Ich kann
ſagen, was ich will, ſo lacht ſie mich aus. Wenn ich
ihr einen Dienſt erweiſen will, lehnt ſie es geringſchätzig
ab. Meine Geſchenke ſtellt ſie beiſeite, ohne ſie anzuſehen.
Dann wieder iſt ſie voll Laune und Mutwillen und
wenn ich, was mir als Bräutigam wohl zuſteht, hin-
geriſſen von ihrer Lieblichkeit, es wage . . ."

„Ich hoffe nicht, Sennor Riccardo," unterbrach ihn
Sennor Cruſtello mit leichtem Stirnrunzeln, „daß Euer
Benehmen gegen meine Tochter, dieſe veranlaſſen könnte,
über dasſelbe gerechte Klage zu führen."

„Herr Onkel," ſagte Riccardo raſch. „Ich weiß
nur zu gut, welche Rückſicht ich einer Dame, wie Donna
Livia ſchuldig bin und würde es mir nie vergeben,
wenn ich gegen dieſelbe verſtieße. Aber ſie behandelt
mich mit ſo kalter Gleichgültigkeit und weiſet jedes zärtliche
Wort mit ſo verletzendem Lachen zurück, daß ich mich
dadurch auf das Tiefſte gekränkt fühle. Wenn ich Donna
Livia nicht ſo glühend heiß liebte und wenn ſie nicht
ſchön wie ein Engel wäre . . . ."

„Denkt nicht zu geringe von Euch ſelbſt, Sennor
Riccardo," ſagte der Kaufmann, indem er ſeine Hand
beruhigend auf den Arm des aufgeregten jungen Mannes
legte. „Der jugendliche Mutwille der Dame wird durch
Eure Beharrlichkeit zu ſchanden und der ſchönſte Lohn
Euch zu Teil werden. Wenn dann die Geliebte, voll-
ſtändig beſiegt, ſich Euch auf Gnade oder Ungnade ergiebt,
könnt Ihr die frühere Sprödigkeit mit wucheriſchen

Zinsen zurückzahlen. Nun säumt nicht länger und bringt
den Damen die Versicherungen meiner zärtlichen Neigung.“

Er geleitete den jungen Mann bis zum Wagen,
warf dem Davonfahrenden Kußfinger nach und murmelte
im Weitergehen zwischen den Zähnen:

„Alberner Geck! Wenn ich Dein Geld nicht gerade
nöthig brauchte, würde ich nicht so viele Umstände mit
Dir machen. Diesen Zwang stelle ich Dir in Rechnung,
und er soll Dir teuer genug zu stehen kommen.“

Mehrere Sennores drängten sich an den Kaufmann,
teils um von Geschäften mit ihm zu reden, teils um
dem angesehenen Börsenherrn ein nichtssagendes Com-
pliment zu machen und sich in sein Gedächtnis zurück-
zurufen. Er hatte für jeden derselben ein freundliches
Wort oder einen bedeutungsvollen Händedruck und stand
endlich dem Pater Timotheus gegenüber, der von dieser
unvermuteten Begegnung nicht allzusehr erfreut schien
und nach einigen unbedeutenden Worten zu diesem sagte:

„Euer Gnaden wollen mich entschuldigen, wenn
ich mich beeile, eine Begegnung abzukürzen, die sonst
zu meinen größten Glückseligkeiten gehörte und die ich
so lange als möglich auszudehnen wünschte. Ein schwer
Erkrankter ist meines Beistandes gewärtig und ich würde
meine heiligste Pflicht zu verletzen glauben, wenn ich
selbst bei einer so wichtigen Veranlassung, als ein Zusammentreffen mit Euer Gnaden ist, nur eine Minute
unnütz vergeudete. Erlaubt also, Sennor Don . . .“

„Euer Sterbender wird mir den Gefallen thun,
seine Augen so lange offen zu halten, bis Ihr hörtet,
was ich Euch zu sagen habe,“ entgegnete spöttisch der
Kaufmann. „Ihr seid für das geistige Wohl der

Meinigen in solchem Maße besorgt, daß ich fürchten
muß, Ihr überwacht dasselbe bis zur äußersten Grenze.
Meine Gattin ist von Eurer göttlichen Sendung so sehr
durchdrungen, daß sie wenig auf die Befehle des Eheherrn
achtet, wenn sie mit Euren Ermahnungen nicht über-
einstimmen, oder diesen gar entgegenstehen. Für diese
Mühewaltung bin ich Euch so sehr verbunden, daß
ich — wir sind unbehorcht, Pater — daß ich Euch
den Hals dafür umdrehen möchte und das gelbe Fieber
und die Pestilenz auf Euch herabfluche . . . ."

„Mutter aller Gnaden!" schrie der Mönch erschreckt
auf. „Von welchem bösen Dämon seid Ihr besessen?"

„Tragt Ihr nun ein Begehren, Euch diese meine
Gunst auch ferner zu bewahren, so könnt Ihr Euch
derselben unter einer Bedingung versichert halten, Ihr
dürft nur fortfahren, meine Gattin gegen mich einzunehmen und Euern Plan, meine Lieblingsideen zu kreuzen,
zur Ausführung bringen. Ihr wißt, daß ich meinen
Neffen, Sennor Riccardo, zu meinem Schwiegersohn zu
machen beabsichtige und ich weiß, daß Euch dies Bündnis
sehr unwillkommen ist, weil es die Summe, welche Ihr
einer bigotten Frau zum Besten der allerheiligsten Jungfrau abzuschwindeln denkt, bedeutend kürzen würde. Seht
mich nicht so ingrimmig an, Pater Timotheus, weil ich
Eure Intrigue durchschaue. Sie ist gar zu plump
und einfältig und ich bin für die Entdeckung des Lobes
nicht wert. Hört also dies eine Wort und beherzigt es
wohl: Diese Heirat ist mein Lieblingsgedanke. Sie ist
zum Fortbestehen meines Hauses erforderlich; ich werde
mit ihr stehen und fallen."

„Und wenn ich so unglücklich wäre, dieser Heirat,

schon der nahen Verwandschaft der Beteiligten halber,
das Wort nicht reden zu können?"

„Dann habe ich in früheren guten Tagen von Euch
gehört, daß es kein Verbot giebt, welches nicht durch
eine Dispensation zu einer unschuldigen, erlaubten That
gestempelt werden könnte. Ihr habt in der Laune des
Weins oft am Fastentage Braten geschmaust, versteht
sich, unter Dispens und habt mit diesem magischen
Schlüssel Thüren geöffnet, die Euch verschlossen bleiben
sollten und Vorhänge weggezogen, die solche keuschen
Augen nie hätten schauen dürfen. Wir haben auch
unsere Geheimnisse, Sennor Padre und Ihr thut wohl
daran, uns nicht zu zwingen, daß wir sie offenbaren."

Don Fabio Crustello entfernte sich, ohne weiter
darauf zu achten, welche Wirkung diese Erklärung auf
den Pater machte und hielt erst inne, als Sennor Perez,
einer der gewandtesten Sensale, grüßend an ihn mit
den Worten herantrat:

„Sennor Don, ich gratuliere, oder vielmehr ich
wünsche mir Glück, daß es mir noch einmal gelungen
ist, Euch zu Diensten zu sein und die Hindernisse zu
beseitigen, die Euer Fortschreiten auf eine bedenkliche
Weise zu hemmen drohten. Für die morgen ein-
laufenden Wechsel ist alle Deckung vorhanden."

Das Gesicht des Kaufmannes erhellte sich bedeutend bei dieser Nachricht:

„Sagt Ihr die Wahrheit?"

„Ich verbürge sie mit meinem Kopfe. Alles ist
so vorsichtig betrieben, daß niemand auch nur die
geringste Ahnung hat, wie dicht Euch das Messer an
der Kehle saß. Ihr habt nun wieder Frist bis zur

nächsten Kaffee-Ernte und wenn ich, ohne ruhmredig zu sein, behaupte, daß mich nur die freundschaftliche Ergebenheit, die ich für Euch hege, leitete ..."

"Es ist schon gut, Sennor Perez," entgegnete der Kaufmann, wieder in seine gewohnte Weise fallend. "Die große Hingebung an mein Haus wird Euch nicht hindern, dasselbe mit einer Kourtage von zehn Procent oder mehr zu belasten. Ihr gehört zu denjenigen Helfern in der Not, die den Hungrigen mit einem magern Bissen ködern, um ihn nachher desto sicherer verschmachten zu lassen. Laßt mich nichts weiter von Eurer Ergebenheit hören und macht Eure Rechnung auf, die schon jetzt mein Haar sträuben macht."

"Undank ist der Welt Lohn," sagte Sennor Perez mit dem Tone eines Gekränkten. "Darum sollte ich auch mein Geheimnis für mich behalten, oder es einem andern vertrauen, der gütiger von mir denkt. Aber ich bin nun einmal darauf versessen, Euer Wohlthäter zu sein und eröffne Euch hiermit, daß ein von Puertorico kommendes Schiff an Euch adressiert ist, welches Ereignis, recht benutzt, für Euch von großem Nutzen sein kann."

"Wie ist das?"

"Sennor Pizarro in Puertorico, den wir neulich von einer Kalamität befreiten, erweiset uns diesen Gegendienst," sagte der Kourtier. "Eine Hand wäscht die andere, so werden beide rein. Das Schiff ist ein Dreimaster und fährt unter Hamburger Flagge. Der Kapitän heißt Johannes Hansen. Er ist ein guter Seemann, ein wenig Phantast und noch weniger

Kaufmann.   Daraus läßt sich etwas machen, sollte
ich meinen."

Der Kaufmann nahm den Arm des Kourtiers
und hielt mit demselben ein lange dauerndes Gespräch.
Und während hier über das künftige Geschick eines
Schiffes und dessen Führer beraten wurde, lief eben
dieses Schiff hart an dem Felsen von Mora vorüber,
streifte dicht an der Punta vorbei und ließ in dem
mächtigen Hafenbassin, das für tausend und mehr
Fahrzeuge hinreichenden Raum bietet, seinen Anker
fallen.

VI.

Villa Crustello.

Hart am Meere lag dieser Ruhesitz des Kaufherrn. In seinem Rücken rauschten hoch über ihn hinweg die Palmen von Jesus del Monte. Von dem einfachen, aber luftig und geräumig erbauten Hause führte der Garten in mancherlei Windungen durch heitere Blumenparterre's und kühle, schattige Gänge bis an die See. Marmorbänke, in deren Nähe die Quellen erfrischend sprangen, luden den von der Wanderung ermüdeten Spaziergänger zur Ruhe ein.

Es war noch früh. Die Sonne tauchte aus der See auf und goß ihr blendendes Licht über Stadt und Land. Unfern von der Rampe, welche von dem Herrenhause in den Garten hinabführte, stand der Majoral, der nicht nur das Wirtschaftliche besorgte, sondern auch dem Amte des Haushofmeisters vorstand. Ein geborner Habannese, aber von der glühenden Sonne im Laufe der Jahre so verbrannt, daß er leicht für einen Mulatten gelten konnte.

Er hatte die männliche und weibliche Dienerschaft des Hauses, die nur aus Sklaven bestand, um sich versammelt und erteilte ihr seine Befehle für den folgenden

Tag. Mehr war zu thun, als sonst in gewöhnlichen Zeiten,
wenn die Dame des Hauses und deren Tochter hier in
ländlicher Stille lebten und nur zeitweilig der strenge
Gebieter Don Fabio Crustello erschien, um sich einen
Tag von der Last der Geschäfte zu erholen. Die
Damen waren auch während dieser Besuche so ziemlich
auf sich angewiesen. Der Kaufherr lebte nach seiner
Weise und traf mit den Seinigen nur bei Tische
zusammen, nachdem er sich bei der Ankunft flüchtig
zeigte und bei der Abreise oft durch den Majoral seinen
Abschiedsgruß bestellen ließ.

Es herrschte überhaupt wenig Sympathie zwischen
dem Sennor und der Sennora. Zarte Bande ver-
knüpften die Herzen nicht. Die Dame folgte dem
Befehl ihres Vaters, als sie dem Don Fabio ihre
Hand reichte, und Don Fabio bewarb sich mit schein-
barer Leidenschaftlichkeit um die Gunst der schönen
Petrea, deren bedeutendes Vermögen ihm eine glänzende
Aussicht für die Ausdehnung seines Geschäftes erschloß.
Als er später — oder vielmehr zu spät — entdeckte,
daß der größte Teil dieses Vermögens nicht zu seiner
freien Verfügung stand und nur die Zinsen desselben
ihm zu Gute kamen, kühlte sich diese leidenschaftliche
Glut auf eine bedenkliche Weise ab. Dazu kam, daß
Sennora Petrea, die sich von ihrem Gemahl vernachlässigt sah und sehr fromm erzogen war, sich der
Kirche vollends in die Arme warf. Diese that ihrerseits
alles, um eine solche Tochter, welche sich so brünstig
der geistigen Mutter zuneigte, mit unauflöslichen
Banden an sich zu knüpfen. Man versuchte, soviel es
irgend möglich war, sie des irdischen Tandes zu be-

rauben, damit sie desto geschickter für ein inneres, beschauliches Dasein werde. Ein Meisterstück des Pater Timotheus, der auf das schwache Gemüt der Dame einen Einfluß übte, der im Laufe der Zeit unwiderstehlich ward.

Auch die Tochter suchte der Pater für seine Zwecke zu gewinnen, aber hier stieß er auf unerwarteten Widerstand, der um so fester wurde, je beharrlicher er denselben zu brechen suchte. Donna Livia, blendendschön, wie der Tag, der eben aus der See auftauchte, war eine heitere, lebensfrohe Natur, der es zu enge ward in dem Garten wie im Hause, und die sich hinaussehnte in das lebendig sprudelnde Leben der stolzen Habanna, deren berauschende Genüsse ihr nur sehr selten zu Teil wurden.

Es war für gewöhnlich hier draußen so still, so einsam und darum wurde jede Abwechslung, jede, auch die geringste Unterbrechung des alltäglichen mit Jubel begrüßt. In solchen Tagen holte der Majoral die Hausklaven eine Stunde früher als sonst aus ihren Kammern und trieb sie, wie eben jetzt, auf einen Haufen am Fuße der großen Rampe zusammen.

Sennor Velasquez, der Majoral, war von der Wichtigkeit seines Amtes vollständig erfüllt und übte es mit aller ihm zu Gebote stehenden Würde aus. Ein Wink mit der rechten Hand genügte, seine Untergebenen fliegen zu machen und nur selten fand er Gelegenheit, das zierliche Stöckchen, welches er zwischen den Fingern hielt, zur Unterstützung seiner Beredtsamkeit zu verwenden.

„Du also," sagte Don Velasquez zu einem halb=
wüchsigen Schwarzen, der ihn angrinste, „bleibst nach
wie vor im ausschließlichen Dienst des Sennor Don
Riccardo, der als ein Glied der hochachtbaren Familie,
der wir angehören, ganz besonders zu beachten ist, und
brauchst Dich um alles andere, was jetzt oder später
hier vorgeht, nicht zu kümmern. Eile, Muzio, und
siehe, ob der edle Sennor bereits erwachte und seine
Morgen=Zigarre und die Chokolade befiehlt."

Muzio eilte, die erhaltenen Befehle auszuführen und
der Majoral fuhr, zu den übrigen gewendet, fort:

„Wir werden Gäste bekommen, heute, morgen,
übermorgen, und Don Fabio, unser Gebieter, will, daß
die Tafel ausnehmend gut bestellt sei. Mutter aller
Gnaden, warum schreien die Weiber und stören die
gnädigsten Damen in ihrem Morgenschlummer? Seid
still, Ihr schwarzen Scheusale, und schert Euch in die
Küche! Die Tafelordnung ist von Don Fabio schriftlich
eingesandt, das Fehlende ist, auf drei Maultiere gepackt,
bereits unterwegs, und in einer halben Stunde komme
ich selbst, um nachzusehen, ob Ihr Eure Schuldigkeit thut."

Die weibliche Dienerschaft entfernte sich, noch ärger
kreischend als vorher, mit den Händen fechtend und im
Laufen gegen einander prallend, ein lebendiges Bild
des Widerstrebens, welches für die empfohlene Küchen=
ordnung einen bedenklichen Zweifel aufkommen ließ.

Auch den übrigen war jetzt von dem Majoral ihr
Tagewerk angewiesen und es blieb nur einer zurück, der
im vorgeschrittenen Alter stand und sehr ernst aussah.
Der Majoral berührte seine Schulter und sagte:

„Für Dich, Paulo, habe ich einen besondern Dienst
ersonnen. Es wird ein Gast erwartet, welcher Schiffs=
kapitän und von Geburt ein Deutscher ist, obgleich er
das Spanische wie Wasser spricht, welches mir von der
vornehmen Abkunft dieses Sennor und seinen adeligen
Manieren die höchste Meinung einflößt. Außerdem ist
es der gemessenste Befehl des Don Fabio, diesen
Kapitän, der leider einen so barbarischen Namen hat,
daß ich ihn nicht aussprechen kann, mit der ausgesuch=
testen Höflichkeit zu empfangen und ihn während der
wenigen Tage seines Hierseins mit einer Aufmerksamkeit
zu behandeln, als ob es Don Fabio selbst wäre. Du
begreifst also ohne weitere besondere Anweisung, mein
lieber Paulo, welche Ehre Dir widerfährt, indem ich
Dir die Bedienung dieses Kapitäns anvertraue, der
übrigens, wie ich zu meinem Verdrusse vernehme, von
einem Schiffsjungen begleitet wird, den er kaum von
der Seite läßt. Aber, Mutter aller Gnaden, wo gerate
ich mit einem Schwätzer, wie Du bist, hin? Da treten
schon die Damen aus dem Hause. Fort! Fort, Paulo,
und dränge Dich nicht den Sonnoras in den Weg.
Fort!"

Paulo entfernte sich ebenso schweigend, als er kam.
Sennor Velasquez blieb aufrecht stehen, um zu erwarten,
ob die Damen ihm im Vorübergehen etwas zu befehlen
hätten.

Aber Donna Petrea schritt, ohne auf die Ver=
beugungen des Majoral zu achten, gravitätisch weiter,
mit leisem Kopfschütteln ihre Tochter betrachtend, die
vor ihr herhüpfte, ein Liedchen trällernd, mit den Blumen
liebäugelnd, und dann wieder umkehrte und sich an den

Arm der Mutter hing, lachend und scherzend, wie ein glückliches Kind, strahlend von Anmut und Jugend.

„Die Mutter aller Gnaden möge es mir verzeihen, wenn ich Dir größeren Zwang auflege, als Du es zu ertragen vermagst," sagte Donna Petrea; „allein ich kann nicht von meiner Pflicht abweichen, die mir vorschreibt, Deine Schritte zu überwachen. Wir sind nicht allein, Donna Livia. Seit zweien Tagen weilt Don Riccardo, unser Vetter, als Gast in diesem Hause."

„Ich hoffe nicht," fiel Livia lebhaft ein, „daß er sich über irgend etwas zu beschweren hat. Er bewohnt das schönste Zimmer des Hauses und die Tafel ist stets reich besetzt.

„Don Riccardo," fuhr die Mutter ernster fort, „ist hier nicht erschienen, um sich von uns bewirten zu lassen. Seinem Besuch liegt eine ernstere Absicht zugrunde."

Donna Livia errötete und fühlte sich unangenehm berührt; allein sie fiel schnell in die heitere Laune zurück, die ihr eigentliches Naturell war und sagte: „O, mia cara, ich habe es. Gestern Abend sah ich den Vetter mit dem Pater Timotheus unter den dunklen Sycomoren eine Stunde lang auf- und abwandeln und ein sehr erbauliches Gespräch führen. Sollte der Geist der Erkenntnis über den Vetter gekommen sein und er das Unwürdige seines bisherigen Wandels einsehen? Wenn der Vetter in ein Kloster gehen und seine Sünden bereuen will, vergebe ich ihm mit christlicher Barmherzigkeit alle mittelbaren und unmittelbaren Angriffe, die er sich auf dies arme Herz erlaubte . . . . ."

„Es ist nicht zu ertragen!" unterbrach Donna Petrea, nun wirklich zornig, die mutwillige Livia. „Du weißt, weshalb Riccardo hier ist und was Dein Vater beabsichtigt. Dir ist die strenge Unbeugsamkeit Don Fabio's bekannt und daß er keines Strohhalms Breite von dem abweicht, was er sich einmal vorgenommen zu thun. Reize ihn nicht, Livia, denn der Mann ist in seinem Zorne fürchterlich; das weiß niemand besser, als Deine Mutter."

Thränen erstickten ihre Stimme. Livia warf sich in ihre Arme, drückte sie leidenschaftlich an ihr Herz und rief:

„Mutter, theure Mutter, sage, daß es zu Deinem Frieden dient, wenn ich mein Herzblut vergieße und ich will keine Minute zögern, Dir mein Leben zu opfern. Aber den faden Gecken Riccardo, der stets auf Stelzen einherschreitet, kann ich nicht heiraten, und wenn der Vater erscheint, will ich es ihm offen in's Gesicht sagen."

„Weißt Du, was Du sprichst, Du unverständiges Kind?" entgegnete die Mutter, erschreckt durch die kühnen Worte der Tochter. Kennst Du Deinen Vater, wenn man ihm in Dingen widerspricht, die er sich fest vornahm und die Zornesader auf seiner Stirn anschwillt? Wagst Du es, Dich dem reißenden Strom entgegenzuwerfen, der zur Regenzeit von den Bergen der Sierra de Cobre herabströmt? Du willst dem Vater widersprechen und dessen gemessenen Befehlen entgegenhandeln? Heilige Mutter Gottes; wende das Herz dieses störrischen Kindes zur Demut und töte in ihr den Gedanken an ein sündhaftes Thun!"

Donna Livia war von den schwerklingenden Worten
ihrer Mutter eine zeitlang wie betäubt, dann aber ermannte
sie sich aus eigener Kraft, blickte sie fest an und sagte:

„Sage mir, Mutter, bei allem, was Dir heilig
und ehrwürdig ist, ob Du blindlings dem Gebote Deines
Gemahls Folge leistest? Wicheft Du nicht von dem
vorgezeichneten Wege ab und schlugest die Pfade ein,
welche Dir Dein Beichtiger vorzeichnete, obgleich sie an
ein ganz anderes Ziel führten? Mutter, willst Du von
mir fordern, was Du selbst nicht zu halten vermagst
und soll ich, um nur nicht von der Pflicht des blinden
Gehorsams zu weichen, mich für mein ganzes Leben
opfern? Kannst Du das verlangen?"

Die Mutter antwortete nichts, sondern schloß ihre
Tochter tief bewegt an ihr Herz.

Eine Glocke begann zu läuten. Sie hing in der
kleinen Kapelle, die sich an den Felsen lehnte, der den
Garten vom Meere trennte.

Pater Timotheus erschien unter den Sycomoren.
Er war ein ganz anderer, als in jener leichtfertigen
Stunde, die er, den Becher in der Hand, bei Sennora
Aricia hinbrachte. Langsam näherte er sich den Damen;
mit einfacher Würde und indem er das Zeichen des
Kreuzes machte, deutete er mit der Hand nach der
Gegend, wo die Kapelle lag.

„Es ist die Stunde, in welcher ich mich, unter
dem Beistande dieses würdigen Paters, vor Gott dem
Herrn demütige und die heilige Jungfrau und alle
Heiligen anrufe, damit sie mir beistehen mit ihrer
Gnade. Ich bete für alle, denen mein Herz sich zu=
wendet, am meisten und inbrünstigsten für Dich, teure

Livia, und flehe zum Himmel, daß er jede Freuden-
stunde, die etwa mir noch beschieden wäre, Dir zu Teil
werden lasse. Begleite mich nicht, Livia, teures Kind.
Ich muß allein mit meiner Heiligen sein. Sammle
auch Du Dich in der Einsamkeit und wenn während
meiner Abwesenheit Don Fabio eintrifft, entschuldige
mich, wie Du kannst und darfst."

Livia war allein, aber nicht lange. Ihr Vetter,
Sennor Riccardo, fand sich bei ihr ein. Seine Kleidung
war gewählter als sonst, Sein Gang, seine Geberden
kündeten etwas Absonderliches an. Seine Worte klangen
feierlich; das Pathos wurde nicht geschont. Umsonst!
Donna Livia blieb unbewegt bei den kunstvollsten
Wendungen seiner Rhetorik. Je mehr er sich anstrengte,
desto gleichgiltiger ward sie; die Sonne selbst müßte,
um in Riccardo's Weise zu sprechen, in dieser Eisregion
zum Tode erstarren.

Er schlug eine andere Tonart an. Die hohl-
klingende Phrase ward zum zärtlichen Geflüster. Man
sollte meinen, der pedantische Hidalgo hätte sich plötzlich
in einen galanten Franzosen verwandelt. Das ganze
Register der Galanterie ward angeschlagen, um das
Herz der Schönen zu rühren und sie aus der dumpfen
Gleichgiltigkeit aufzuschrecken. Es gelang über die
Maßen, denn kaum wagte es Riccardo, sich ihr mit
süßem Liebesgeflüster zu nahen und ein zartes Madrigal
mit zum Himmel gewendeten Augen hinzuhauchen, als
sie in ein schallendes Gelächter ausbrach und immer
anhaltender und lauter lachte, je süßer und zärtlicher
der aufgedrungene Liebhaber wurde, bis dieser endlich,
die angelernten Rollen vergessend, in den eigentlichen

Charakter zurückfiel und mit zornigen Blicken zu der
Dame sagte:

„Schöne Dame, möge es Euch nie gereuen, daß
Ihr mir in dieser Weise begegnetet. Der Schimpf,
den ich ertrug, ist Euch nicht geschenkt; ich werde mit
Wucher beitreiben, was Ihr mir schuldet."

„Das werde ich mit Gelassenheit erwarten, werter
Vetter!" sagte Livia mit aufgeworfenen Lippen. „Ohnmächtige Wut prahlt gerne mit Dingen, welche ihr eben
so ungreifbar sind, als der Mond. Ich werde vor
Euren Zornesausbrüchen ruhig schlafen."

„Seid Ihr dessen so gewiß?" fragte Riccardo
lauernd. „Dann thut es mir doppelt leid, daß ich
Euch aus diesem Himmel vertreiben muß. Euer Vater
hat sein Wort gegeben, daß Ihr mein Weib werden
sollt und ich habe die Macht in Händen, ihn zu
zwingen, daß er sein Wort hält. Hört Ihr das,
meine schöne Dame? Ich spiele die Melodie, nach welcher
Euer Vater tanzen muß."

„Unverschämter!" fuhr Livia auf.

„Spart Eure Schmeicheleien bis zu dem Tage
unserer Verbindung!" sagte Riccardo mit Hohn. „Diese
Stunde ist nahe, ganz nahe. Und wenn ihr ein gutes
Kind seid, müßt Ihr zur heiligen Jungfrau beten, daß
sie diese Stunde beflügele, denn sonst, wenn ich sie
verzögere, wird sie den Sturz des Don Fabio Crustello
in ihrem Gefolge haben. Darum lebt in der Hoffnung,
recht bald mein angetrautes Weib zu sein und wenn
Ihr es werdet, meine Schöne, bricht der Tag der
Abrechnung an, bei welcher ich hoffentlich nicht zu kurz
kommen werde."

Sein Auge heftete sich so stechend auf die junge Dame, daß diese erbleichte und unwillkürlich mit der Hand nach dem Herzen fuhr.

Velasquez, der Majoral und Major-Domus der Villa Crustello, kam eilends herbei und meldete die Ankunft des Gebieters, der bald nach ihm erschien. Er sah die jungen Leute sich gegenüberstehen, erriet leicht aus dem Benehmen beider, was hier vorfiel, und sagte stirnrunzelnd:

„Mit Widerstreben habe ich die Nachricht empfangen, daß meine Tochter den Mann, den ich ihr zum Herrn und Gemahl bestimmte, mit Geringschätzung behandelt und ihm trotzig gegenüber tritt. Ich hätte meine Tochter einer solchen Kühnheit nicht fähig gehalten und will es, trotz allem was ich sehe, auch jetzt nicht thun. Aber ich ersuche Euch, Donna Livia, daran zu denken, daß ich von allen Personen, die von mir abhängen, Gehorsam verlange, und was man mir weigert, zu erzwingen weiß. Genug davon. Dies eine Wort gilt für tausend. Wo ist Deine Mutter?"

Livia war von der harten Anrede des Vaters so erschreckt, daß sie kaum zu sagen wußte, was man von ihr verlangte. Das Gesicht des Kaufmanns verzog sich zum furchtbaren Hohn, und sich an den jungen Mann wendend, der noch immer seiner Aufregung nicht Herr geworden, sagte er:

„Riccardo, mein lieber Sohn, das seid Ihr mir von dieser Stunde an, wenn die Ceremonie am Altar auch noch nicht vollzogen ist. Wollt Ihr mir die Ehre Eurer Begleitung gönnen, damit wir meiner Gattin von diesem meinem Entschlusse gemeinsam Kenntnis geben?

Die Unterbrechung einer ihrer häufigen Betstunden wird
hoffentlich für ihre künftige Seligkeit kein Hindernis sein."

Aber noch ehe dieser rohe Beschluß zur Ausführung
gebracht werden konnte, läutete es in der Kapelle von
neuem und gleich darauf erschien Donna Petrea unter
den Sykomoren. Als der Kaufmann seine Gattin vor
sich sah mit der demütigen Leidensmiene und die Thränen
bemerkte, welche ihre Wangen netzten, drängte er die
schweren Vorwürfe zurück, die er auf der Zunge hatte,
und begnügte sich mit den eisigen Worten:

„Wenn Eure frommen Andachtsübungen Euch keine
Zeit übrig ließen, welche Ihr dem Gast unsers Hauses
widmen konntet, der bestimmt ist, in Gemeinschaft mit
jener jungen Dame uns hier und an allen anderen
Orten zu vertreten, hege ich die gerechte Hoffnung, daß
dies einem andern Sennor gegenüber desto eifriger geschehen werde, der noch im Laufe des Tages hier anlangt
und für einige Zeit seine Wohnung auf diesem Landsitze
nehmen wird."

Petrea verneigte sich zum Zeichen ihrer Bereitwilligkeit, die Befehle des Gatten zu erfüllen, und dieser
wandte sich an Riccardo, der bei dieser ihm ganz
unerwarteten Nachricht verwundert aufschaute.

„Von Puertorico aus ist mir ein deutscher Schiffskapitän empfohlen, dessen Anwesenheit in Havanna unter
den obwaltenden Umständen für mein Geschäft von
großem Nutzen sein kann. Ich habe mich deshalb ver-
anlaßt gesehen, demselben meine Villa anzubieten. Er
hat die Bitte erfüllt, mein Gast zu sein, und ich fordere
von allen meinen Angehörigen, den gegenwärtigen und
künftigen, daß sie den Sennor mit aller Aufmerksamkeit

behandeln, die seinen Verdiensten gebührt und der Gunst entspricht, welche wir von ihm zu erwarten uns versichert halten dürfen."

Sennora Petrea gelobte in wenigen Worten, daß sie den Wünschen ihres Gatten nachzukommen bestrebt sein werde und nahm den Arm der Tochter, welche sie nach dem Hause zurückgeleitete. Der Kaufmann verweilte noch einige Augenblicke bei seinem Verwandten, den er mit dem Namen des Kapitäns und dessen Verhältnissen bekannt machte, soviel er selbst von diesen wußte, und ging dann dem Majoral entgegen, der außer Atem mit der Meldung angelaufen kam, daß der deutsche Sennor in der Nähe der Villa sei und in wenigen Augenblicken vorfahren werde.

Der feierliche Empfang war vorüber. Das Peinliche, welches ein solches Ceremoniel stets mit sich bringt, war verwischt, und man fing an sich ungezwungener zu bewegen. Kapitän Johannes Hansen, der spanischen Sprache vollkommen mächtig, begann sich mit den Damen zu unterhalten und bediente sich dabei jener hochtönenden Phrasen, die voll und kräftig in das Ohr fallen und dem Hörer schmeicheln, an den sie gerichtet sind. Der Majoral erschien und kündigte an, daß die Mahlzeit bereitet sei. Man betrat die offene Veranda, auf welcher sie serviert war, und das Essen ging mit all jener Umständlichkeit vor sich, die jeden an dergleichen nicht gewöhnten Nordländer zur Verzweiflung gebracht haben würde. Aber Johannes Hansen, der Kapitän des „Grasbrook", fühlte sich ganz behaglich, und nachdem er die Gesundheit seines Wirtes mit aller Umständlichkeit getrunken hatte, sprach er in einer zierlich

gehaltenen Canzone, die im reinsten Castilianisch ge-
dichtet war, den Damen seinen Dank aus. Auf Riccardo verwandte er keine besondere Aufmerksamkeit und
richtete an diesen nur die unumgänglich nötigen Worte.
Riccardo vergalt Gleiches mit Gleichem. Er beobachtete
abwechselnd erst den Gast, der in einer kurzen Stunde
alle für sich gewannn, und dann seine Verlobte, deren
Wangen sich mit lebhaftem Rot bedeckten, so oft der
Kapitän das Wort an sie richtete. Sein stechendes
Auge ruhte auf beiden und verriet unwillkürlich, was
seine Zunge verschwieg.

Die Dienerschaft harrte draußen in der ihr angelernten Grandezza. Der schweigsame Paulo stand
kerzengerade, zur persönlichen Bedienung des seiner Sorg-
samkeit empfohlenen Gastes bereit und sah nicht ohne
Verdruß auf einen jungen Seemann, der mit dem
Kapitän ankam und sich unter den schwarzen Dirnen
umhertrieb, die er durch unverstandene Scherze und
Neckereien aus der gewohnten Haltung trieb Paulo
zuckte die Achseln und sah verächtlich auf den Burschen
herab, der, wie sein Instinkt sagte, ihn in der Aus-
übung seines Amtes bedeutend beeinträchtigen werde.
Velasquez, der umsichtige Majoral, der die Mißstimmung
des Lieblingsdieners merkte, suchte den Gekränkten durch
einen ermunternden Blick zu erheben, während der
junge Seemann sich an den Majoral hängte und den
ernsthaften Mann durch seine Späße zum Lachen zu
reizen suchte.

Da rückte der Hausherr seinen Stuhl und alle andern
erhoben sich mit ihm. Die Dienerschaft eilte herbei, um
ihre Dienste anzubieten. Es wurden einige höfliche

Worte gewechselt und jeder Einzelne begab sich in das ihm angewiesene Gemach, um von den Anstrengungen des Tages auszuruhen, bis die Abendkühle zu neuer Geselligkeit einlud.

Paulo schritt gravitätisch dem Kapitän voran, und öffnete die Thür zu dessen Wohnzimmer, aber ein grimmiger Aerger malte sich in seinen Zügen, als der junge See= mann dem Kapitän voran in die Stube eilte und der Letztere dem Neger mit einer Handbewegung andeutete, daß er seiner nicht weiter bedürfe. Mit verbissenem Groll eilte Paulo davon, um dem Majoral die erduldete Beschimpfung zu klagen.

VII.

Von gegenwärtigen Dingen.

Einige Tage sind seit jenem feierlichen Empfange verstrichen. Die Gesellschaft auf der Villa Crustello bleibt dieselbe, aber deren Physiognomie ist bedeutend verändert. Kapitän Johannes Hansen, in einsamen Stunden seinen Träumen nachhängend, benahm sich als ein galanter Ritter gegen die Damen, wenn auch mit verschiedenem Erfolge. Sennora Petrea behandelte ihn nach dem Befehl ihres Gemahls mit großer Höflichkeit, doch mischte sich diesem Wesen stets eine Anwandlung von Furcht bei, seitdem sie erfahren, daß der Kapitän ein verruchter Ketzer sei. Die Luft in seiner Nähe schien ihr verpestet. Sie wagte kaum zu atmen und wenn er sie verließ, warf sie sich in der Einsamkeit ihres Zimmers vor dem Muttergottesbilde in die Kniee, die Heilige um Vergebung für die begangene Frevelthat zu bitten.

Anders benahm sich Donna Livia. Sie hatte ihren Vetter Riccardo nie mit freundlichen Augen angesehen. Seit jenem Tage, da er ihr seine Gesinnung ohne Rückhalt offenbarte, verwandelte sich ihre Gleichgültigkeit in Zorn. Ihr Herz empörte sich bei dem

Gedanken, daß es eine Macht geben könne, welche sie zu einem Bündnis mit dem Verhaßten zwingen könne, und sie that im Stillen den Schwur, sich jener Verbindung mit allen ihr zu Gebote stehenden Kräften zu widersetzen. Die Wut des jungen Mannes, der scharffinnig genug war, alle diese Wandlungen zu bemerken, steigerte sich mit jeder Stunde. Er fah, wie sich Donna Livia dem Umgange mit dem Kapitän harmlos hingab. Sie lachte und scherzte mit ihm. Sie sang. mit ihrer schönen Stimme auf seine Bitte die glühendsten altspanischen Romanzen; eine Gunst, die Riccardo nie von ihr erbitten konnte, und horchte mit Erstaunen, getheilt zwischen Furcht und Freude, wenn jener ihr von der fernen nordischen Heimat erzählte. Er sprach mit Feuer von dem wirbelnden Schnee, der in dichten Flocken sich lautlos auf die Erde herabsenkte und diese in ein weißes Leichentuch hüllte; oder von der See, welche im Kampfe der Wellen die schwimmenden Eisblöcke durch= und übereinander warf.

Ein treuer Wächter seines Herrn blieb Ludwig, der erste unter den Berliner Argonauten, der sich mit bewundernswerter Schnelle in jedes Seewerk fand, stets in dessen Nähe und hatte auf alles acht, was sich daselbst begab. Der junge Riccardo war ihm längst aufgefallen. In jener Stunde, da er einen tötlichen Blick auf Johannes Hansen warf, als dieser der Dame besonders feurig die Hand küßte, sagte er zu sich:

„Das ist allemal Einer, dem nicht zu trauen ist und der sich so schleunig als möglich aus unserer Nähe entfernen muß, was man durchbrennen oder allewerden heißt. Wenn man an seine Augen ein ganzes Dutzend

Zigarren hält, brennen sie alle auf einmal. Dabei hat er die eine Hand immer zwischen Rock und Weste. Mir ist, als sähe ich etwas Blankes in seiner Hand und ehe man sich's versieht . . . Donnerwetter, das ist nicht richtig und ich muß ihn fortbringen."

Schnell rannte Ludwig einige fünfzig Schritte dem Hause zu, dann kehrte er plötzlich um, that, als sei er außer Atem und rief, mit beiden Händen winkend, stöhnend und schnaufend:

„Sennor Riccardo! Sie da' Sennor Riccardo!"

Der Gerufene sah sich um und gewahrte den jungen Matrosen, der ihm allerlei Zeichen machte. Ergrimmt fuhr er auf ihn los und fragte, was dieser Lärm bedeute? Ludwig, der ihn nur aus der Nähe des Kapitäns haben wollte, wußte auf die ihm unverständliche Frage nichts zu entgegnen und suchte seine Verlegenheit hinter stets schnelleren Geberden zu verstecken. Schon riß der schwache Geduldsfaden des Spaniers und Ludwig sah sich der augenscheinlichen Gefahr einer Mißhandlung preisgegeben, als ein gütiger Zufall sich in's Mittel legte und die gutgemeinte Täuschung in eine Wahrheit verwandelte. An der Stelle, wohin Ludwig mit der Hand deutete, um Riccardo zu bewegen, sich noch weiter zu entfernen, erschien Sennor Crustello und machte dem ihn gewahrenden Verwandten ein Zeichen, daß er ihm etwas mitzutheilen habe.

„Ihr müßt verzeihen," rief Crustello schon von weitem, wenn ich ohne Umstände zur Sache komme, allein die Ereignisse verbieten jede Ueberschreitung. Eure Mutter ist gefährlich erkrankt."

Riccardo erschrak bei dieser Mitteilung und für einen Augenblick trat die Erinnerung an alles Uebrige in den Hintergrund. Er faßte die Hand des Verwandten, der ihm das Nähere dieses traurigen Ereignisses mit möglichster Schonung beibrachte und ihm dringendste Eile empfahl, indem er schloß:

„Mein Wagen steht noch angeschirrt und die Pferde sind nicht so angegriffen, daß sie Euch nicht im Fluge zurückbringen könnten. Eilt Euch, Sennor, damit Ihr Euch nicht wegen unnützer Zögerungen Vorwürfe macht. Ich will meine Gebete mit den Eurigen vereinigen, daß Gott einen Schlag von Euch wenden möge, der Euer kindliches Herz empfindlich treffen würde. Das Gebet übt oft eine wunderbare Kraft, allein wenn ich den Arzt recht verstand, dürfte es diesmal nicht stark genug sein, dem Walten der Natur hindernd in den Weg zu treten."

Mit diesen Worten hatte Sennor Crustello seinen Neffen bis in den Hof geleitet, wo der Wagen zur Abfahrt bereit stand. Riccardo fügte sich in das Notwendige, konnte aber nicht umhin, seine Besorgnisse hinsichtlich des Kapitäns auszusprechen und den Kaufmann aufzufordern, ein scharfes Auge auf seine Tochter zu haben. Dieser hörte ihn an, zuckte mit den Achseln und sagte mit auffallender Kälte:

„Aus Euch spricht das Fieber. Ich würde deshalb mit Euch in einem ernsthaften Tone reden, wenn nicht Eure augenblickliche Lage mein Mitleid rege machte. Fahrt in dem Schutze aller Heiligen und schlagt Euch die Grillen aus dem Sinn, indem Ihr ernstlich daran denkt, wie Ihr der armen Dame,

Eurer Mutter, die letzten Stunden erleichtern wollt.
He! Juan! Fahre, was die Pferde laufen wollen,
und wenn die Bestien bei dieser Fahrt daraufgehen.
Hast Du den Caballero glücklich an Ort und Stelle
gebracht, mögen sie zum Teufel gehen. Ich frage nichts
darnach."

Der Kutscher antwortete mit einem lauten Ho!
Ho! schwang lustig die Peitsche um die Köpfe der
mutigen Rosse und diese flogen die im Sonnenlicht
schimmernde Straße entlang. Der Kaufmann wandte
sich zu dem gaffenden Stallknecht und sagte:

"Sattelt mir die Mora und bringt sie hierher.
In einer halben Stunde will ich zur Stadt zurückreiten."

Der Stallknecht eilte, die Befehle des Herrn zu
vollziehen. Ein anderer Diener ward an Frau Petrea
gesendet, mit der Bitte, sich im Besuchzimmer zu einer
Unterredung einzufinden.

Das Gespräch der beiden Gatten dauerte ziemlich
lange. Sennor Crustello führte fast allein das Wort.
Die Dame kam aus dem Staunen nicht heraus und
konnte einen Ausruf nicht unterdrücken, als Ihr Gemahl
leicht hinwarf:

"Im Uebrigen ist es meine Absicht gar nicht, unsere
Tochter zu einer ihr verhaßten Ehe zu zwingen. Wenn
ihre Abneigung gegen eine Verbindung mit unserm Neffen
Riccardo so mächtig ist, als Ihr es mich soeben merken
ließet, gestatte ich Euch, Livia hoffen zu lassen, daß es
mit dem angedrohten Zwang nicht so schlimm gemeint ist."

"Wie, mein Gemahl?" fragte die Dame betroffen.
"Nachdem Ihr jede nur denkbare Anstrengung machtet,
den jungen Mann zum Schwiegersohn zu bekommen;

nachdem Ihr — wie er selbst, um sich ein Ansehen zu geben, behauptet, — einen Teil seines Vermögens für Euer Geschäft anwendetet . . ."

Die Augen des Kaufmanns blitzten: „Hat er das gesagt? Nun, es mag nicht unbegründet sein. Was ist da weiter? Im Handel wandert das Geld von der rechten Hand in die linke. Bei dieser Gelegenheit machte ich die Entdeckung, daß der Brunnen, aus welchem der junge Sennor schöpft, nicht so unversiegbar ist, als man bisher glaubte . . . Zudem ist seine Mutter erkrankt und zwar höchst bedenklich. Es soll ein Testament vorhanden sein und in demselben mancherlei stehen, was die Vermögensumstände des Herrn Neffen noch mehr in den Hintergrund drängt. Ich gebe nichts auf das Geschwätz der Leute, allein öfters ist etwas mehr dahinter, als bloßes Geschwätz. Die Beichtväter sind für manches Haus unbequeme Gäste und alte Frauen haben Grillen . . ."

„Mein Gemahl nimmt einen Ton gegen mich an," erwiderte Donna Petrea, „den ich nicht zu hören gewohnt bin. Besteht unter uns auch kein Verhältnis, wie es zwischen Eheleuten sich geziemt, darf ich doch fordern, daß mir jede Rücksicht, die man mir schuldet, auch zu Teil werde . . ."

„Was wollt Ihr, Sennora?" unterbrach sie der Kaufmann rasch. „Zahlen wir uns doch mit gleicher Münze. Mir ist bis zur Stunde unbekannt, ob mein Einfluß auf Euch größer ist, oder der des Beichtvaters. Hört Ihr, Sennora? Ich zweifle noch; erhalte ich aber Gewißheit darüber, wird mein Entschluß schnell gefaßt sein. Und sollte es dem frommen Pater Timotheus gelüsten, Euch ein Testament zu entlocken, seid versichert,

daß ich es nicht so leicht zu Recht bestehend anerkenne,
als Riccardo das Testament seiner Mutter anzuerkennen
hat, das ihn um die Hälfte seines Erbes bringt.“

Die Dame entfärbte sich. Der Gatte zog den
Schleier von dem zartesten Geheimnis weg, das in
ihrem Herzen schlummerte. Die Beredsamkeit des Paters
hatte sie geneigt gemacht, einen wesentlichen Teil ihres
Vermögens zu frommen Zwecken herzugeben, um dadurch die beleidigte Kirche zu versöhnen, welche den
frevelnden Gemahl mit den härtesten Strafen bedrohte.
Aber im Vollgefühl ihres Wertes ermannte sie sich und
war entschlossen, dem Gemahl entschieden entgegen zu
treten, allein dieser wies sie kurz ab, indem er sagte:
„Nichts weiter davon. Ich kenne Eure Absichten; Ihr
kennt meine Gesinnung und das genügt für unser
künftiges Benehmen. Ist Euch ein ruhiges, ehrenvolles
Leben in diesen schönen Räumen auch für die Folge
wünschenswert, dann trachtet darnach, Euch ohne den
Beistand des Paters Timotheus für den Himmel vorzubereiten.“

Er ging bis an die Thür und sagte, sich wieder
zu der Dame wendend:

„Noch eins. Ihr klagtet vorher über das gute
Einvernehmen, welches zwischen unserer Tochter und
dem deutschen Kapitän sich zu bilden anfange. Pah!
Was wird es sein? Dem Kapitän ist daran gelegen,
sich in der Kenntnis unserer schönen spanischen Sprache
zu vervollkommnen und Livia ist, wie ich, auch ohne
Proben davon zu haben, überzeugt bin, eine liebens-
würdige Lehrerin.“

„Don Fabio!" rief die Dame und Entsetzen malte sich in ihren Zügen: „Dieser Deutsche ist ein Ketzer."

„Dann," entgegnete der Kaufmann kalt, würde es ein Meisterstück sein, wenn Livia es dahin brächte, diesen Ketzer zum alleinseligmachenden Glauben zu bekehren, und Ihr werdet ihr darin, wie ich vermute, nach Kräften beistehen."

Er entfernte sich lachend.

Während dieser häuslichen Scene hatte Ludwig seinen Kapitän gesucht und fand ihn in einem abgelegenen Teile des Gartens, auf einer Felsbank, den Blick auf die leuchtende See gerichtet. Das Jodeln des lustigen Matrosen weckte ihn aus seinem Sinnen und ihn anschauend, fragte er:

„Was willst Du hier?"

„Mit Euch sprechen. Kapitän," entgegnete Ludwig rasch. „Ihr habt mich so oft freundlich angehört, daß ich denke, Ihr werdet es auch jetzt thun, wo es nötiger ist, als je."

„Höre, Ludwig," sagte Johannes Hansen. „Du weißt, daß Ihr dreie, Du und Deine Kameraden, einen Stein bei mir im Brette habt, wegen Eures anstelligen Wesens. Darum sehe ich über manche Thorheit weg und es reut mich nicht, Euch in Hamburg aus der Klemme gezogen zu haben. Aber jedes Ding hat seine Grenze . . . Was willst Du?"

„Euch um etwas bitten, Kapitän."

„Was hast Du angezettelt, Junge, das ich wieder gutmachen soll?" fragte Johannes Hansen, halb im Ernst, halb im Scherz. Das lebhafte junge Berliner

Blut, welches zugleich seinen Kammerdiener vorstellte, erfreute sich der höchsten Gunst seines Herrn.

„Umgekehrt, Kapitän!" entgegnete Ludwig rasch. „Ihr seid es, der einen falschen Kurs steuert und ich wollte Euch bitten, die Mißweisung Eures Kompasses zu untersuchen."

„Bursche!" rief der Kapitän und sprang von seinem Sitze auf. Die hohe Stirn zog sich in bedenkliche Falten.

„Gönnt mir das Wort, Kapitän, und Ihr werdet sehen, daß ich es ehrlich mit Euch meine. Es ist mir unvergessen, Kapitän, was Ihr mir und den Kameraden thatet. Tag und Nacht denke ich daran, wie ich uns von der Schuld lösen soll. Dies Herz ist treu wie Gold, Kapitän."

„Es ist das Gold Eures Bließes, Ihr Berliner Argonauten!" sagte Johannes Hansen, der seine heitere Laune wiederfand.

„Ich verstehe nicht, was der Kapitän damit meint," entgegnete Ludwig, „allein ich verstehe, daß hier ein Mann ist, der Euch mit seinen schwarzen Augen ansieht, als ob er Euch damit verbrennen wollte. Riccardo heißt der Mann, Kapitän. Wenn Ihr ihn in Sicht lauft, krallt sich seine Hand zusammen und diese Hand hält den Griff eines Messers."

„Junge!" rief Johannes Hansen und sein Herz begann zu schlagen.

„Ein Messer, sage ich dem Kapitän!" fuhr Ludwig fort. „Ich habe es vorhin selbst gesehen. Erlaubt Ihr, daß ich alles sagen darf, was ich weiß?"

„Rede!" sprach der Kapitän tonlos.

Da ist ein alter Mann im Hause. Er heißt Velasquez und stellt einen Majoral vor, welches mir soviel zu sein scheint, als bei uns am Bord ein Hochbootsmann. Macht sich viel mit mir zu schaffen und sucht mir die spanische Sprache beizubringen, daß es eine Lust ist, zur Aerger des Negers Paulo, der vor Verdruß noch so weiß wird, als Unsereins, weil ich ihn nicht an Euch heranlasse."

„Schwätzer ohne Ende!" schalt der Kapitän.

„Das ist Berliner Blut, Kapitän. Die gehen auch erst um den Brei herum, bis dann mit einmal die Bombe platzen muß. Holla ahoi, Kapitän, lugt aus und hört, daß Velasquez sagt, Sennor Riccardo sei der Vetter vom Hause und die schöne Dame Donna Livia, sei dessen Braut. Die Krankheit, woran die Spanier am meisten leiden, sei die Eifersucht und diese kuriere man nur mit einem scharfen Messer. Seht Euch mit diesen bösen Spaniern vor, Herr. Sie haben nichts gutes im Sinn. Vor allem aber nehmt Euch vor diesem Riccardo in acht. Vor einer Stunde ist er wie toll und blind davon gefahren, allein er kann über Nacht wiederkommen und Ihr habt einen festen Schlaf."

„Du bist ein braver Junge," sagte Johannes Hansen, seinem Matrosen die Wange klopfend. „Ich will es mir gesagt sein lassen und auf meiner Hut sein."

„Thut das, Kapitän," entgegnete dieser. „Und ich will wieder zu Vater Velasquez gehen, um noch mehr Spanisch zu lernen, und außerdem gute Wacht halten. Es ist prächtig hier und sie traktieren uns herrlich, aber ich wollte doch, wir wären erst wieder am Bord."

Ludwig ging. Johannes Hansen blieb nachdenklich
zurück. Er hatte vollauf Ursache dazu. Aber indem er
langsam weiterschritt, gewahrte er nach einiger Zeit
Donna Livia, begleitet von ihrer Lieblingssclavin. Vergessen die Warnung seines treuen Matrosen. Er eilte
der Donna entgegen, die ihn mit einem huldvollem
Lächeln empfing.

Wiederum verstrichen ein paar Tage. Sennor Crustello
kam nicht, um seinen Gast zu besuchen; auch Riccardo
ließ sich nicht blicken. Johannes Hansen verstrickte sich
immer tiefer in den Liebesfesseln der schönsten Tochter
der Havanna und Donna Livia gab sich ihm immer
unbefangener hin.

Die Furcht der Mutter war im Wachsen. Alle
Winke, alle Ermahnungen, welche sie an die Tochter
richtete, verhallten ungehört, oder wurden mit einem
Scherzworte abgewiesen.. In ihrer Herzensangst eilte
Donna Petrea zu dem Pater, der sie mit Ueberlegenheit
empfing und ohne eine Miene zu verziehen, ihr Herz
vollständig ausschütten ließ. Der Pater hörte sie anfangs
mit großer Ungeduld an. Es war die Stunde, wo er
sich in die Einsamkeit der Gemächer zurückzuziehen
pflegte, um sich von dem Zwange, welchen er vor den
Leuten zu dulden genötigt war, schadlos zu halten.
Darum empfing Timotheus sein Beichtkind nicht mit
besonderer Freundlichkeit, sondern fragte kurzab, weshalb
sie ihn in seinen beschaulichen Betrachtungen störe? Aber
Donna Petrea ließ sich nicht irre machen. Ihr Herz
strömte über von der Sorge, mit welcher es belastet
war. Ihre Rede floß unaufhaltsam und die Worte,
welche von ihren Lippen tönten, erregten die Aufmerksamkeit

des Pater in so hohem Grade, daß er nicht gleich mit sich einig war, als sie endlich inne hielt und mit angst= voller Geberde fragte, was sie in dieser hochwichtigen Angelegenheit thun solle?

„Meine fromme Tochter," entgegnete der Pater, indem er die Hände faltete, in einem salbungsvollen Tone: „Das ist eine Sache, worauf ich die Antwort schuldig bleiben muß, bis ich mich in der Einsamkeit mit mir selbst beraten und den allwissenden Gott gebeten habe, die Finsternis, die mich und Euch umgiebt, auf= zuhellen. Seid bedankt für das Vertrauen, das Ihr in mich setzet und haltet Euch versichert, daß es nicht zu schanden werden soll. Geht hinab in die Kapelle und betet Euren Rosenkranz ab, damit Euer Herz Erleichte= rung findet. Betet auch für mich um Licht in der Nacht und kehrt voll fröhlicher Hoffnung an Euer Tage= werk zurück. Ich gehe, mich zu demütigen und geistig und leiblich zu bereiten."

Um dies Letztere in's Werk zu richten, zog sich der Pater in sein eigenstes Gemach zurück und schloß die Thür sorgfältig hinter sich ab. Darauf öffnete er einen Wandschrank, nahm eine bauchige Flasche starkduftenden Xeres daraus hervor, mit deren Inhalt er einen silbernen Becher füllte und denselben prüfend an die Lippen setzte; dann zündete er an der Lampe, die vor dem Mutter= gottesbilde brannte, eine Cigarre an. Seine innersten Gedanken wurden durch diesen Doppelgenuß nach und nach lebendig und machten sich in einzelnen Worten und Wendungen Luft:

„Wenn die schöne schmachtende Donna, deren blitzende Augen selbst einem Diener der Kirche gefährlich werden

könnten, den Ketzer bestrickt, kann sie denselben mit Leichtigkeit zur alleinseligmachenden Kirche bekehren und es
entsteht Jubel über Jubel, daß ein Verlorner dem
Paradiese wieder gewonnen ist.   Es ist also gar kein
Grund vorhanden, weshalb man Donna Livia warnen
soll, ihr junges Herz, das von dem guten Riccardo nun
einmal nichts wissen will, an einen Ketzer zu verschenken."

Er füllte den leeren Becher auf's Neue, schlürfte
die goldenen Tropfen mit dem innigsten Behagen und
fuhr in seinen Meditationen fort:

„Aber es kann auch anders kommen.   Der Ketzer
kann den beredten Worten und den zärtlichen Liebkosungen seiner Geliebten widerstehen.   Er kann sie
seinerseits mit noch kräftigeren Worten zu sich hinüber-
ziehen und aus der gläubigen katholischen Christin wird
eine verruchte Ketzerin.   Das wäre ein Anlaß, Trauer-
kleider anzulegen und in Sack und Asche zu klagen
und zu weinen.   Allein die beleidigte Kirche hätte dann
auch das Recht, die Abtrünnige zu verstoßen.   Sie thäte
die Sünderin in Acht und Bann und wiese sie so zu
sagen in die vier Straßen der Welt.   Oder noch besser,
man sperrte sie in eine dunkle Klosterzelle, wo sie vollauf Zeit behielte, über ihr sündhaftes Thun nach-
zudenken und zöge ihr Vermögen zum besten der Kirche
ein.   Das würde für die geschlagene Wunde Balsam sein,
und es ist ein neuer Grund vorhanden, Donna Livia
vor einer Liebschaft mit einem Ketzer nicht zu warnen.
Darum lasse man sie nach eigener Wahl handeln, denn
die Liebe ist eine große Trösterin in allerlei Leid und
Ungemach.

Und als Pater Timotheus zu diesem wichtigen Schluß gekommen war, füllte er seinen Becher zum drittenmal und zündete sich eine frische Cigarre an.

VIII.

Von vergangenen Dingen.

Wiederum waren einige Tage verstrichen. Keine Nachricht von Riccardo. Er war an das Krankenbett der Mutter gefesselt. Sie ließ ihn nicht aus dem Bereiche ihrer Augen. Wenn er das Zimmer verließ, verlangte sie so lange und heftig nach ihm und geriet in einen solchen erbarmungsvollen Zustand, daß der junge Mann es nicht wagte, sie zu verlassen.

Auch von Sennor Crustello kam keine weitere Kunde. Er schrieb einmal an den Kapitän, daß wichtige Geschäfte ihn hinderten, die Pflichten des Wirtes an Ort und Stelle zu erfüllen. Der edle Sennor möge ihn entschuldigen und ruhig die kurze, ihm verliehene Muße genießen. Am Bord des „Grasbrook“ sei alles wohl und die Rückkehr des Kapitäns zu demselben durch nichts geboten.

Johannes Hansen, schmachtend in der Liebe süßen Banden, überredete sich bald, daß er nichts besseres thun könne, als sich den Verlockungen dieser Leidenschaft blind zu ergeben, und Donna Livia machte es ihm nur zu leicht, ihn in diesen Vorsätzen zu bestärken.

Donna Petreas Unruhe wuchs mit jeder Stunde. Ihr Gewissen mahnte laut, wenn sie die steigende Vertraulichkeit bemerkte, die zwischen ihrer Tochter und dem Ketzer bestand. Sie drang in ihrer Herzensangst in den Beichtvater, allein umsonst. Er blieb stumm, weil, wie er sagte, der Geist noch nicht über ihn gekommen sei. Er glich dem Buche mit sieben verschlossenen Siegeln.

Ludwig sorgte für seinen Herrn und legte im übrigen seiner frohen Laune keinen Zwang an. Das gute Verhältnis zu dem Majoral Velasquez stieg bis bis zu einem gewissen Grade von Vertraulichkeit, insoweit ein Verhältnis dieser Art zwischen einem älteren Manne und einem solchen jungen Burschen zu bestehen vermag. Ludwig lernte täglich ein Dutzend spanische Worte und mehr von seinem gefälligen Lehrer und Sennor Velasquez wurde nach und nach der deutschen Zunge Herr.

Das Letztere geschah mit einer so überraschenden Leichtigkeit, daß selbst Ludwig, dem in diesem glücklichen Lande der Tropen alles natürlich vorkam, seine Verwunderung nicht zu unterdrücken vermochte, und als einst Velasquez ein besonders schweres Wort mit Leichtigkeit aussprach, diesem zurief:

„Sagt mir, Sennor Velasquez, wie kommt es, daß Ihr damit fertig werdet, ohne Euch die Zunge zu zerbrechen? Die Andern und vor allen der Paulo, können noch keine zehn Worte und vergessen heute Abend, was sie heute Morgen lernten."

„Geschieht daher," sagte Velasquez nach einer Pause, indem er den Knaben streichelte, „daß ich hatte einen deutschen Freund."

„Wo habt Ihr den gelassen?" fragte Ludwig. Die Deutschen sind hier nicht oft zu finden."

„Ist viele Jahre her," erwiderte Velasquez. „Damals war ich noch nicht Majoral auf der Villa Crustello, sondern ein armer Bursche, der im Hafen auf Tagelohn arbeitete, für fremde Sennores Botendienste that und sonst jede andere Arbeit verrichtete, die sich mir bot, denn ich hatte für meine arme Mutter zu sorgen, deren einzige Stütze ich war. Ist ein hartes Los, still zu sitzen und sich zu plagen ums trockene Brot, wenn man hinaus möchte in das volle Leben."

Velasquez sagte es mit Empfindung und Ludwig seufzte laut. Er dachte an den Webestuhl in der Wilhelmstraße zu Berlin und an Meister Schöns Schusterschemel auf der Schloßfreiheit.

„Da habe ich es besser getroffen," sagte er. „Da hinten ließ ich den ganzen Kram und folgte dem innern Triebe, der mir bei Tag und Nacht keine Ruhe ließ. Dafür bin ich auch ein Berliner Kind und ein Argonaute dazu. Aber wie ist es mit dem deutschen Freunde? Laßt mich mehr von ihm wissen, Sennor Velasquez."

„Was kann ich von ihm erzählen?" entgegnete dieser. „Läßt sich's beschreiben, wie es ist, wenn zwei Menschen sich lieb haben? Hatte ein Gewerbe am Bord

eines Schiffes zu bestellen. Der Bursche, der mich auf
die Reede hinausruderte, war ein ebenso übermütiger
Junge als ich. Für meine Bestellung hatte ich ein
Stück Geld und einen Extragrog bekommen, den wir
auf der Heimfahrt austranken. Dabei trieben wir
Possen. Unsere Jolle kenterte und wir fielen beide ins
Wasser. Zum Glück kam eine Schiffsschaluppe, deren
Mannschaft uns auffischte. Der Mann, der mich beim
Kopf kriegte und in's Trockne brachte, ward später mein
Freund. Er hatte keine Lust am Bord seines Schiffes
zu bleiben. Der Kapitän war ein harter Mann, der
seine Leute quälte und ihnen nur halbe Kost gab. Da
dachte ich, eine Liebe ist der anderen wert, nahm den
Freund mit in meinen Schuppen und versteckte ihn dort.
Der Kapitän jenes Schiffes ließ den Deserteur an allen
Ecken und Enden suchen, allein er fand ihn nicht und
mußte ohne ihn abfahren. Als das Schiff in See war,
ließ ich den Freund aus dem Versteck. Er sprang
umher wie ein Toller und jubelte, daß er seine Freiheit wieder habe. Aber der Mensch muß leben in der
Freiheit, wozu Geld gehört, und wenn man das nicht
hat, muß man es durch harte Arbeit erwerben. Als
die erste Woche um war, thaten wir uns zusammen,
unseren Verdienst zu überzählen. Er reichte gerade
aus, um zu bezahlen, was wir in der vergangenen
Woche verbrauchten. Mein Freund that eine Kupfer-
münze in einen kleinen Beutel und sagte seufzend:
„Wird lange dauern, bis dies Kupfer sich in Gold
verwandelt und ich nach Hause gehen kann, um mein
Wort einzulösen.“

„Hatte Euer Freund ein Wort verpfändet, das er einlösen mußte, Sennor Velasquez?“

„Er hatte es, mein Junge.“

„Dann ging es ihm, wie mir. Habe auch etwas versprochen und will es halten, soviel an mir liegt.“

„Wünsche Euch ein besseres Glück,“ sagte Velasquez, „als es mein Freund hatte.“

„Was? Ist es ihm nicht geglückt?“ fragte Ludwig mit Teilnahme. Ihn interessierte der unbekannte Freund, der den Velasquez aus dem Wasser zog.

Velasquez schüttelte mit dem Kopf und sagte: „Sprach nicht weiter mit mir darüber; allein in der Nacht, wenn er glaubte, daß ich schliefe, setzte er sich aufrecht; stützte den Kopf mit den Händen und seufzte tief. Heimweh, sagte er, wenn ich fragte, was ihm fehle. Ich weiß nicht, was für eine Krankheit das ist, allein sie muß sehr schmerzhaft sein, denn er kam dabei ganz von Kräften und sah gottserbärmlich aus, der arme Wilhelm.“

„Wilhelm?“ fragte Ludwig rasch. Der Name fiel ihm volltönend in die Ohren und machte sein Herz schlagen.

So hieß der Freund, sagte Velasquez. „Habe ich ihn denn noch nicht genannt? Das wundert mich. Trage ihn doch stets nicht nur im Herzen, sondern auch auf der Zunge.“

„Wilhelm!“ wiederholte Ludwig und mit diesem Namen stand die Heimat im vollen Lichtschein vor ihm. Er sprach von seiner Tante, von ihrem Geliebten, der in die weite Welt ging und bis zur Stunde nicht zurück kam. Und weiter sprach er, daß er davon gegangen

sei, um den verloren gegangenen Onkel zu suchen.
Aber wo?

.Der Majoral, dem nicht alles klar wurde, merkte
doch, daß seinem jungen Freunde etwas im Kopfe
herumging, und verhielt sich schweigend, um ihn nicht
zu stören. Wie er vor ihm saß und die frische Jugend-
lichkeit betrachtete, die sich in jeder Bewegung zeigte,
fing es an, in ihm aufzudämmern und er sagte leise
vor sich hin:

„Wenn ich eine lange Reihe von Jahren rückwärts
gehen könnte, würde ich sagen, hier sitze ich matt und
müde vom schweren Tagewerk und dort sitzt der Wilhelm
und sinnt und quält sich ab, wie er die kupfernen
Maravedis in goldene Doublonen verwandeln soll, um
das in der Heimat gegebene Wort einzulösen. Wunderbar, wie zwei Menschen einander so gleichen können.
Mutter aller Gnaden, stehe mir bei, eben jetzt, wo er
den Kopf in den Nacken wirft, ist er es ganz und
gar. He! Ludwig! Was treibt Ihr, junger Bursch?"

Ludwig war aufgesprungen, ergriff die Hand des
Majorals und fragte:

„Wilhelm! Das ist der Name meines Onkels, der
vor langen Jahren in die weite Welt ging und von
dem wir nie ein Wort hörten. Wißt Ihr nichts weiter
von ihm, Sennor Velazquez? Wilhelm ist nur ein
Vorname. Er muß noch einen andern, einen Familien-
namen gehabt haben. Wißt Ihr diesen nicht?"

Der Majoral verneinte: „Ich hörte immer nur
diesen einen. Der arme Wilhelm. Er hatte eine
Geliebte daheim und die Sehnsucht nach ihr stieß ihm
das Herz ab. Allein er wollte nicht heimkehren, bis

er ein Vermögen besaß, groß genug, um seiner Braut ein sorgenfreies Leben bieten zu können."

„Hat die Tante Jette nicht vergessen, das treue Herz, „sprach Ludwig mehr vor sich hin, als zu dem Alten gewendet; dann aber ergriff er dessen Hand, legte sie auf seine Brust und sagte:

„Fühlt, wie es hier pocht. Wer weiß, ob jener Mann, von dem Ihr sagt, daß er Wilhelm hieß, nicht mein Onkel gewesen ist."

„Wenn die äußere Aehnlichkeit zweier Menschen in Miene und Haltung ein Zeugnis für ihre Verwandtschaft ist, dann war mein Freund Dein Onkel, mein Junge," dachte der Majoral, allein er sagte es nicht laut, um den ohnehin schon Erregten nicht noch mehr außer Fassung zu bringen; darum sprach er nach einigem Besinnen:

„Ich weiß nichts weiter von ihm, als den Namen und daß er aus Deutschland war; damit müßt Ihr Euch begnügen. Als Wilhelm sah, daß hier in der Havanna nichts aus ihm wurde, ging er an Bord eines Schiffes, das mit Ebenholzblöcken handelte."

„Was für eine Art von Holz ist das?" fragte Ludwig den Majoral.

„Ist eine Holzart, die auf zwei Beinen geht," antwortete Velasquez. „Sie wird mit blankem Gelde bezahlt, bekommt die Peitsche und schmales Futter."

„Das verstehe ich nicht!"

Der Majoral schüttelte den Kopf mit einem Lächeln, das seine Ueberlegenheit in dieser Wissenschaft bezeichnen sollte und deutete mit der Hand vor sich hin:

„Schaut dorthin! Das ist so ein Block."

Ludwig blickte nach der angegebenen Richtung und sah den schwarzen Paulo, der mißmutig über den Platz schlich und einen mürrischen Seitenblick auf Ludwig warf, den er als einen unwillkommenen Eindringling betrachtete.

„Ein Neger!" rief Ludwig erstaunt. „Und das nennt Ihr Ebenholzblöcke?"

Sennor Velasquez war ein ächter Sohn der spanischen Antillen, dem der Handel mit Menschenfleisch ebenso erlaubt schien, wie jeder andere und der den Tag, an welchem der Sklavenhandel aufhörte, als denjenigen bezeichnen würde, welcher dem Weltuntergang vorher ginge. Er nahm daher von dem Erstaunen seines jungen Freundes nicht die geringste Notiz, sondern sagte in einem belehrenden Tone, um der seltsamen Unwissenheit des jungen Seemannes ein Ende zu machen:

„Die Ware kommt aus Afrika und die Männer, welche dies Geschäft betreiben, müssen tapfer und entschlossen sein, denn es handelt sich dabei um Tod und Leben."

„Und mein Onkel wäre in jenes Land gegangen, um Menschen zu stehlen oder zu kaufen und zu verkaufen, was mir auf eins herauszukommen scheint? Das glaube ich nun und nimmer, und also ist jener Mann mein Onkel nicht gewesen."

„Glaubt, was Ihr wollt und könnt," sagte der Majoral verdrießlich, weil seine spanischen Ideen mit denen des jungen Deutschen nicht zusammenstimmten. „Der Wilhelm ist gegangen und nicht wieder gekommen, wie er es versprach, also wird es ihm in Afrika wohl gefallen haben. Und wenn er nicht mit Ebenholzblöcken handelt, schafft er sich Gold in seinen Beutel, denn das liegt dort auf allen Straßen umher; man braucht sich nur darnach zu bücken."

Ludwig war allein. Er bedurfte der Gesellschaft in diesem Augenblicke nicht. Die Ideen, welche sich in seinem Kopfe bildeten, waren phantastisch und kreuzten sich auf die seltsamste Weise. Die mannigfachsten Gestalten tauchten vor ihm auf und verschwanden wieder. Auf das äußerste erregt, ging er im Park auf und ab, bis er an einen mit Gesträuch bewachsenen Zaun, der eigentlich die Rückwand einer Grotte bildete, sich auf einer Steinbank niederließ. Die Hitze übermannte ihn und er fiel in einen Halbschlaf, in welchem sich die seltsamen Gebilde noch seltsamer und mannigfaltiger verschlangen. Sie tauchten auf, bald anmutig und lieblich wie ein Märchen aus rosiger Kinderzeit; bald so grauenhaft und nervenerschütternd, daß ihm der kalte Schweiß vor der Stirn stand und er mit einem Angstrufe aus seinen Träumen auffuhr.

Leicht atmete er auf, als er sich von all' den wirren Gestalten befreit sah, die ihn noch vor einer Minute umstrickten. Schon wollte er seine Empfindungen in einem lauten Ausrufe kund geben, als er ganz in seiner Nähe flüsternde Stimmen vernahm. Mit gespannter Aufmerksamkeit horchte er, konnte aber nichts entdecken, bis er gewahrte, daß in dem Zaun ein offener Spalt sich vorfand, der von herabhängenden Schlingpflanzen nur unvollkommen verdeckt ward. Neugierig trat er näher, bog die Zweige seitwärts und fuhr betroffen zurück. Kehrten die Erscheinungen von vorhin wieder? Stiegen neue Gebilde vor ihm auf, um ihn

zu närren und zu äffen? Er mußte noch einmal
schauen und prüfen, ob es Täuschung oder Wirklichkeit
sei, was sich seinen Augen darbot.

Es war kein Traum. Die weite Grotte, kühl
und luftig, von blühenden Schlingpflanzen durchzogen
und von dem sparsam eindringlichen Lichte matt erhellt,
lag deutlich vor ihm. Die Dame, welche auf dem
Divan saß, war die schöne Tochter des Hauses Donna
Livia und der Kavalier, der ihre Hand in der seinigen
hielt und sie entzückt an seine Lippen drückte, war
niemand anders, als Kapitän Johannes Hansen. Der
norddeutsche Seemann hatte sich in die Liebesbande
der heißblütigen Spanierin gefangen. Er sah dabei so
beglückt aus, daß er in dieser Gefangenschaft seine
größte Erdenseligkeit fand und sich nun und nimmer
aus derselben fortwünschte.

Ludwig verstand wenig von den zarten und süßen
Worten, die von den Lippen der Glücklichen flossen
und es bedurfte dessen auch nicht, da Blicke und
Mienen nur zu deutlich verriethen, was hier vorging.
Eine Empfindung bemächtigte sich seiner, von der er
sich keine Rechenschaft zu geben vermochte. Unwillkürlich
drängte es ihn wieder zu der verräterischen Spalte,
um noch länger ein Zeuge des Schauspiels zu sein, das
sich ihm so unverhofft darbot. Plötzlich stieg ihm die
Glut der Scham in das Gesicht — er hätte nicht zu
sagen vermögen, weshalb — griff nach den herabhängenden Zweigen, daß es in dem Laube raschelte,
als wenn der Abendwind durch Blütenbüsche fährt und
flocht das Gezweig zu einem undurchsichtlichen Knäuel
zusammen.

„Hörteſt Du nichts, Geliebter?" fragte Livia, indem ſie dem Kapitän ihre Hand entzog und ſich horchend vornüber beugte.

„Nichts, mein ſüßes Leben, als den Abendwind, der mit den Blumen tändelt. Aengſtige Dich nicht. Die Stunde iſt ſo ſchön, daß uns die Engel um ihren Genuß beneiden könnten. Der gute Genius der Liebe läßt keinen Störenfried über die von ihm geweihte Schwelle."

„O, Du lieber, lieber Freund! Sage mir, Juan, war es recht von mir, die Empfindungen meines Herzens gleich offen vor Dir zu enthüllen? Ich werde in Deinen Augen ein thörichtes, leichtfertiges Mädchen ſein, die ſich einem Manne, der ihr ein freundliches Wort ſagt, unbedacht in die Arme wirft. Ich hätte ſollen kalt und unzugänglich bleiben, wie es der ſtolzen Spanierin geziemt; ſtarr und gefühllos wie das Eis in Deiner fernen nordiſchen Heimat . . . ."

„Still, Du Schwätzerin!" unterbrach Johannes die Geliebte, indem er ihr die Lippen mit einem Kuſſe ſchloß. „Du haſt mir heute die Pforte geöffnet, welche in das Paradies führte, und nun ich es betrat, ſoll keine Macht der Erde, noch des Himmels mich daraus vertreiben."

„Sprich kein vermeſſenes Wort, mein teurer, ge= liebter Juan!" bat Donna Livia und lehnte ihr ſchwarz= lockiges Haupt gegen ſeine Schulter. „Du kennſt meinen Vater nicht. Er iſt ein harter, unbeugſamer Mann, der nur rechnet und wägt und keine Rückſicht walten läßt, wenn es ſeinen Nutzen beeinträchtigt."

„Es wird ein Mittel geben, den Mann zufrieden zu stellen!" sagte Johannes Hansen. „Er mag fordern, und was in eines redlichen Freundes Macht steht, wird ihm gewährt werden. Unmögliches verlangen nur Thoren und Sennor Crustello ist ein gescheidter Mann."

„Und mein Vetter, den man mir zum künftigen Gemahl bestimmte?" fuhr Donna Livia in fliegender Hast fort. „Er wird wüten, wenn er erfährt, was hier geschah. Er wird uns Rache schwören, teurer Juan! Dir wie mir! Und Riccardo ist ein gefährlicher Feind, von dem wir alles zu fürchten haben. Unser beider Leben hängt an der Spitze seines Dolches."

„Dann muß man ihm den Dolch entreißen und die gefährliche Spitze abbrechen!" entgegnete Johannes Hansen gelassen. „Ich bitte Dich, Geliebte, fasse Dich und laß uns in Ruhe besprechen, was wir zunächst thun müssen, um Deinen Eltern auf die beste Art von dem Kenntnis zu geben, was hier geschah und was wir hoffentlich beide nicht zu bereuen haben."

Statt aller Antwort umarmte Donna Livia den Geliebten; aber in demselben Augenblick erhoben sich beide in sichtbarer Ueberraschung.

„Mutter aller Gnaden!" rief die Dame erschreckt.

„Was war das?" fragte Johannes Hansen, der den scharfen Ton vernommen hatte, der hart an seinem Ohr vorüberschrillte.

Nochmals ließ sich derselbe Klang vernehmen. Es war ein lange nachhaltender Klang, wie er über das Verdeck eines Schiffes hinfliegt, wenn die Mann=schaft zu einem gemeinsamen Werke berufen wird.

„Das ist meines Ludwigs Pfeife! Das Signal
der Berliner Argonauten.   Irgend etwas Unerwartetes
ist im Anzuge. Bleibe hier, Geliebte, bis ich weiß,
was geschieht, und Dir Botschaft bringe."

Er machte sich von ihren umstrickenden Armen
los und trat ins Freie. Am Eingange der Grotte
fand er seinen Ludwig, der ihm Zeichen über Zeichen
machte.

Die Augen des Kapitäns waren überall.   An
dem Ende eines Seitenganges erblickte er den Pater
mit der Dame des Hauses. Vor ihnen her schritt
Don Fabio Crustello. Noch weiter im Hintergrunde
gewahrte man eine Gestalt im Mantel.

IX.

In eigener Schlinge gefangen.

———

Sie saßen sich gegenüber, der Kapitän und der Kauf=
mann. Der erstere, schuldbewußt, mit nieder=
geschlagenen Augen; der andere, im Gefühl der Ueber=
macht, kalt und stolz, den eisigen Blick fest auf sein
Gegenüber gerichtet.

Eine kurze Frist war seit jenem unerwarteten
Zusammentreffen vor der Grotte am Meere verstrichen.
Als Petrea ihre Tochter in derselben entdeckte, über=
häufte sie diese mit bittern Vorwürfen. Livia warf
sich der Erzürnten zu Füßen und umfaßte weinend
ihre Kniee. Der Pater schlug ein Kreuz und murmelte
etwas zwischen den Zähnen; es blieb unentschieden, ob
es ein Wort der Sühne oder eine Verwünschung war.
Ludwig erspähte die Gestalt im Mantel und wandte
kein Auge von ihr. Sennor Fabio Crustello blieb kalt
und ruhig. Er gab dem Kapitän einen nicht miß=
zuverstehenden Wink und schritt darauf dem Hause zu.
Dieser folgte, bewegt von den widersprechendsten
Empfindungen.

Und nun saßen die Männer sich gegenüber. Das
dumpfe Schweigen nahm einen immer drückendern

Charakter an und steigerte sich bis zur Unerträglichkeit.
Außer Stande, einen solchen peinlichen Zustand länger
zu ertragen, beschloß der Kapitän, die unheimliche
Stille zu unterbrechen. Der Kaufmann bemerkte es
und kam ihm zuvor:

„Kapitän Hansen, Ihr seid mir von einem
Handelsfreunde empfohlen und ich glaube mich gegen
Euch so betragen zu haben, daß Ihr mir das Zeugnis
nicht versagen dürft, die Pflichten der Gastfreundschaft
gegen Euch im vollsten Maße erfüllt zu haben."

Der Kaufmann hielt einen Moment inne, als
erwarte er eine Entgegnung. Als diese nicht erfolgte,
fuhr er fort:

„Was ich in geschäftlicher Beziehung für Euch
thun konnte, wurde Euch gestern von meinem Comptoir
aus brieflich mitgeteilt und ich hoffe, daß Ihr zufrieden
gestellt seid. Ihr kamt, trotz Eurer gewagten Speku-
lation, mit einem blauen Auge davon."

„Seid versichert, Sennor Fabio," entgegnete der
Kapitän in etwas schwankendem Tone, daß ich vollkommen zu würdigen weiß . . ."

Jener gab zu erkennen, daß er eine Unterbrechung
jetzt nicht wünsche und fuhr fort:

„Dem Gastfreunde öffnete ich vertrauensvoll mein
Haus. Auf seine Ehrenhaftigkeit bauend, führte ich
ihn in den Schoß meiner Familie ein . . ."

„Um Gotteswillen, Sennor!" rief der Kapitän,
nicht im Stande, die abgemessenen, berechneten Worte
des Kaufmanns, die wie Dolchstiche trafen, länger zu
ertragen. Vergönnt mir, das Wort zu nehmen."

„Was könnt Ihr sagen?“ sprach der Kaufmann
mit derselben verletzenden Kälte. „Ihr wußtet, daß
meine Tochter verlobt war, verlobt auf meinen Befehl.
Sie sollte meinen Neffen heiraten und dadurch ein
Familienbündnis, welches sich zu lockern begann, aufs
neue dauernd befestigen. Ihr wußtet das, Sennor, und
dennoch hattet Ihr den Mut, um nicht ein schlimmeres
Wort zu gebrauchen, Euch um die Gunst einer Dame
zu bewerben, welche die Braut eines anderen war.“

„Vergebt, Sennor,“ sagte der Kapitän. „Das
war die Dame nicht. Ihre Abneigung gegen den ihr
vorgeschlagenen Gemahl . . .“

„Ist es in Eurer Heimat Sitte, daß die Väter
ihre Töchter fragen, wenn sie eine vorteilhafte Partie
für diese arrangirt haben? Wartet man, bis es den
jungen Damen genehm ist, die dargebotene Gabe zu
empfangen, oder ist es gestattet, daß sie solche mit
einem Dank für gehabte Bemühungen ablehnen? Bei
uns, Sennor, herrscht ein anderer Brauch. Die Väter
befehlen und die Töchter gehorchen.“

„Und dem Herzen räumt man hier keine Rechte
ein?“ fragte Johannes Hansen erregt. „Gönnt Ihr
der edelsten, reinsten Leidenschaft, der Liebe, kein Wort,
wenn es sich um das Glück eines ganzen Lebens
handelt?“

Der Kaufmann erwiderte auf diese Frage nichts,
sondern sagte:

„Ihr habt durch Euer Benehmen die Hoffnung
meines Lebens zerstört. Sennor Riccardo wird nach
dem, was hier vorgefallen ist, die Hand meiner Tochter
zurückweisen und mein Haus ist beschimpft.“

„Jede Genugthuung, die ich zu bieten vermag . . ." erwiderte Johannes Hansen mit eilender Hast, aber jener sagte mit abweisendem Tone:

„Wollt Ihr Euch etwa mit mir schlagen? Oder mir eine Kugel durch den Kopf jagen?"

„Gießt Euern Zorn über mich aus, wenn Ihr meint, daß ich Euch beleidigte, weil ich dem heiligsten Gefühle Raum gab, das in der Brust des Menschen lebt! Ueberhäuft mich mit den bittersten Vorwürfen, die der gekränkte Stolz Euch eingiebt; ich will es ertragen. Aber martert mich nicht länger mit dieser verletzenden Kälte, die das Blut in den Adern sieden macht. Gebt der Notwendigkeit nach, Senñor, und zeigt ein menschliches Rühren. Genugthuung wollt Ihr? Ich biete sie Euch mit vollen Händen. Gebt mir Eure Tochter zum Weibe . . ."

Don Fabio Crustello verzog das Gesicht zu einem spöttischen Lachen:

„Vortreffliche Genugthuung, indem Ihr Euch erbietet, die schönste Dame der Havanna, die Erbin einer Million, allergnädigst als Gattin anzunehmen. Erlaubt, daß ich mich erst auf eine Dankesformel vorbereiten darf, um dies großmütige Anerbieten in würdiger Weise anzunehmen."

„Nach Euerm Golde frage ich nichts. Ich verlange nur die Hand Eurer Tochter und biete Euch jede Bürgschaft für einen ihr würdigen Unterhalt. Standes-Unterschiede walten zwischen uns nicht ob. Ein Kapitän, der ein Schiff sammt Ladung führt, die ihm zum großen Teil gehören und die sein alleiniges Eigentum sind, sobald er es selbst will, darf sich ohne Ueberhebung mit dem Kaufmann auf eine Stufe stellen. Haltet nicht länger mit Eurer Erklärung zurück, Sennor, und bedenkt, daß wir nur als Freunde oder als unversöhnliche Feinde von diesem Platze gehen können."

Nach diesen Worten trat eine tiefe Stille ein, noch peinlicher als die, welche vor dem Beginn des Gespräches zwischen den beiden Männern herrschte. Endlich nahm der Kaufmann das Wort:

„Wir befinden uns in einer Lage, die keinem gestattet, das zu thun, was uns beliebt, sondern die uns thun läßt, was wir müssen. Darum willige ich, wenn auch nicht freudigen Herzens, sondern weil mich die Notwendigkeit zwingt, in Eure Verbindung mit meiner Tochter."

„Ein Geschenk, das ich mit dem innigsten Danke annehme, trotz der verletzenden Aeußerung, womit es dargeboten wird," entgegnete der Kapitän.

„Es geschieht indessen nur in der Voraussetzung, daß Ihr die von mir gestellte Bedingung pünktlich erfüllt," sagte der Kaufmann.

„Fordert nur!" rief der Kapitän. „Es wird nie eine Forderung bereitwilliger erfüllt werden, als diese."

„Durch dieses neue Ereignis in der Familie werden viele Beziehungen, welche für unauflöslich galten, abgebrochen," sagte der Kaufmann nach einer kurzen Pause. „Mein Neffe Riccardo, den Ihr aus seiner Stellung zu meinem Hause verdrängt, wird von dem Augenblicke an, da er dies erfährt, aus einem ergebenen Verwandten mein unversöhnlicher Feind. Der kindlichen Zuneigung des jungen Mannes, die überhaupt nie seine starke Seite war, kann ich entbehren, aber nicht seines Geldes.

Er ist mit großen Summen in meinem Geschäfte beteiligt und wird keinen Anstand nehmen, diese sofort
zurückzuziehen."

„Ihr werdet dem Manne, der sein schönstes Glück
aus Eurer Hand empfangen soll, gestatten, an die Stelle
des Sennor Riccardo zu treten!" erwiderte der junge
Kapitän feurig.

„Ich danke Euch für Eure Bereitwilligkeit," sagte
der Kaufmann. „Dies ist aber nicht das Opfer, was
ich von Euch fordere. Meine Absicht ist, Euch sammt
Euerm Schiffe und Eurer Mannschaft in meine ausschließlichen Dienste zu nehmen und Euch nicht nur das
Kommando dieses Eures eignen Schiffes, sondern auch
das eines andern, welches mein Eigentum ist, anzu-
vertrauen."

„Zu welchem Zweck soll diese eigentümliche An-
ordnung dienen?"

Der Kaufmann ließ diese Frage unbeantwortet und
sagte:

„Der Kapitän, welcher jenes Schiff befehligte, das
Euerm Kommando untergeben werden soll, besaß mein
ganzes Vertrauen und rechtfertigte dasselbe in jeder
Weise. Ein schlimmes Ereignis beraubte mich seiner
Dienste. Er fiel im Kampfe mit aufrührerischen
Negern."

„Wie, Sennor Don! Wenn ich recht ahne . . ."

„Ich bezweifle nicht, das Ihr den Kurs erratet,
den ich Euch steuern heiße," sagte lächelnd der Kaufmann.
„Was die verräterischen Hunde mir raubten, indem sie
mir diesen tüchtigen Offizier erschlugen, sollt Ihr mir
doppelt ersetzen. Die Fahrzeuge können auf ihren Hin-

und Herfahrten, sobald alles geregelt ist, durch gewandte
Steuerleute befehligt werden. Ihr selbst nehmt dann
Eure Station auf der Küste von Kongo, wo Ihr zwar
nicht die Annehmlichkeiten der Villa Crustello, aber doch
eine leidliche Unterkunft findet und es in Eurer Macht
habt, ein Millionär zu werden."

Johannes Hansen erhob sich und rief empört: „Zu
einem Sklavenhändler wollt Ihr mich machen?"

Der Kaufmann erhob sich ebenfalls und sagte
achselzuckend:

„Ihr werdet blaß, Kapitän. Das Ungewöhnliche
scheint Eure Sache nicht. Ich brauche zu meinem Geschäft einen Mann voll Herzhaftigkeit."

„Zum Händler mit Menschenseelen wollt Ihr mich
machen!" rief Johannes Hansen außer sich. Sein ganzes
Wesen empörte sich bei dieser Zumutung und zugleich
bemächtigte sich seiner eine tiefe Wehmut. Er fühlte,
daß sein höchstes Glück, die Hand der Geliebten zu erhalten, für immer verloren sei, wenn er das ihm ge-
machte Anerbieten ausschlage.

Es herrschte eine peinliche Stille zwischen beiden,
die Sennor Fabio Crustello brach, indem er sagte:

„Ich habe Euch mit meinem Antrage überrascht.
Es ist billig, daß ich Euch Zeit gebe, Euch wieder
zurechtzufinden. Nach einer Stunde wollen wir uns
wieder treffen; dann werdet Ihr eine Antwort für mich
bereit haben."

„Sie ist schon jetzt bereit," entgegnete der Kapitän.
„Wie ist es nur möglich, daß Ihr einen Mann zum
Schwiegersohn wählen könnt, der ein Gewerbe solcher
Art betreibt? Nie kann ich denken, daß eine edle, hoch-

herzige Dame es über sich gewinnen könnte, ihre Hand einem Manne zu geben . . . . "

„Meint Ihr?" unterbrach ihn der Kaufmann lachend. „Ihr urteilt als ein Nordländer und als ein Protestant, um nicht zu sagen, Ketzer. Wir Spanier sind entgegengesetzter Meinung. Der Neger hat vor anderen Tieren nur dies voraus, daß er auf zwei Beinen geht. Wenn Ihr aber so zarte Besorgnisse hegt, will ich Euch Gelegenheit geben, Eure Gewissensscrupel zu beseitigen."

Er trat an das Pult und schrieb einige Zeilen; dann zog er die Klingel.

Der Diener trat ein und meldete:

„Sennor Riccardo ist draußen und begehrt dringend mit Euch zu sprechen, Sennor Don."

„Der Feind ist schon schlagfertig!" sagte der Kauf= mann zu dem Kapitän, und wandte sich dann zu dem Diener:

„Führt diesen Herrn zu meiner Gemahlin und gebt zugleich der Sennora diesen Zettel. Geht, Kapitän, und kehrt alles zum Besten, sowohl um Euret= als um meinetwillen."

Der Diener öffnete die Thür. Sennor Riccardo trat ein. Als er an dem Kapitän vorüberging, warf er einen Blick des tötlichsten Hasses auf diesen, dann brach er in leidenschaftliche Verwünschungen aus. Jo= hannes Hansen achtete nicht darauf und folgte dem vor= anschreitenden Diener.

Der Kaufmann blieb mit seinem Neffen allein. Was sie mitsammen verhandelten, vernahm keiner. Als

aber der Letztere nach einer Stunde ſich entfernte, hörte der
im Vorzimmer harrende Diener, daß jener ausrief:

„Tod und Verderben über Euch alle! Verflucht
ſei die Ruhe, der ich mich hingebe, bis Ihr unter den
Trümmern Eures Glückes begraben liegt!“

Dem Diener grauſete es bei dieſen entſetzlichen
Worten. Er ſchlich behutſam in die Nähe der offnen
Thür, durch welche Riccardo in das Vorzimmer kam.
Der Diener konnte in das Innere ſchauen, ohne bemerkt
zu werden. Senmor Fabio Cruſtello ſaß, den Kopf in
die Hand geſtützt, in ſeinem Seſſel, anſcheinend mit
ernſten Gedanken beſchäftigt.

Mutter und Tochter ſaßen in dem Wohnzimmer
der Erſteren einander gegenüber. Die Mutter war mit
Gram belaſtet und ein tiefer Schmerz ſprach aus ihren
Zügen. Der Pater Timotheus hatte ihr an demſelben
Morgen ſeine Anſicht ausgeſprochen. Wie ſehr ſie es
auch gewohnt war, den Weiſungen deſſelben zu folgen;
wie ſehr ſie auch ſeine Ausſprüche für gültige Orakel
zu halten pflegte, von denen abzuweichen einer Tod-
ſünde gleich zu achten, vermochte ſie doch ihre Gedanken
mit ſeinem Machtſpruch nicht in Uebereinſtimmung zu
bringen. Der Pater hatte nichts dagegen, daß Donna
Livia dem Ketzer ihre Hand reiche. Nichts ſei leichter,
als jenen jungen Mann durch die liebende Gattin in
den Schoß der allein ſeligmachenden Kirche hinüber zu
ziehen und niemand dürfe anſtehen, zu dem gottgefälligen
Werke die Hand zu bieten. Es hieße, ſich dem Willen
des Höchſten widerſetzen und den Fluch der Kirche auf
ſich herabziehen, wenn man dieſem Bündniſſe entgegen
trete, das in gewiſſem Sinne ein hoffnungsreiches ſein

könne. Mit diesen Worten hatte der Pater sie verlassen.

Das Gespräch, das die Damen führten, förderte sich nicht. Sie erkannten die Kluft, die sich zwischen ihnen befand und sich immer weiter ausdehnte. Zur gelegenen Zeit trat der Diener ein, der den Befehl hatte, den Kapitän zu der Dame des Hauses zu geleiten und überreichte den ihm anvertrauten Zettel. Donna Petrea las ihn und sagte zu dem Diener:

"Wenn ich klingle, laßt den Sennor eintreten."

Der Diener entfernte sich und Donna Petrea sagte zu ihrer Tochter:

"Der Kapitän erbittet sich die Gunst einer Unterredung mit Dir, mein Kind, um in einer wichtigen Angelegenheit Deinen Rat zu erbitten. Weißt Du, was der Grund dieser Bitte ist?"

"Was kann es anders sein, als seine Liebe zu mir?" entgegnete Donna Livia, "wenn ich gleich nicht begreife, weshalb es dazu noch einer feierlichen Unterredung bedarf."

"Liebe Tochter," sagte die Mutter ernst. "Hast Du alles bedacht und Dein Herz geprüft? Nicht nur Dein irdisches, auch Dein leibliches Wohl steht auf dem Spiel!" Du wirst eines Ketzers Beute."

"Das werde ich nicht. Don Juan hat es mir versprochen. Ich habe sein Wort."

Gegeben im Taumel der Leidenschaft wird er es bei kälterem Blute brechen. Wortbruch ist des Ketzers Tugend. Wie kann Der Glauben halten, der den wahren Glauben mit Füßen tritt? Wer hält sich an ein dem Sterblichen gegebenes Versprechen gebunden, der mit dem Unsterblichen den Bund brach?"

„Ich glaube fest an seine Treue und klammere mich daran mit allen Kräften."

„So sind wir denn mit einander fertig und ich weiß Dir nichts mehr zu sagen. Die heilige Mutter möge sich Deiner erbarmen, Du von dem Glauben Verlassene."

Sie zog die Klingel. Gleich darauf trat Kapitän Johannes Hansen ein.

Die Dame erwiderte seinen ehrfurchtsvollen Gruß mit einer ceremoniösen Verbeugung und sagte:

„Mein Gemahl spricht in diesen Zeilen den Wunsch aus, ich möchte Euch eine geheime Unterredung mit unserer Tochter erwirken. Die Wünsche meines Gatten sind Befehle für mich. Livia ist bereit, Euch anzuhören."

Die Dame wollte sich entfernen. Der Kapitän suchte sie durch eine Handbewegung zurückzuhalten und sagte:

„Ich danke Euch für diese Gunst. Wenn es aber Euer Gnaden gefällig wäre, dieser Unterredung beizuwohnen . . ."

Die Dame ließ ihn nicht vollenden, sondern sagte, indem sie in das anstoßende Zimmer ging:

„Das wäre dem Wunsche meines Gemahls ent= gegen, dem ich Gehorsam schuldig bin. Erlaubt, Sennor."

Die Thür fiel hinter ihr zu. Johannes Hansen befand sich allein, dem geliebten Mädchen gegenüber.

Livia blickte in das Auge des Geliebten; sie sah den Ernst, der auf seiner Stirn thronte und fragte in leidenschaftlicher Erregung:

„Um aller Heiligen willen, Juan, mein innigst geliebter Freund, was soll ich hören?"

„Eine Frage habe ich Dir vorzulegen, teure Livia," sagte der Kapitän, „und ich erbitte von Dir, daß Du sie mir aufrichtig beantwortest; einfach und ohne Rückhalt."

„Ich gelobe es Dir. Frage!"

„Dein Vater ließ mich zu sich rufen. Du warst der Gegenstand unseres Gesprächs. Er überhäufte mich mit Hohn und Spott und nur der Gedanke an Deine Liebe gab mir die Kraft, bei seinen Schmähungen gelassen zu bleiben."

Sie schloß ihn in die Arme, drückte einen Kuß auf seine Lippen und sagte:

„So dankt Livia ihrem Ritter seine Treue."

„Dein Vater lenkte endlich ein. Er ließ durchblicken, daß nach allem, was geschehen, Don Riccardo zurücktreten werde, und daß er dann nicht abgeneigt sei, in unsere Verbindung zu willigen, wenn ich eine Bedingung, die unerläßlich sei, einginge."

„Und diese Bedingung?" fragte Livia rasch. „Ist es Dir möglich, sie zu erfüllen?"

Johannes Hansen nannte sie. Mit aller Umständlichkeit erzählte er, was Fabio Crustello von ihm verlange. Livia hörte ihn aufmerksam an. Es schien, als hätte sie, wer weiß, welches Entsetzliche zu hören erwartet und nun handelte es sich um die einfache Annahme oder Ablehnung eines Kommandos nach der

afrikanischen Küste. Der Kapitän sah an dem sonnigen
Lächeln, das um ihre Lippen schwebte, daß es ihr
federleicht dünkte, des Vaters Verlangen zu erfüllen
und staunte nicht wenig, als der Geliebte jetzt im
feierlichen Tone fragte:

„So frage ich Dich, Geliebte meines Herzens,
ob Du, wenn ich dieses Kommando annehme, mich
eben so lieben und achten kannst, als Du es früher
thatest?"

„Warum denn nicht, mein geliebter Juan?" sagte
sie scherzend, indem sie ihren Kopf an seine Brust legte
und ihm in die treuen blauen Augen sah. „Du wirst
nicht mehr und minder thun, als was hunderte thaten
und thun werden. Du wirst sie übertreffen, denn Du
bist klug und tapfer und wirst Deinen Namen in jenen
Gewässern mit strahlendem Glanze umgeben."

Ein schwerer Seufzer entrang sich seiner Brust.
Es war ihm in dieser Minute klar, daß Livia eine
Tochter des spanischen Westindien sei, welche nicht nur
nicht den Sklavenhandel als etwas Unehrenhaftes betrachtete, sondern den Mut und der Kühnheit jener
Männer, die sich diesem gefahrvollen Gewerbe hin-
geben mit unbeschränktem Lobe anerkannte. In diesem
Augenblicke fühlte er, daß trotz der innigen Zärtlichkeit, die er für Livia empfand, eine weite Kluft sich
zwischen ihnen ausdehnte und ein Zug tiefer Trauer
verdüsterte sein sonst so heiteres Angesicht.

Mit einem Blicke erkannte die Jungfrau die Veränderung, die mit ihrem Geliebten vorging und erschreckt
rief sie:

„Juan, teurer Freund! Was erschüttert Dich so sehr? Habe Vertrauen und offenbare Dich mir."

„Du würdest mich nicht verstehen, wenn ich es Dir mit einfachen Worten sagte," entgegnete er traurig. „Das ist der düstere Schleier, der sich über unser sonst so rosiges Glück ausbreitet. Es ist die Scheidewand, die sich zwischen Nord und Süd aufrichtet, welche wir nicht zu durchbrechen vermögen. Aber damit Du nicht irre an mir wirst, will ich Dir zu sagen versuchen, was ich denke und empfinde. Vielleicht geht Dir eine Ahnung dessen auf, was mich in dieser Stunde bewegt, und wenn Du mir auch nicht aus vollem Herzen beipflichten kannst, läßt Du mir vielleicht Gerechtigkeit widerfahren."

„Sprich! Sprich!" sagte sie in fliegender Hast, indem sie den Kapitän zu einem Sessel führte. Sie setzte sich auf ein niedriges Tambouret, sah erwartungsvoll zu ihm auf und sprach:

„Rede zu mir, Sendbote aus dem Norden! Die Tochter des Südens ist bereit, Dich anzuhören. Weihe sie ein in die Geheimnisse der neuen Lehre."

Und er sprach zu ihr. Tief aus dem Innern kamen seine Worte und fanden Eingang in das jugendlich-offene Gemüt. Zum ersten Male hörte sie von Menschenwürde und Menschenwert. Sie erschrak, als sie vernahm, daß nicht die Farbe der Haut das Symbol der Macht und Größe, oder der Schmach und Erniedrigung sei. Der Weiße und Creole, der Mulatte und der Neger seien, wie die amerikanische Rothaut vor Gott dem Allmächtigen gleich, der ihnen allen sein Paradies öffne und sie zu seinen Füßen sammle. Ihre

Pulse begannen zu klopfen, ihr Herz schlug und indem ihr Angesicht in dunkler Glut leuchtete, rieselte es ihr wie ein kalter Schauer den Rücken herab. Endlich aber brach die Erregung im Innern sich äußerlich Bahn. Sie brach in Thränen aus, umschlang den Freund mit ihren Armen und rief in leidenschaftlicher Stimmung:

„Halte ein, Geliebter! Halte ein um der ewigen Barmherzigkeit willen. Ich habe Deine Worte vernommen und sie entzündeten einen mächtigen Brand in mir. Begreife ich auch nicht alles, was Du sprachst klar und deutlich, ahne ich doch den Sinn, der in Deinen Worten liegt und beuge mich vor der Allgewalt desselben. Habe Mitleid, teurer Freund, mit einem Mädchen, von dessen Augen die Binde fällt, und gönne mir Zeit, mich zurecht zu finden in der neuen Welt, die vor mir aufsteigt. Geh, mein teurer Juan und überlasse mich mir selbst. Ich muß mich mit mir allein beraten."

„Ich gehe," sagte er milde, indem er sich von ihren umstrickenden Armen sanft losmachte. „Dein guter Genius lasse Dir klarer werden, was ich sagte und nicht ganz zu enthüllen vermochte. Morgen wollen wir uns wiedersehen. Bis dahin mögen die entscheidenden Würfel ruhen."

Johannes Hansen verließ das Haus und stieg hinab zu den dunklen Schattengängen, die an der offenen Seebucht lagen, welche tief in das Land hineinschnitt. —

Hier trieb sich auch Ludwig unter den Bäumen umher. Das junge Matrosenblut befand sich in nicht geringer Aufregung. Die Absicht, den deutschen Kapitän

für den afrikanischen Handel zu gewinnen, ward, noch
ehe es diesen selbst bekannt geworden, durch unzuver=
lässige Diener über die Grenzen des Kontors hinaus=
getragen. Einer flüsterte es dem andern zu und be=
zeichnete es als den einzigen Ausweg, den Sennor
Fabio Crustello betreten könne, um dem Untergange zu
entrinnen. Von der Stadt verbreitete sich die Kunde
auf das Land. Velasquez war nicht der letzte, der die
neue Mähr vernahm und alsbald seinen Liebling Lud=
wig davon in Kenntnis setzte.

Hei, wie es brausete in dem Kopf des jungen
Argonauten! Durch die abenteuerlichsten Erzählungen
hatte Valesquez die Phantasie des jungen Mannes auf
das Äußerste entflammt. Er rannte in den Gängen
hin und her. Die innere Aufregung machte sich in
lauten Worten Luft:

„Das muß ein seltsames Land sein, dies Afrika.
Ganz anders sind dort die Bäume, die Berge und die
Gewässer, als hier auf den westindischen Inseln. Velas=
quez hat es gesagt und er muß es wissen, denn er ist
ein kluger, verständiger Mann, der alt geworden ist
mit der Welt und viel erfahren hat. Die Bäche und
Quellen fließen dort nicht über gewöhnliche Kiesel,
sondern der Sand ist mit Goldstaub gemischt und wenn
die Gewässer brausen und schäumen, werfen sie Gold=
körner an das Ufer, die man nur aufzusammeln und
in die Tasche zu stecken braucht, um nach Jahr und
Tag ein reicher Mann zu sein. Eichkatzen giebt es da
mit Flügeln und Vögel, die keine Flügel haben, allein
mit dem schnellsten Pferde um die Wette laufen. Da
ist auch der Elephant, auf dessen Rücken man Häuser

baut, der mit seinem Rüssel Bäume ausreißt und damit um sich schlägt, wenn die Menschen ihm zu Leibe
wollen. Das ist ja das leibhafte Bild, wie es mir
einst auf der Spreewiese im Traum erschien. Und
nach diesem Lande ist der deutsche Mann gegangen, der
den Namen Wilhelm führte und der am Ende, wenn
nicht alle Zeichen trügen, mein armer, verloren ge-
gangener Onkel ist. Den muß ich suchen und der
Ferdinand und der Eduard müssen mir helfen. Das
ist mein Recht, nach dem Bündnis, das wir mitsammen
eingingen, als wir von Berlin schieden und das wir
erneuerten, als Anton, der Geesthachter Fischer, uns den
Weg zum Glücke zeigte. Er begann dort, wo Ebbe
und Flut im Streit liegen. Und wenn ich den Verlorenen finde, will ich ihn mit beiden Armen fassen und
ihn im Triumpf nach Berlin bringen zum Vater und
zu der Tante mit dem treuen Herzen. Und das gefundene Gold streue ich vor ihnen aus und rufe: Macht
es Euch behaglich und gönnt Euch Ruhe und Erholung
nach langen und schweren Sorgen; mich aber laßt
wieder hinaus in die laute, fröhliche Welt, damit ich
neuen Vorrat hole, den ich Euch bringen kann, wenn
es zu mangeln beginnt."

Im nahen Cactusgebüsch raschelte es. Durch
irgend etwas aufgestört, flatterte ein Papagei aus dem
Dickicht und setzte sich auf den nächsten Baum.

Ludwig stutzte. Es war nicht die Stunde, wo
die Papageien umherzufliegen pflegten. Tier und
Menschen hielten gewissenhaft ihre Siesta. Das richtige
Berliner Kind, welches die offenen Augen überall hatte,
war ohne Besinnen darüber einig, daß hier etwas vor-

gehen müffe. Ein rafch vorüberziehender Schatten, der
fich jenfeits der Cactushecke hinzog, beftärkte ihn in
feiner Bermutung.

Unbefangen, als fei ihm nicht das Geringfte
aufgefallen, ftimmte er ein luftiges Liedchen an und
fchlenderte weiter. Gefchickt wußte er eine Schwenkung
zu machen, die ihm geftattete zu entdecken, was hinter
jener Hecke vorging, ohne felbft gefehen zu werden.

„Ein Mann!" flüfterte Ludwig vor fich hin.
„Ein Mann, der trotz der Hitze in einen Mantel ge=
hüllt ift und fich nach allen Seiten umfchaut, als fürchte
er gekannt zu werden. Das muß etwas zu bedeuten
haben."

Er fetzte feine Beobachtungen fort und fagte nach
einer Paufe:

„Ich habe das Geficht gefehen und wieder er=
kannt. Der Sennor Riccardo ift es, dem mein Kapitän
die fchöne Braut abfpenftig machte und der fchon um
das Haus herumfchlich, als die beiden in der Grotte
beifammen waren und alles entdeckt ward. Nun heißt
es, die Augen offen halten, wie bei dunkler Nacht,
wenn man am Steuer fteht und eine Sturmbö im
Anzuge ift. Diefer Kerl ift eine folche Bö und mein
Kapitän das fteuerlofe Schiff, worauf fie niederfallen
foll. Aber ich will den arglofen Segler zur rechten
Zeit anpreien und er foll mir ungefährdet davon kommen,
wenn auch nicht mit Leefegel und die Grietje vom Kreuz=
top, fo doch vor Top und Takel, ohne daß die Sturz=
feen über das Heck kommen."

Ludwig entwarf feinen Plan. Es lag auf der
Hand, daß Riccardo fich hier verfteckt hatte, weil er

vermutete, daß der Kapitän vorüber kommen müsse.
Das Versteck lag dem Fußsteige zunächst, der zu der
Grotte führte, woselbst sich die beiden Herzen fanden
und die von da ab ihr Lieblings-Aufenthalt ward.
Notwendig war es, einen Standpunkt zu gewinnen,
von welchem aus Ludwig die Annäherung des Kapitäns
bemerken und zugleich alle Bewegungen Riccardo's
beobachten konnte.

„Wie eine falsche Katze wird er meinen Herrn
von hinten anfallen und mit dem Messer niederstoßen
wollen, daß diese Havannesen immer bei der Hand
haben," sagte der treue Bursche. „Aber er soll mir
kommen. Ich werde ihn zu finden wissen. Hat er
ein Messer, habe ich Zähne, womit ich ihn packen
kann. Er soll sich vor mir in acht nehmen."

Mit allen Schlangenwindungen des Gartens bekannt, begann er seinen Plan zur Ausführung zu
bringen und sich der Stelle zu nähern, die ihm für
seine Beobachtungen am günstigsten lag.

Johannes Hansen erschien, nachdem er sich von
Livia in tiefer Bewegung trennte, im Garten. Er
schlug, wie Ludwig vermutet hatte, die Richtung nach
der Grotte ein. Das Auge des jungen Matrosen war
scharf, wie das Auge des Falken.

Jetzt erreichte der Kapitän die Stelle, wo Riccardo
verborgen lag. Mit der Hand hätte er ihn fassen
können, wenn er mitten in das dornige Gestripp
hineingriff. Jetzt schritt der Fuß an der verhängnisvollen Stelle vorüber; jetzt hatte er seinen Feind im
Rücken.

Aus der gebückten Stellung erhob sich Riccardo und fuhr rasch in die Höhe. Das Gesicht mit der Maske verhüllt, den Mantel fest um die Schulter, den blinkenden Dolch in der Hand, war er zum Sprunge bereit. Das Leben des Kapitäns schwebte auf der Spitze der verräterisch gezückten Waffe.

„Grasbrook Ahoi!" erklang es hell und vernehmlich. Auf den Ruf, der den Namen seines Schiffes erschallen ließ, wendete sich Johannes Hansen um und stand seinem Feinde gegenüber. In demselben Augenblicke war Ludwig mit einem Sprunge in Riccardo's Rücken und zerrte ihm den Mantel von den Schultern.

Mit einem Blick erkannte Johannes Hansen den tückischen Verrat, der hier im Hinterhalte lauerte und den treuen Wächter, der den drohenden Schlag abwendete.

„Die Arme hat er frei, Kapitän," rief Ludwig und sprang seitwärts, dem drohenden Schlage des vor Wut schäumenden Spaniers ausweichend. „Nun geht auf ihn los und tränkt ihm seine Bosheit ein.

Die beiden Nebenbuhler — der beglückte und der verschmähte — standen einander gegenüber. Der Kapitän ging rasch ein paar Schritte zurück, zog den Degen und hielt sich zur Abwehr bereit.

„Elender! Ist es mir nicht gelungen, Dich hinterrücks wie eine Bestie abzuwürgen, will ich Dich von vorne packen und meine eisernen Zähne in Dein verräterisches Herz schlagen."

Er that einen mächtigen Sprung, der Hyäne gleich, die sich auf das unbewachte Opfer wirft. Der

Kapitän streckte ihm den Degen entgegen und rief mit lauter Stimme:

„Zurück, wenn Euer Leben Euch lieb ist! Ihr rennt blindlings ins Verderben."

Aber Riccardo in seiner rasenden Wut sah und hörte nichts. Mit hochgehobenem Dolch vorwärts dringend, stürzte er in die Waffe des Gegners und sank mit einem Fluche auf den Lippen, von Blut überströmt, zu Boden.

Entsetzt stand der Kapitän regungslos vor der Leiche. Neben ihm sein treuer Wächter.

Einige Farbige, die in der Nähe arbeiteten und Zeugen dieses Auftritts waren, sprengten mit lautem Geschrei auseinander und eilten dem Hause zu.

Der Kapitän, aufgeschreckt aus seinem Hinstarren, warf sich neben dem Gefallenen in die Kniee. Er suchte ihm Hilfe zu bringen und rief:

„Schnell, Ludwig! Schaffe einen Arzt. Heute Morgen ist ein solcher hier gewesen. Vielleicht weilt er noch in der Nähe . . ."

Ludwig hörte die letzten Worte nicht mehr. Er war auf und davon.

Die schreienden Neger hatten das ganze Haus in Allarm gesetzt. Die Bewohner desselben — Herren und Sklaven — eilten herbei.

„Um der blutigen Wunden Jesu willen, was geht hier vor?" rief Pater Timotheus, der allen voran war. „Wehe mir, daß ich sehe, was ich sehe und wehe dreifach dem, der diesen entsetzlichen Mord beging."

Der Kapitän sprang auf und sagte mit ernsten Worten:

„Hier ward kein Mord begangen. Nur gerechte Notwehr gegen einen meuterischen Ueberfall!"

„Das vergossene Blut schreit um Rache zum Himmel!" eiferte der Pater. „Alle Qualen der Hölle rufe ich auf Dein ketzerisches Haupt herab!"

„Das sollst Du mir bezahlen!" sprach Ludwig in sich hinein. „Ich habe Dir es lange zugedacht, Du Schmeerbauch, aber nun sollst Du es haben, und das gründlich."

Alle umstanden den Gefallenen. Der Arzt, welcher noch auf der Villa weilte, ließ die Leiche aus seinen Armen auf den Boden zurücksinken:

„Hier ist alle Mühe vergebens. Gott sei der armen Seele gnädig und barmherzig."

„Und strafe den Mörder, der ihn in seinen Sünden dahinfahren ließ!" schrie der Pater. Die umherstehenden Gaffer fielen mit lautem Geheul ein:

„Wehe! Wehe! Wehe über ihn!"

„Und über Dich, Du verdammter Glatzkopf!" rief Ludwig, die Hände ballend. „Die Donnerbö, die über Dich kommen soll, ist schon im Anzuge."

Die Damen waren auch erschienen und standen vor Entsetzen regungslos da. Bei dem Weheruf des Paters sank Donna Petrea ohnmächtig in die Arme der Tochter. Eine der Dienerinnen kam ihr zur Hilfe und sie ließen die Bewußtlose auf eine Ruhebank nieder.

Sennor Crustello stand mit fest aufeinander ge= preßten Lippen vor der Leiche seines Verwandten. Durch kein äußeres Zeichen verriet sich, was in seinem

Innern vorging. Jetzt trat er zu dem Kapitän, ergriff
seinen Arm und sagte:

„Nun Sennor Don, Ihr gabt Eurem Hiersein
auf meiner Villa durch diese That einen glorreichen
Abschluß. Was, meint Ihr, werde ich thun müssen,
um Euch zu überbieten?"

„Ihr werdet thun, was in Eurer Macht steht,
und ich werde gerechte Richter finden!" war die
Antwort.

„Thor!" entgegnete der Kaufmann. „Ihr, ein
Fremder, ein Ketzer; angeklagt, ja fast überführt, auf
frischer That ertappt, als der Mörder eines Mannes,
der zu den ersten Familien des Landes zählt! Ihr
hofft auf Gnade vor einem katholischen Gerichtshof?"

„So falle ich im Bewußtsein meiner Unschuld!"

„Nein! Nein!" rief Livia herbeieilend und ihn
umschlingend. „Er stirbt nicht, oder ich mit ihm".

„Hinweg, Du Thörin!" grollte der Kaufmann,
zwischen beide tretend. „Mir ist die Gastfreundschaft
so heilig, daß ich sie auch dem Mörder gegenüber aufrecht erhalte. Nun, Sennor Capitano, sind Eure
Skrupel noch derartig, daß ihr einen Kerker und eine
Anklage auf Tod und Leben einem Kommando nach
Afrika vorzieht? Redet!"

Livia, welche den Sinn dieser Rede wohl begriff,
drang in den Geliebten zu fliehen.

„Hier ist Eures Bleibens nicht. Auch in der
Stadt seid Ihr nicht sicher. Nur am Bord eines
Schiffes, welches bestimmt ist, Gold gegen Gold an
einer fernen Küste einzutauschen, kann ich Euch vor dem
eisernen Arm der heiligen Hermandad schützen."

„Höre auf den Vater, Geliebter!“ flehte Livia.

„Erhaltet Euch für dieſe!“ raunte der Kaufmann dem Kapitän zu.

„Ich gehorche!“ entgegnete dieſer betäubt.

Schon vorher hatte der Kaufmann dem Majoral Velasquez Zeichen gemacht, worauf ſich dieſer entfernte. Jetzt kehrte er zurück und ſagte leiſe:

„Alles bereit!“

Der Kaufmann ergriff die Hand des Kapitäns. Dieſer flog auf Livia zu und ſchloß ſie feſt in ſeine Arme. Ein letzter Kuß, ein letztes Lebewohl; dann trennten ſie ſich.

Pferde wurden gebracht. Ihre flüchtigen Hufe trugen den Kapitän und ſeinen treuen Matroſen von dem verhängnisvollen Schauplatz.

X.
Die Argonauten rauben ein Vließ, aber nicht das goldene.

———

Verlassen ist die Villa Crustello von ihren Bewohnern. Wirt und Gast haben sich in eilender Hast nach der Havanna begeben. Die Damen sind ihnen in äußerster Bestürzung gefolgt.

Die Familie des Sennor Riccardo erschien, um die Leiche des Gefallenen in Empfang zu nehmen und entfernte sich mit derselben, tausend Verwünschungen auf den Mörder herabrufend und diesem ewige Rache schwörend.

Die Diener waren ihren Herrschaften zum größten Teile gefolgt. Nur der Mojoral blieb auf seinem Posten und schritt die sonst so belebte Veranda seufzend auf und ab, als ein vereinsamter Wächter der freundlichen Villa, deren Fenster und Thüren dicht verschlossen blieben.

In der Stadt flog die Kunde von dem Morde des Don Riccardo von Haus zu Haus. Die Erzählung desselben nahm von Minute zu Minute an Entsetzen zu. Nicht im Kampf der gerechten Notwehr gegen den gemeinen Ueberfall ward der reiche junge Caballero ge-

tötet. Ein Horde von zehn Banditen, — nein, zwanzig
oder gar dreißig Meuchelmörder hatten ihn angefallen,
und erst nachdem er den größten Teil derselben schwer
verwundete oder in die Flucht schlug, erlag er der Ueber=
macht. Armer Riccardo! Der Tod machte aus Dir,
was Du im Leben nie warst. Das Volk nannte Dich
einen Cid oder Bajard und ein allzeit schlagfertiger
Poet wählte Dich zum Helden einer Romanze.

Die heilige Hermandad war von früh morgens
bis spät abends auf den Beinen, um auf den Mörder
zu fahnden. Umsonst. Er war nicht aufzufinden.
Himmel und Erde wurden von den Angehörigen in Be=
wegung gesetzt, aber vergeblich. Die Alten ergaben sich
seufzend in das Unvermeidliche; die Jüngern raseten
vor den Leuten und freuten sich im Stillen, daß der
Majoratserbe glücklich beseitigt sei, ohne daß sie einige
Mühe davon gehabt hätten. Die Bigotten nahmen
das Sacrament darauf, daß der Teufel dem Ketzer
davon half und ihn nun in der Hölle einen zehnfachen
Tod sterben lasse.

Don Fabio Crustello benahm sich in diesem kri=
tischen Falle mit vieler Besonnenheit. Er war der Erste,
welcher sich bei der hart betroffenen Familie einfand,
den bedauernswerten Unfall beklagte und freiwillig sich
zu jedem Dienste erbot, der den Angehörigen von
einigem Wert sein könne Gegen die öffentlichen Be=
hörden handelte er mit gleicher Rücksicht. Er gab zu,
daß der Kapitän Johannes Hansen die That — wenn
gleich absichtslos — vollbrachte, und daß er denselben
nach der Stadt schaffte, um ihn der Wut der Diener=
schaft zu entziehen, nicht aber, ihm zur Flucht zu ver=

helfen. Der Kapitän habe sich mit seiner Bewilligung
an Bord seines nach Afrika bestimmten Schiffes „der
Neger" begeben; allein die Segelordre habe sich der
Kapitän selbst ausgestellt. Zu des Kaufmanns Erstaunen
sei das genannte Schiff am andern Morgen schon auf
offener See gewesen. Als die Hafenbehörde Miene
machte, das eigene Schiff des flüchtigen Kapitäns, den
„Grasbrook" an die Kette zu legen, versicherte Sennor
Fabio Crustello, daß er zu seinem großen Bedauern
dieser Absicht keinen Vorschub leisten könne, da der
Flüchtling an dieses Schiff durchaus kein Recht mehr
habe, indem selbiges durch Kauf sein — des Kaufmanns
— rechtmäßiges Eigentum geworden sei.

Der des Mordes im hohem Grade verdächtige
Kapitän war entflohen. Sein Eigentum war vor jenem
Ereignis an einen andern durch Kauf übergegangen.
Es war niemand mehr gefänglich einzuziehen; kein
Vermögen mit Beschlag zu belegen. Die Bemühungen
der heiligen Hermandad wurden überflüssig; sie zog sich
von diesem Schauplatz ihrer Wirksamkeit zurück, um
einen andern, für ihre Thätigkeit erfolgreicheren aufzusuchen.

Am Bord der „Grasbrook" gingen mancherlei
Veränderungen vor, die darauf schließen ließen, daß
dies gute Schiff zu dem bisherigen Dienste nicht mehr
verwendet werden sollte. Die Mannschaft steckte die
Köpfe zusammen, fing an zu murren, weigerte sich,
die aufgetragenen Arbeiten auszuführen und wollte
aus dem Munde des Kapitäns vernehmen, ob es wahr
sei, daß der „Grasbrook" zum Sklavenschiff bestimmt
sei? In diesem Falle fordere sie ihre Entlassung. Der

größte Teil der Matrosen bestand auf dieser Forderung; an ihrer Spitze stand der erste Steuermann. Der kleinere Teil erklärte, unter allen Umständen bei dem Schiffe bleiben zu wollen. Zu diesen Männern hielten sich die Berliner Argonauten, der forsche Ludwig immer voran.

„Haltet fest, Jungens!" sagte Ludwig zu seinen Freunden. „Als wir in der Patsche saßen und an den Hamburger Vorsetzen nicht wußten, wo aus und wo ein, hat der Kpitän uns seine Hand gereicht und wir sind durch ihn drei tüchtige Jungens geworden, die sich überall sehen lassen dürfen. Nun sitzt er auf dem Sande fest und da ist es unsere Pflicht, bei ihm auszuharren, bis uns der Atem ausgeht. Er wird sich wieder flotten; ich bin überzeugt, daß er es wird und dann ständen wir doch wie erbärmliche Kerle ihm gegenüber, wenn wir feige davonliefen, wie jene da, den ersten Offizier an der Spitze. Er würde uns mit seinen großen blauen Augen ansehen; wir müßten die unsrigen vor ihm niederschlagen und wären nichts, als ganz erbärmliche Bummler. So sage ich!"

„Und Du sagst recht!" entgegnete Eduard lebhaft und gab dem jungen Maaten die Hand. „Wir dürften uns in Berlin vor keinem rechtlichen Menschen mehr sehen lassen, wenn wir feige davonliefen."

„In Berlin nicht und hier in der Havanna erst recht nicht!" fiel Ludwig ein. „Giebt hierorts ebensogut ehrliche Leute, wenn sie es auch auf spanisch sind, und dazu gehört mein alter Freund Belasquez, der mir Wunderdinge von diesem Afrika erzählte und von einem Landsmann, der Wilhelm

heißt .... Aber das gehört hier jetzt nicht her
Wir müssen erst wissen, wie wir mit uns selbst daran
sind, dann können wir weiter beschließen, was wir
thun wollen. Nun, Bruder Ferdinand, zu welcher
Partei schlägst Du Dich? Aber das darf ich wohl nicht
erst fragen?"

„Nein, mein Junge!" entgegnete Ferdinand rasch.
„Wir sind die Berliner Argonauten und bleiben es.
Fahren wir doch auch schon ein tüchtiges Stück herum
auf dem Antlantic, in der karaibischen See und im
mexikanischen Golf. Aus ungehobelten grünen Jungen,
die Halbdeck und Fockmast nicht von einander zu
scheiden mußten, sind drei tüchtige Matrosen geworden;
aber von dem goldenen Vließ, worauf wir es abgesehen
hatten, ist noch immer keine Spur und wir werden es
wohl auch nicht finden."

„Wer weiß?" entgegnete Ludwig rasch mit einem
pfiffigen Lächeln und ein großes Geheimnis schien auf
seinen Lippen zu schweben, als er durch ein unvorher-
gesehenes Ereignis unterbrochen wurde.

Sennor Crustello kam an Bord, der vor den
Leuten als der alleinige Eigentümer des „Grasbrook"
galt. Er ließ die gesamte Mannschaft antreten und
sagte:

„Euer Kapitän ist geborgen und wird zur rechten
Zeit erscheinen, um das Kommando dieses Schiffes,
welches jetzt mir gehört, zu übernehmen. Wir fahren
auf Afrika und treiben Handel mit Gold, Elfenbein
und Ebenholzblöcken. Der härtere Dienst verlangt
bessern Lohn, und für diejenigen von Euch, welche
bleiben, erhöht sich die monatliche Heuer um das doppelte.

Die Uebrigen mögen ihr Bündel schnüren und in das bereitliegende Boot steigen; ihr Guthaben wird ihnen in meinem Kontor ausbezahlt. Eine halbe Stunde habt Ihr Zeit, Euch zu bedenken."

Der Kaufmann zündete sich eine Cigarre an und ging das Halbdeck auf und ab. Die Matrosen unterhielten sich lebhaft. Die Verheißung einer doppelten Heuer blieb nicht ohne Wirkung. Aber sie hielt nicht aus. Die Meisten blieben dem ersten Entschluß treu; sie schnürten ihre Kleidersäcke und fuhren mit dem bereitliegenden Boot an das Land.

Bald nach ihrer Entfernung näherte sich ein zweites Boot dem Fallrepp. Es war vollgepfropft mit einer Anzahl abenteuerlicher Gestalten, die einen unheimlichen Eindruck machten. Wilde, von Leidenschaften aller Art zerrissene Physiognomien, mit notdürftiger Kleidung versehen und keinen Kupfer-Realen in der Tasche. Mit lautem Schreien enterten sie das Schiff und gebehrdeten sich wie die Herren desselben, nicht achtend derjenigen, die von der früheren Besatzung auf demselben zurückgeblieben waren.

Der Kaufmann warf die erloschene Cigarre über Bord, stellte den jungen Mann, der mit dem wilden Trupp auf das Schiff kam, als ersten Offizier vor und übergab demselben das Kommando. Zugleich gestattete er denen, die dem Schiffe und dessen Kapitän treu blieben, als besondere Belohnung, bis kurz vor der Abfahrt am Lande bleiben und sich dort nach Belieben ergötzen zu können. Eine Hand voll blitzender Duero's machte dies Geschenk zu einem noch willkommeneren.

Auch die Argonauten rüsteten sich, um von der erhaltenen Erlaubnis Gebrauch zu machen, und als sie alle drei das Ufer erreichten, sagte Ludwig:

„Hört, Jungens, die Art von Geschäften, besonders mit dem Ebenholz, gefällt mir nicht; aber vor einem Werk, welches Kapitän Johannes Hansen auszuführen gezwungen wird, dürfen wir nicht zurückbleiben. Indessen gehen wir nicht aus der Havanna, bevor wir den Kerl, der unsern Kapitän in diese Patsche brachte, ein Bein stellten. Ich bin gerade im Begriff, das meinige auszustrecken, damit er darüber stolpert und mit seiner Nase das lose Steinpflaster ein Bischen fester klopft."

„Das wäre ein Geschäft für die Steinsetzer in Berlin!" lachte Ferdinand, während der ernstere Eduard fragte:

„Wie meinst Du das, Ludwig?"

Ludwig sah um sich her und sagte: „Wir wollen jener grinsenden Mulattendirne ein Paar von ihren Ananassen abkaufen und dann uns drüben in der Schenke den dazu nötigen Punsch brauen lassen. Dies wird uns in den Stand setzen, über das, was wir zu thun haben, mit Verstand zu sprechen, da sich dieser bei nüchternem Magen nur selten einzustellen pflegt."

Dieser Vorschlag fand allgemeinen Beifall. Eduard ging, um in gewohnter Weise den Einkauf zu besorgen, und Ferdinand eilte der bezeichneten Schenke „Zum Prinzen von Asturien" zu, um sich den bequemsten Platz zu sichern.

Die Argonauten saßen in der kühlen Stube. Die herabgelassenen Vorhänge hinderten das Ein-

dringen der Sonnenstrahlen und hielten die umher=
schwärmenden Mosquito's zurück. Die Bowle mit
dem duftenden Inhalt stand vor ihnen und Ferdinand
füllte sich das erste Glas, worauf Eduard das zweite
seinem Maaten Ludwig reichte, der mit den Freunden
anstieß und zu ihnen sagte:

„In dieser spanischen Mulattenkneipe versteht
kein Mensch unsere Sprache und wir können dreist
von der Leber weg reden, ohne verraten zu werden."

„Hast Du etwas Verräterisches im Sinn?" fragte
Ferdinand, und jener antwortete:

„Unserm Kapitän ist nichtswürdig mitgespielt
von diesen Spaniols und sie allein haben ihn zu dem
gemacht, was er geworden ist."

„Du mußt das am besten wissen," sagte Eduard,
„denn Du bist am Lande immer bei ihm gewesen."

„Während wir am Bord bleiben und tüchtig
schimannen mußten," setzte Ferdinand ärgerlich hinzu.

„Ja, ich weiß alles," fuhr Ludwig fort. „Und
wer die meiste Schuld an all dem Unglück hat, das
weiß ich auch. Der Pfaffe ist es mit der kahlen
Glatze und den listigen Augen. Er thut heilig und
fromm vor den Leuten, als ob er nicht fünfe zählen
könnte und als ob es schon eine Sünde wäre, wenn
man mit Brod und Wasser seinen Hunger und Durst
stillt. Heimlich aber . . . ."

„Du!" rief Eduard warnend. „Lasse Deine
Finger von dem Pater, oder Du verbrennst sie Dir.
Solche Leute haben hier zu Lande eine große Gewalt
und es darf nur einer von ihnen mit der Hand winken,
ist es um den armen Sünder gethan."

„Ich will es darauf wagen!" sagte Ludwig entschlossen. „Steht das Volk den Pfaffen auf dem festen
Lande bei, auf dem Wasser soll es seine Fäuste wohl
von uns lassen. Der Pater Timotheus hat seine Kehle
so lange mit süßem Weine ausgespült, daß ihm ein
Schluck Salzwasser von Nutzen sein kann."

„Das ist ja der Hauspater bei dem Kaufmanne,
der nun Herr unseres guten Schiffes ist!" fuhr Ferdinand dazwischen.

„Er ist es!" antwortete Ludwig. „Und gerade
Du, mein Junge, bist es, der mir ihn in das Garn
locken soll, weil er mir nicht folgen wird, da er mich
kennt und seinen Groll auch auf mich hat."

„Ich?!" rief Ferdinand verwundert, und Ludwig
fuhr fort:

„Du ganz allein. Der Pater säuft nicht nur,
wenn er sich unbeachtet glaubt, so viel, daß selbst eine
ausgepichte Bootsmanskehle sich davor entsetzen würde;
er läuft auch hinter den Dirnen her, was diese katholischen Priester gar nicht sollen, und giebt, so zu sagen,
allen ehrbaren Christenmenschen ein abschreckendes
Beispiel."

„Das verdient allerdings bestraft zu werden!"
sagte der tugendhafte Eduard und schob das gefüllte
Glas von sich, um nicht dem Laster des Trunks zu
verfallen. Ferdinand, der jede Gelegenheit benutzte,
sich wohl zu thun, leerte es an seiner statt und fragte:

„Was soll ich denn vorstellen?"

„Die Eva mit dem Apfel, den der arme Sünder
anbeißen soll!" antwortete Ludwig lachend. „Hört
mich nur an. Ich habe schon alles ausgekundschaftet.

Sein Hauptquartier hat der Pater bei einer Wittwe, die hier herum wohnt. Beide stecken unter einer Decke und treiben gotteslästerliche Dinge, wodurch sie alte kranke Leute um Geld und Gut bringen und ihnen dafür die ewige Seligkeit versprechen. Das alles habe ich von der kleinen Lasarilla . . . ."

„Wer ist das?“ riefen beide.

„Das ist eine allerliebste Mulattendirne, die bei jenem Weibe in Diensten ist und die einen grimmigen Haß auf den Pater geworfen hat.“

„Warum hat sie das?“ fragten jene.

„Der Pater hatte bald entdeckt, daß die Lasarilla ein schönes Mädchen sei und begehrte sie für sich. Aber die Dirne, die einen Liebsten hatte, einen schmucken Burschen, Namens Lorenzo, wies ihn mit Abscheu von sich. Und als der Pater sie eines abends umarmen und küssen wollte, schrieb sie ihm mit ihren fünf Fingern einen solchen Denkzettel, daß er acht Tage lang die Kaputze nicht von dem Gesicht wegzog. Da schäumte er vor Wut und schwur, es ihr zu gedenken, was er auch als ein schlechter Kerl gethan hat. Er nahm sich den Lorenzo vor und redete dem Burschen ein, daß die Lasarilla ihm untreu sei. Hat es geglaubt, der dumme Junge, und ist ganz desperat auf und davongegangen, keiner weiß wohin. Nun ist das arme Mädchen krank geworden und weint, daß es einen Stein erbarmen möchte.“

„Dann hast Du Dir wohl die Mühe gegeben, sie zu trösten?“ fragte Ferdinand spottend.

„Das habe ich auch; allein es hat nicht viel geholfen,“ antwortete Ludwig treuherzig. „Erst, als ich

ihr sagte, was ich vorhätte und wie ich dem Pater
trotz seines kahlen Kopfes einen Zopf drehen wollte,
trocknete sie ihre Thränen. Sie klatschte in die Hände
und versprach, mir in allen Stücken beizustehen. Darum,
Ferdinand, weil Du ein hübsches, schmales, glattes
Gesicht hast und Dir das Mieder und das Röckchen der
Lasarilla nicht übel stehen würden, kannst Du die Eva
mit dem verlockenden Apfel vorstellen und Eduard soll
Dein Bruder sein."

„Was sind das für Tollheiten?" rief Eduard,
während Ferdinand, dessen Eitelkeit sichtlich geschmeichelt
war, aufsprang und seinen Anzug musternd, zum Wand-
spiegel trat.

„Will Euch alles sagen, aber nicht hier," entgegnete Ludwig, leiser sprechend. „Unser Punsch ist aus
und dort kommt ein Trupp Matrosen. Einer ist darunter, der zu uns gehörte und unsern Kapitän in der
Not verließ. Kommt, Jungens! Wir wollen dicht an
seinem Backbord hinsteuern und gar nicht thun, als ob
wir ihn kennen. Darüber ärgert er sich am meisten."

Die drei Argonauten faßten sich unter und steuerten
so nahe an dem ehemaligen Matrosen vom „Grasbrook" vorüber, daß sie ihn beinahe über den Haufen
geworfen hätten.

Ein lauter Fluch flog hinter ihnen her, der von
einem noch lauteren Gelächter beantwortet ward

In dem Comptoir des Sennor Fabio Crustello
herrschte während des folgenden Tages ein reges Leben.
Das für den Handel an der afrikanischen Küste ausgerüstete Schiff war völlig segelfertig und sollte mit
dem Anbruch des Tages, wenn die Brise aus dem

Innern des Landes seewärts wehte, in See gehen, weshalb es bereits seit einigen Stunden sich nahe am Ausgange des Hafens gelegt und vollständig ausklariert hatte. Gegen Abend stellte sich ein Mann ein, der nur einen flüchtigen Blick in das Comptoir warf und sich dann in den obern Stock verfügte. Der Mann war offenbar verkleidet. Allein die Maske half ihm nichts; er wurde doch erkannt von zwei liebeglühenden Augen. Und zwei liebeglühende Arme umpfingen ihn und eine süße, innige Stimme flüsterte: „Johannes, teurer Johannes!" Aber ein weiteres Wort wurde nicht gehört in dieser traurigen Abschiedsstunde.

Abschied hier und Abschied dort, am lustigsten aber in dem Hause der Sennora Aricia, wo der Pater ein sybaritisches Mahl hielt und jetzt, des edlen Weines voll, seiner Wirtin die Hand schüttelte.

„Wem nicht zu raten ist, dem ist nicht zu helfen!" lachte die Dame. „Ihr könnt auch Gott und der heiligen Jungfrau Dank sagen, daß sie es haben finster werden lassen, bevor Ihr in diesem Zustande die Gassen betretet. Ich müßte Euch nicht fortlassen . . ."

„Sollte wohl eine zweite Nacht erleben," lallte der Pater, „wie damals, als ich mir mit dem unreifen Dinge, der Lasarilla, den unschuldigen Scherz machte und sie mir die Quittung mit ihren fünf Fingern auf die Backen schrieb, so nachdrücklich, daß die Blutstropfen . . ."

Mit einem Fluche, vor dessen grausigen Klängen selbst die Sennora Aricia sich bekreuzte, unterbrach der Pater seine Beichte, worauf die Falten von seiner

Stirn schwanden und sich sein ganzes Gesicht zu einem widerwärtigen Lachen verzog:

„Sennora Donna, allergnädigste Herrin, deren Werke der Barmherzigkeit Seine Höllische Majestät, den Satan, doch endlich bestimmen werden, Euch mit seiner brennenden Liebe zu beglücken und in die höllische Brautkammer zu führen, ich bin untröstlich, das mir gewährte Obdach ablehnen zu müssen, weil bereits ein Quartier . . .“

Er verlor den Zusammenhang seiner Rede. Die Thür des Zimmers öffnete sich und ein Frauenkopf ward sichtbar, der alsbald wieder verschwand.

„Ecce signum!“ sprach der Pater und die lüsternen Augen leuchteten noch widerwärtiger. „Gute Nacht, Du alter, häßlicher Teufel. Entlasse mich aus Deinen Knochenarmen, zumal jetzt, wo liebliche, zarte, weiche Arme mir geöffnet stehen . . .

Sennora Aricia war keineswegs eine Dame, die sich wegen mangelnder Reize ungestraft verspotten ließ. Mit allen Zeichen der Wut eilte sie, laut aufschreiend, hinter dem Pater her und leicht konnte es sich begeben, daß die Scene zwischen diesem und der erzürnten Lasarilla sich hier in erhöhtem Maße wiederholte, wäre nicht Sennora Aricia von der schelmischen Dirne zurück- gehalten worden.

„Warum zerrst Du mir das Kleid vom Leibe herunter?“ schalt die Herrin. „Laß mich los, Dirne, damit dem Unverschämten die ihm gebührende Züchtigung zuteil werde.“

„Er empfängt sie schon, Sennora,“ flüsterte Lasarilla, in sich hineinlachend.

„Von wem?“ fragte die Dame, und das kecke
Mädchen antwortete:

„Von mir, Sennora=Donna, oder vielmehr von
jemandem, der meine geringe Person vertritt.“

„Was für ein albernes Geschwätz ist dies?“ zürnte
Sennora Aricia.

„Ist es albern, Sennora, gereicht es nicht mir
zum Vorwurf, sondern dem durchtriebenen Burschen,
dem Ludoviko mit den blauen Augen und den blonden
Locken, der es mir anthat und mich verleitete, die
Hand zu bieten, dem Hochwürdigsten einen Possen zu
spielen . . .“

„Wirst Du, kleine Kanaille, mir nun bald sagen,
was hier geschehen soll . . .“

„Es ist bereits geschehen, Sennora=Donna!“ ent=
gegnete Lasarilla lachend, indem sie durch die Thür
schlüpfte. „Der allerfrömmste Pater Timotheus wird
sobald nicht in die Lage kommen, Euch um Euern
herrlichen Xeres zu bringen.“

Während die Sennora sich den Kopf darüber
zerbrach, welche Ereignisse den Pater hindern sollten,
in ihrer stillen Klause zu zechen und zu würfeln und
dafür die Goldstücke in ihren Schoß zu werfen, die er
von frommen gläubigen Seelen einsammelte, die sich
damit von der Qual des Fegefeuers erlösen wollten,
schwankte der Pater in die tropische Sommernacht
hinein. Die Sterne blickten golden am blauen Azur,
aber der Mond barg sich hinter einer Wolke, als wenn
es ihm ein Schimpf däuchte, das unheilige Treiben des
Mönches mit seinem keuschen Strahl zu beleuchten.

„Stehe still, kleiner Satan, damit ich Dich mit meinen Händen ergreifen und mit meinen Armen umschließen kann!“ lallte Timotheus, indem er weiter schritt, wobei er in ein bedenkliches Stolpern geriet. „Sancta Virginia, was für ein Kobold ist das?“

Lasarilla war es nicht, denn diese stand an dem Portal ihres Hauses und sah nach dem schwankenden Pater und der lustigen Gestalt, die vor ihm her gaukelte. Aber es war ein lustiges, übermütiges Geschöpf, das ohne alle Musik und ohne Castagnetten den Bolero im dämmernden Mondlicht zu tanzen verstand.

„Erlaubt mir, frommer Herr,“ sagte ein junger strammer Bursche, der den Pater am Arm festhielt, „daß ich Euch in das rechte Fahrwasser lotse . . .“

„Appage, Satanas!“ schrie Timotheus, allein jener unterbrach ihn:

„Ich bin nicht der Satanas, sondern heiße Edoardo und bin der Bruder jener schnellfüßigen Dirne . . .“

„Der Lasarilla, deren Herz in Reue und Angst zerfloß, von wegen der Schmach, welche sie mir zufügte,“ brachte der Mönch in Pausen heraus, „und die ich darum zu Gnaden wieder aufnehmen will . . .“

„Das ist brav von Euch gedacht, frommer Herr,“ antwortete Eduard der Argonaute. „Und wenn Ihr Euch getraut, die etwas lockere Lasarilla in den Himmel hinein zu beten, will ich darüber hinwegsehen . . . Ein Blitzjunge, der Ferdinand!“

Die letzten Worte waren ein unwillkürlicher Ausruf und nicht an Timotheus gerichtet. Dieser hatte sie aber aufgepaßt und fragte:

„Ferdinand? Ist es ein Liebhaber? Er soll excommuniciert werden, der Höllenbastard."

„Frommer Herr, Ihr flucht und zetert ungebührlich viel," lachte Eduard. „Vielleicht stimmt es Euch milder, wenn ich Euch einen Trunk zur Stärkung anbiete. Einen Becher mit süßduftendem Punsch, der Euern etwas schwankenden Füßen die nötige Stärke wieder verleihen soll."

„Punsch, mein Junge?" entgegnete der Pater und die Lust zum Becher trug über die Lust zum Weibe den Sieg davon. Wo hast Du den Göttertrank?"

„Geduldet Euch nur wenige Schritte, dann wird Euch meine Schwester den Trunk kredenzen."

„Das christliche Mulattenkind wird zur heidnischen Hebe, so zu sagen ein Ganymed. Allein das verstehst Du wohl nicht? — Ho! Ho! Das schwankt ja, wie ein Boot im Sturme!"

„Sind Eure Füße, Würdigster!" lachte Eduard. „Aber wir sind schon am Ziel."

Die beiden befanden sich nahe dem Landungsplatze, wo die Böte lagen, welche die am Lande weilenden Offiziere und Matrosen an Bord zurück führen sollten. Die meisten waren schon fort. Das Boot der „Grasbrook" lag von den übrigen abgesondert allein.

Auf einem der Granitblöcke, woran die heran holenden Schiffe ihre Kabel befestigen, saß der Pater,

eine hölzerne Kanne in der Hand und faselte von
dem starken Punsch, der mit dem Schnee der Sierra
de Cobra gekühlt sei und von der tollen Dirne, welche
ihm entschlüpfte, während sie hinter seinem Rücken mit
Ludwig scherzte, die den süßen Blondkopf herzte und
küßte und auf eine baldige Wiederkehr hoffte.

Da trat Ferdinand aus dem Schatten eines mäch=
tigen Krahnes hervor und der Dirne einen Pack reichend,
sagte er:

„Da hast Du Deine Fähnchen, Kind. Der Spaß
hat ein Ende und wir müssen an Bord!"

„Er schläft!" rief Eduard ihnen zu. „Man
könnte einen Sechspfünder dicht vor seinen Ohren ab=
feuern und er würde es nicht hören. Nun ist es die
höchste Zeit!"

„An's Werk denn!" rief Ludwig und näherte sich
dem Pater.

Lasarilla, welche glaubte, daß man dem Pater nur
einen Rausch anhängen und ein wenig foppen wollte,
ward nun ängstlich und bestürzt fragte sie:

„Was wollt Ihr ihm thun?"

„Er soll sich draußen ein wenig abkühlen!" lachte
Ludwig.

„Alle Ihr Heiligen!" schrie die Dirne. „Wollt
ihr ihn in die See werfen?"

„Die Dirne wird ihn noch aus dem Schlafe schreien
und dann ist alle Mühe umsonst," schalt Eduard.
„Ludwig, halte Dein Liebchen fest und stopfe ihr den
Mund. Ferdinand und ich werden allein mit ihm
fertig."

„So komm, Du kleiner Unband, wenn Du es selbst nicht besser haben willst!" rief Ludwig der erschreckten Lasarilla zu, die sich zum ersten Male in ihrer Angst in seinen Armen sträubte.

Während dessen ergriffen Ferdinand und Eduard den Pater am Kopf und bei den Beinen und trugen ihn in das Boot. Kaum hatten sie ihn im Vorderteil desselben niedergelegt, als Ludwig ihnen folgte und gleich darauf stießen sie von dem Bollwerk ab.

„Lasarilla schrie laut auf vor Entsetzen. Die Entführung eines Geistlichen erschien ihr als das größte Verbrechen. Umsonst. Es hörte sie niemand. Die Havanna lag im tiefen Schlaf und die verwegenen Räuber entkamen mit ihrer Beute.

Der neue Morgen brach an. Das gute Schiff der „Grasbroof" hatte gehörig klariert und segelte aus dem sichern Hafenbassin auf die schwankende See hinaus. Es hatte eine frische Brise geweht über Nacht. Die Wellen des westindischen Archipels traten dem Segler entgegen und warf ihn von einer Seite zur andern.

Alle waren am Bord allert. Aber wenn auch einer hätte schlafen wollen, er hätte es nicht vermocht. Selbst im Zwischendeck regte es sich. Es schnaubte und stöhnte, es ächzte wie ein Sterbender und wenn es einen Augenblick still blieb, fing es gleich darauf nur um so stärker an und ging endlich in ein dumpfes Heulen über.

Kapitän Johannes Hansen, der bis an den Mittelmast vorgedrungen war, stutzte. Obgleich schweren Herzens und mit hundert Dingen belastet, die das Ver-

hängnis ihm aufbürdete, vernahm er das durchdringende
Gekreisch und rief einem Matrosen zu:

„Was giebt es im Zwischendeck?"

Ehe noch eine Antwort darauf erfolgen konnte,
tauchte aus der Luke des Mitteldecks eine Figur auf,
die Gelächter und Grauen zugleich erregte. Es war
der Pater Timotheus, um dessen Leib sein Mönchs-
gewand, das in Fetzen zerrissen schlotterte. Das Gesicht, überwacht und und von der Seekrankheit entstellt,
sah aus, wie das Gesicht eines Begrabenen, der aus
der Grube, worin man ihn bettete, wieder hervor-
kriecht. —

„Was geht hier vor und was für eine grauen-
volle Erscheinung ist dies?" rief der Kapitän.

Der Pater machte Miene zu reden, allein er vermochte es nicht. Das Schiff holte über und der Er-
barmungswürdige wäre in das Zwischendeck zurück-
gefallen, wenn nicht eine kräftige Matrosenfaust ihn gehalten hätte. Ohnmächtig brach er zusammen.

Alle fragten; keiner antwortete. Man drängte
sich um den Bewußtlosen und nur die Berliner Argonauten hielten sich im Hinterhalt.

Der Wind räumte und der „Grasbrook" schoß
mit verdoppelter Schnelle durch die Wellen.

XI.

An der Congo-Küste.

Dort liegt sie, die Küste von Nieder-Guinea mit ihrem flachen, baumlosen Strand. Bald ist es ein abgeplatteter Dünenstrich, dessen sandige Fläche von den Wellen durch mächtige Schläge zu Stein gehärtet wurde. Bald ist es ein sumpfiges Moor- oder Haideland mit stehenden Wässern, oder kleinen, halb im Sande verrinnenden Quellen, hier und da durch niedriges Gestrüpp, oder magere Büsche unterbrochen. Erst in weiterer Ferne erhebt sich die Landschaft aus der Tiefe und zeigt eine Reihe von baumbedeckten Hügeln, die nach und nach die Gestalt des Urwalds annehmen. Von daher kommt der Congofluß, der sich allmählig dem Meere zuwälzt.

Aber trotz dieser baum- und fruchtlosen Oede ist die Gegend doch nicht so verlassen, als es den Anschein hat. Einzelne Gebäude ragen an höher gelegenen Stellen über die Ebene weg. Sie sind nicht sonderlich anzuschauen und keineswegs die Wohnstätten behaglich auf ihrem Erbe lebender Menschen. Es sind Räume, die nur darauf berechnet sind, den an der Küste umherziehenden Händlern, Fischern, Goldsuchern und Jägern

eine Ruhestätte zu gewähren, die dem Nachfolgenden
als ein Obdach für einen tage- oder wochenlangen
Aufenthalt dient, wie es sein Vordermann dazu benutzte.

Unfern von diesen mehr oder weniger zerfallenen
Baulichkeiten, an jenem Punkte wo verschiedene Pfade
mit mancherlei Krümmungen in das Innere führten,
befand sich eine Ansiedelung von größerer Be-
deutung. Das eigentliche Wohnhaus war fester
und solider gebaut, als die vorhin erwähnten. Man
sah es demselben an, daß es gesitteten Menschen
zum beständigen Aufenthalt diente. Rechts und links
schlossen sich an dasselbe ziemlich ausgedehnte Schuppen
mit starken Thüren und festem Verschluß, um diebische
Gesellen von einem nicht gewünschten Besuche abzu-
halten. Vor dem Hause war eine mächtige Stange
aufgerichtet, von deren Spitze die holländische Flagge
abwehte. Haus, Schuppen und die neben beiden be-
findlichen mageren Anpflanzungen bildeten eine jener
zahllosen Faktoreien, die der Unternehmungsgeist hollän-
discher Kaufleute auf fast allen Punkten der afrikanischen
Küste errichtete.

Die gegenwärtige Faktorei war eine der am wenigsten einträglichen und ward deshalb im Vergleich zu den
übrigen von der Handels-Maatschapje etwas stiefmütter-
lich behandelt. Immerhin war sie aber ziemlich gut
versehen und wenn die Eingebornen aus dem Binnenlande kamen, welche Goldsand, Goldkörner, Elfenbein
und andere Landesprodukte anboten, wiesen die Schuppen
stets einen ausreichenden Vorrat von Waren auf, die
man dem Eingebornen zum Tausch anbieten und dabei
noch einen ansehnlichen Ueberschuß erzielen konnte.

Diese Faktorei war der Mittelpunkt eines mehr oder minder lebhaften Verkehrs auf die Länge von einigen Meilen strandober= oder niederwärts.

Ihr Vorstand hieß Pieter Jantzen, ein Herr in reiferen Jahren, der im Dienste der Maatschapje den größten Teil seines Lebens verbrachte und sich als Zwischenhändler ein ziemliches Vermögen erworben hatte. Mynheer Pieter Jantzen war, trotz seiner grauen Haare, ein ansehnlicher Mann und mit dem Geschick, welches ihm zuteil ward, völlig zufrieden. Der Tod seiner Frau hatte ihn eine Zeit lang sehr herabgestimmt; als aber seine Tochter heranwuchs, die ihm mit großer Zärtlichkeit anhing und sein Hauswesen untadelig besorgte, faßte er sich bald und gewann dem Leben wieder seine heitere Seite ab.

Mit andern Handelsleuten, besonders mit den sogenannten Konkurrenten, versuchte er sich auf einen leidlich guten Fuß zu stellen. Wenn sie ihm unbequem wurden, wußte er sich ihrer bald zu entledigen, ohne daß sie ihm deshalb etwas anhaben konnten. Er war jedem Geschäfte zugänglich, selbst wenn es nicht augenblicklichen Vorteil versprach und nur dem Ebenholzhandel blieb er im vollen Ernst abgeneigt. Einmal war es gelungen, ihn in einen solchen Fall zu verwickeln. Als er es merkte, suchte er sich durch namhafte Opfer von demselben loszumachen und es dauerte lange, bevor er den Verdruß überwand, den er dabei empfunden.

Im schneeweißen Ueberwurf, einen Strohhut mit mächtig breitem Rande auf dem Kopfe, einen Fächer zur Abwehr der Mosquitos und anderer Insekten in der Hand, war er beständig auf den Beinen und wußte

die Kunden bei guter Laune zu erhalten. Einem Neger
hatte er eine geringe Quantität goldhaltigen Sandes
abgenommen und ihm dafür eine bauchige Flasche mit
Genever gereicht nebst einem Fetzen buntbedruckter Leinwand, welche der Frau des Negers zum unwidersteh-
lichen Schmuck dienen sollte. Beide Teile schienen mit
dem gemachten Handel zufrieden zu sein, und Mynheer
Pieter Jantzen war damit beschäftigt, den ungefähren
Goldinhalt seines Sandhaufens näher zu untersuchen,
als diese Arbeit durch einen neuen Besuch unterbrochen
wurde.

Es war ein Mann, der beträchtlich jünger als
Pieter Jantzen war. Seine äußere Erscheinung hatte
noch etwas jugendlich keckes, und die sorgfältige, aus
leichten Sommerstoffen angefertigte Tracht zeigte die
Absicht, überall, wohin er kam, sich von der vorteilhaftesten Seite zu zeigen.

Pierre Bernard war der Name dieses Mannes,
der, ein geborener Pariser, an diese entfernte Küste
verschlagen war. Er hatte ein ererbtes Vermögen in
der glänzenden Seinestadt binnen wenigen Jahren ver-
schleudert und war nun damit beschäftigt, ein neues
Vermögen zu erwerben, um mit demselben auf gleiche
Weise zu verfahren. Dieser Zweck stand ihm klar und
deutlich vorgezeichnet, und es war ihm mit Erreichung
desselben ein so großer Ernst, daß er sich wenig um
die Mittel kümmerte, welche ihn dem gewünschten Ziele
entgegenführte.

Der finstern Wolke nach zu urteilen, die über das
Gesicht Pieter Jantzens flog, schien ihm der Besuch
nicht sehr willkommen zu sein. Er gab dies deutlich

durch die Gleichgültigkeit zu verstehen, womit er den Gruß des eintretenden Gastes erwiderte. Die Stimmung des Wirtes hätte dem Gast nicht verborgen bleiben können, wenn er gewohnt gewesen wäre, andern Personen als nur sich selbst einige Aufmerksamkeit zu widmen. Pierre Bernard hielt sich von dieser Art des Luxus fern und begrüßte den Holländer mit derjenigen Kordiallität, welche man Personen gegenüber annimmt, mit denen man mindestens auf derselben Stufe zu stehen glaubt.

„Ich wünsche Euer Edlen einen glücklichen Tag," begann Pierre Bernard aufs neue. „Es ist heute vieles Volk von innen an die Küste gekommen und außerdem sind ein paar Schiffe im Ansegeln, deren Flagge man zwar noch nicht erkennt, die aber jedenfalls neuen Vorrat bringen und die gesammelten Schätze mit sich fortnehmen, von denen Euer Edlen, wie ich sehe, einen artigen kleinen Berg vor sich aufgetürmt hat."

„Geht wohl an," sagte Pieter Jantzen halb mürrisch, indem er den vor ihm liegenden Goldsand mittels einer Schaufel in den bereitgehaltenen Sack füllte. „Es nährt sich jeder wie er mag und kann."

„Der Handel mit Goldsand und Elfenbein ist ein lohnender und macht bald den Krämer zum Kaufmann," fuhr Pierre Bernard fort.

„Wenn der Krämer sein Geschäft versteht!" entgegnete der Holländer und fuhr zu schaufeln fort.

„Aber der goldreichste Bach versiegt einmal und Elefanten sind auch nicht immer da, denen man die Zähne ausbrechen kann. Da muß man auf einen Ersatz denken," sprach der Franzose rascher.

„Kommt Zeit, kommt Rat!" erwiderte der Holländer
und band seinen Sack zu.

„Ihr wollt mich nicht verstehen, Mynheer Jantzen,"
sprach der Franzose lebhafter. „Oefters schon habe ich
Euch meine Freundschaft angetragen und Ihr stellt
Euch taub. Erst vor kurzem habe ich wieder ein paar
glänzende Geschäfte gemacht. Ebenholz, schwarz wie
Kohle und weich wie Sammet, wenn man mit der
Hand darüber hinfährt."

„Handelsartikel, die auf zwei Beinen gehen und
im entscheidenden Moment davonlaufen, sind nicht nach
meinem Gusto," antwortete der Holländer ernst. „Ich
bitte Euch, Mynheer, laßt es mit diesen Anträgen gut
sein; ich will mit dem Sklavenhandel nichts zu thun
haben."

„Ihr seid ein eigensinniger Starrkopf," fuhr der
Franzose mit Beharrlichkeit fort. „Welcher vernünftige
Kaufmann weiset ein Geschäft von sich, das unter Um-
ständen fünfhundert Prozent abwirft? Meine Verbin-
dungen und meine Rührigkeit, in Gemeinschaft mit
Euren Dukaten, würde uns schnell das Uebergewicht
verleihen und diese Ansiedelung zum Hauptmarkt des
Sklavenhandels machen."

„Nun nennt Ihr Euer Geschäft mit dem eigentlichen Namen!" höhnte der Holländer.

„Was ist an Geschöpfen gelegen, die vor dem Vieh
nichts voraus haben, als daß sie auf zwei Beinen
gehen und in dieser Kunst noch von den Affen über-
troffen werden?" fragte der Franzose leidenschaftlich.
„Was ist das Los dieser Gefangenen, wenn wir sie
nicht in die Kolonien senden? Sie werden von den

ihnen feindlich gesinnten Stämmen verstümmelt, oder am Feuer geröstet und verzehrt. Wir dagegen geben ihnen Gelegenheit, unter civilisierten Völkern zur Arbeit angehalten zu werden und wenn sie gelehrig genug sind, sich trotz der Sklaverei soviel zu erwerben, daß sie behaglich leben und sich frei kaufen können."

Der Holländer schien dieser, aller Menschlichkeit Hohn sprechenden Bemerkung auf entschiedene Weise entgegen treten zu wollen, ward aber von diesem Vorhaben durch die Erscheinung seiner Tochter Flortje, eines lieblichen Kindes mit blonden Haaren und blauen Augen unterbrochen.

Flortje erschien mit einer Platte, worauf sich das Frühstück befand, daß ihr Vater um diese Stunde zu sich zu nehmen pflegte.

Man sah, daß der Eintritt des jungen Mädchens ihm keineswegs behagte und ziemlich kurzab rief er ihr zu:

„Du weißt, Kind, daß ich niemals gestört sein will, wenn Mynheers bei mir sind, mit denen ich von Geschäften zu sprechen habe."

„Nichts für ungut, Vater," erwiderte das holde Kind mit den blauen Augen, die ihre rein niederländische Abkunft bezeugten. „Ich glaubte, Ihr wäret allein im Magazin, sonst hätte ich Euch den Dirks geschickt. Aber Mynheer ist vielleicht so gütig, das Frühmahl mit Euch zu teilen?"

Sie machte mit diesen Worten dem fremden Herrn einen Knix. Pierre Bernard, längst erfüllt von den Reizen dieses lieblichen Kindes, nahm die Aeußerung desselben für eine förmliche Einladung und stattete in

so feurigen Worten seinen Dank ab, daß Flortje, er=
schreckt durch die Hast des unabsichtlich gebetenen Gastes,
sich errötend entfernte.

Pieter Jantzen war durch diesen Vorgang so ver=
drießlich, daß er dem Franzosen nicht das Wort gönnte.
Pierre Bernard nahm unbefangen ein Glas, stieß an
das des Holländers und sagte:

„Thut mir Bescheid und laßt jeden Groll fahren.
Es gilt als allgemeiner Grundsatz, daß jeder die An=
sichten des andern respektieren muß. So thue ich und
fordere, in Bezug auf mich, dasselbe von Euch. Wäret
Ihr nur etwas zugänglicher, ich wüßte wohl ein Band,
welches uns unauflöslich mit einander verbinden würde.“

„Und welches Band wäre das, mit Verlaub zu
fragen?“ entgegnete Pieter Jantzen. Die drohende
Wolke auf seiner Stirn ließ den Ausbruch eines Sturms
befürchten.

„Mademoiselle Flortje!“ sagte Pierre Bernard
rasch. „Schwiegervater und Schwiegersohn bilden ge=
meinschaftlich eine feste Brücke, mittelst welcher man
über den reißendsten Strom setzen kann. Nehmt diese
Worte für eine Anwerbung in aller Form und über=
legt sie Euch mit Bedacht. Gebt mir nicht gleich eine
Antwort. In einer so wichtigen Angelegenheit muß
man nichts übereilen. Nach einigen Tagen spreche ich
wieder vor, dann wollen wir dies wichtige Geschäft,
das für mich von dem größten Interesse ist, mit allem
Ernste zu Ende bringen, hoffentlich zu einem er=
wünschten.“

Nach diesen Worten entfernte sich Pierre Bernard
mit derselben Ungeniertheit, womit er vorhin eintrat.

Als er draußen allein war, sagte er lachend vor sich hin:

„Das hat ihn geärgert. Ich denke nicht daran, das magere Blaßgesicht zu heiraten. Will nur dem Alten den Aufenthalt hier unausstehlich machen, damit er mir das Feld räumt. Verzehnfachen würde sich mein Geschäft, stände er mir nicht überall im Wege. Wie manchen Handel hat er mir nicht schon verdorben, indem er die schwarzen Hunde meiner Gewalt zu entziehen wußte, die ich schon sicher in Händen zu haben glaubte. Aber ich stelle ihm ein Bein und er muß mir springen, so oder so."

Und im Gefühl des nahen bevorstehenden vollständigen Sieges ging er seine Straße.

Mynheer Pieter Jantzen hatte sich noch nicht von seinem Verdruß erholt, als die Thüre sich aufs neue öffnete und eine wettergebräunte Gestalt eintrat, die nach dem Befinden des Patrons fragte und die Befehle desselben erbat. Es war ein alter Matrose, vor langen Jahren als Schiffsbrüchiger an diesem Strand geworfen und seitdem im Dienst der Faktorei ergraut. Er hatte seine Heimat bis auf die Erinnerung vergessen; wußte von niemanden, der daheim um ihn trauerte, oder auf seine Wiederkehr irgend eine Hoffnung baute und war mitten in all' den fremden, ihm zum Teil noch jetzt unverständlichen Leben und Treiben der Tropen ganz und gar Niederländer geblieben, der erst gestern von dem Theetopf und der dazu gehörigen Thonpfeife am verglimmenden Torffeuer Abschied nahm.

„Hätte wieder ein Stück Arbeit für Euch, Claus Ahlers," sagte der Patron. „Möchtet ein paar

Meilen mit dem Boot stromauf fahren, dort wo die
ersten Mangobäume sich aus dem Gestrüpp erheben.
Am Backbord, wißt Ihr, wo die verwitterten Mark-
steine sich befinden."

„Weiß, Patron.   Vielleicht neue Kunden dort?"

„Nein, Claus Ahlers. Vielmehr alte Kundschaft,
die uns vor einem Jahre abspänstig gemacht wurde
und die sich zu uns zurückwendet, weil sie zu arg betrogen ward. Dem geschlagenen Feinde soll man
goldene Brücken bauen und dem verlornen Sohn zu
Ehren, der reumütig wiederkehrt, soll man ein Kalb
schlachten und ihm ein Ehrenkleid machen lassen. Nehmt
die Leute mit samt den Waren, welche sie bei sich
führen, an Bord, und bringt sie hierher. Seid aber
vorsichtig, damit die Berghem's es nicht merken, daß
ich mir wieder zueignete, was mein war."

„Will so thun, Patron!" sagte der Schiffer.
„Müßt mir aber für einen Tag einen Mann senden,
der mir hilft, das Boot zur neuen Reise in Stand
setzen. Mein Bootsmann ist einmal wieder auf der
Wanderung."

„Ihr meint den deutschen Webergesellen?" fragte
Pieter Jantzen. „Wundert mich, daß Ihr so lange
mit dem Kerl fertig werdet. Scheint mit ihm im
Kopfe nicht recht richtig zu sein."

„Das nicht, Patron. Ist ein Mann, den ich gut
brauchen kann und der nie Anlaß zur Klage giebt,"
entgegnete Claus Ahlers." „Leidet nur an einer Art
von Heimweh, das ihn von Zeit zu Zeit packt. Dann
rennt er blindlings in die Welt hinein und sucht, er
weiß nicht was und ruft, er weiß nicht wen. Man

muß ihn ruhig gewähren laſſen, dann kommt er nach
einiger Zeit von ſelbſt wieder und iſt eifriger bei der
Arbeit, als jemals. Stört man ihn aber, wenn ſeine
Stunde kommt, dann wird er fuchswild und ſchlägt
um ſich, wie der Hai, wenn die Flut ihn auf's
Trockne wirft. Seit dreien Tagen iſt der Mann
fort und morgen kommt er wieder, darauf darf
ich rechnen."

„Und Ihr habt noch immer nicht herausgekriegt,
wie es eigentlich mit ſeinem Zuſtand beſchaffen iſt?"
fragte Pieter Jantzen weiter.

„Er kam mit einem Sklavenſchiffe aus der Havanna hier an. War mit einem ſchwarzen Hexen-
meiſter in der Welt umhergereiſt und dieſer unterwegs geſtorben. Trieb ſich ruhelos umher und
kam endlich zu mir, wie er ſagte, aus langer Ge-
fangenſchaft entronnen. Ich ſtand damals noch nicht
in Euern Dienſten, Patron, und arbeitete auf eigne
Hand. Ein Jahr lang hielt er ſich ganz vernünftig
und wir kamen gut miteinander aus. Er hatte
nur den Fehler, daß er zuviel an zu Hauſe dachte
und wie er einſt als ein gemachter Mann dahin
zurückkehren wolle. Ich aber meine, wie Ihr wißt,
Patron, daß man entweder in Holland oder in
Afrika zu Hauſe ſein und das Andere vergeſſen
muß, ſonſt wird nie ein Ganzes daraus. Da bekam er das Sumpffieber. Der Doktor ſtellte ihn
zwar wieder her; allein im Kopfe war es nicht
recht richtig und ſeit jenen Tagen begannen auch
die Wanderungen, von denen er ſtets abgeriſſen,
halb verhungert und ermattet heimkam. Gleich nach

der Heimkehr ist er still, giebt selten Antwort und hat
für nichts, was um ihn her vorgeht, Auge und Ohr.
Erst, nachdem er einen langen, erquickenden Schlaf
gethan, schüttelt er alles von sich, wie einen wirren
Traum, und ist ganz der Alte. Der Doktor meinte,
es wäre das Heimweh mit im Spiel. Auch fühle sich
der Mann vielleicht dadurch geängstigt, daß derselbe in
gesunden Tagen sich zu etwas verpflichtet habe, worauf
er sich jetzt, da die Krankheit sein Gedächtnis schwäche,
nicht mehr besinnen könne, und daß dies die Ursache
seiner fortdauernden Unruhe sei."

„Mir würde unheimlich zu Mute, wenn ich mit
einem solchen Manne zusammen leben müßte." sagte
Pieter Jantzen. „Alles versteckte Wesen, ob bei Kranken
oder bei Gesunden, ist mir ein Greuel."

„Will mir auch mitunter zuviel werden und ich
habe dann nicht übel Lust, den Schwachkopf wegzu-
schicken, antworte Claus Ahlers. „Es scheint, als ob
er dergleichen aus meinen Augen herausliest. Dann
wird er über die Maßen traurig, sieht mich so kummer-
voll an, daß es einen Stein in der Erde erbarmen
möchte und die hellen Thränen laufen ihm über die
Backen. Dann bin ich wie ausgewechselt und indem
ich ihm die Hand reiche, sage ich: Geberdet Euch nicht
wie ein altes Willam; wir bleiben noch länger beisammen."

„Ihr seid ein guter Kerl, Claus Ahlers."

„Freut mich, daß Ihr eine solche Meinung von
mir habt, Patron. Ich will mir gleich einen von
Euern Leuten mitnehmen und Euer Auftrag soll pünktlich besorgt werden. Gott erhalte Euch gesund, Patron,

und auf ein glückliches Wiedersehen, wenn ich Fracht= gut und Passagiere anhero bringe."

Mit diesen Worten nahm der Schiffer Abschied und ging in die entferntere Abteilung des Magazins, wo er einen der Leute, der ihm schon oft in ähnlichen Fällen Hilfe leistete, zum Mitgehen aufforderte. Sie langten mit dem einbrechenden Abend an dem Ort ihrer Bestimmung an und streckten sich zur Ruhe nieder, mit dem Vorsatze, früh am Morgen ihr Werk zu be= ginnen.

Unterdessen war in der Nähe der Faktorei am Strande ein Rennen und Zusammenlaufen, wie man es nicht alle Tage sah. Ein dreimastiges Schiff war im Ansegeln begriffen, das von der Gaffel eine spanische Flagge abwehen ließ; ein Umstand, der hierorts selten war und auf die Bewohner der Faktorei und deren Nachbarn einen solchen Eindruck machte, daß selbst Mynheer Pieter Jantzen aus seiner gewohnten Ruhe aufgestört wurde. Die spanischen Sklavenhändler pflegten sonst nicht an diesem Teil der Küste, der ihrem Handel nur geringen Vorteil bot, zu landen. Es ward nicht eher ruhig am Strande, bis man die Ursache dieses ungewöhnlichen Besuches wußte.

Das erste Boot, welches vom Lande abstieß und an Bord ging, um seine Dienste anzubieten, brachte nach seiner Rückfahrt Nachrichten vollauf Der Drei= master sei ein in Hamburg gebautes Schiff, der „Gras= brook" geheißen, welches zum ersten Male unter spanischer Flagge fahre, da es in den Besitz eines in der Havanna wohlbekannten Kaufmanns gekommen sei. Der frühere Kapitän sei im Kommando belassen. Das Schiff sei

von vielen schweren Stürmen heimgesucht und an diesem
Punkte gelandet, da es sich außer stande befinde, den
eigentlichen Bestimmungsort aufzukreuzen. Auch bedürfe
die Mannschaft nach den schweren Strapazen der Ruhe
und der Zeit, die gemachten Havarieen auszubessern.
Was der Kapitän in Afrika wolle, habe man nicht
erfahren. Das Fahrzeug sehe zwar danach aus, als
sei es für den Transport von Sklaven eingerichtet,
allein in dem Kapitän zeige sich nichts von dem Wesen
solcher brutalen Abenteurer, auch habe er keine Frage
gethan, die schließen lasse, daß er sich auf ein Geschäft
solcher Art einzulassen gedenke.

Diese Worte brachten Mynheer Pieter Jantzen zu
einem ungewöhnlich schnellen Entschluß. Er wollte an
Bord, um mit dem Kapitän zu sprechen, bevor ihm der
verhaßte Pierre Bernard zuvorkam. Aber ehe dieser
Entschluß zur Ausführung gelangte, flog die Schiffs=
schaluppe dem Landungsplatze zu, in welcher sich der
Kapitän nebst einem Mönche befand, der gewaltig mit
den Händen focht und den Augenblick nicht erwarten
konnte, der ihm erlaubte, auf festem Boden Fuß zu fassen.

Endlich lief die Schaluppe auf den Strand, und
schneller, als man es bei der Unbeholfenheit des Paters
hätte erwarten sollen, sprang dieser über den Dolbord
weg, watete vollends ans Ufer, warf sich zu Boden
und pries die heilige Jungfrau als die Mutter aller
Gnaden, die ihn aus den Banden des Satans erlösete
und unversehrt erhielt, um ihr ferner zu dienen und ihr
Lob vor allem Volke zu verkünden.

Der Kapitän war seinem Passagier auf dem Fuße
gefolgt und wandte sich nicht ohne Verlegenheit an

Mynheer Pieter Jantzen, der gerade sein Boot besteigen wollte, um bei dem neuen Ankömmling an Bord zu fahren.

„Wenn Ihr hierorts ansässig seid, bitte ich um Eure Vermittlung," sagte Johannes Hansen zu dem Holländer. „Es handelt sich zunächst darum, diesen Passagier, der auf eine etwas wunderliche Art bei mir an Bord gekommen ist, unterzubringen. Später findet Ihr mich zu jeder Erklärung bereit und sehe ich mich genötigt, auch ferner Eure guten Dienste in Anspruch zu nehmen."

„Was ich und mein Haus vermögen, stelle ich zu Eurer Verfügung," entgegnete der Holländer höflich. „Es gereicht mir stets zur Ehre, wenn fremde Kapitäne sich an mich wenden, und ich thue alles, um ihr Vertrauen zu rechtfertigen. Beliebt Mynheer, in mein Haus zu kommen? Dort findet sich ein abgelegenes Zimmer, wo jener Mann, der, wie ich sehe, ein Geistlicher ist und ein katholischer dazu, eine bequeme Unterkunft findet."

Der Kapitän winkte einem seiner Leute und dieser näherte sich dem Pater. Es war Eduard, einer der Berliner Argonauten, der durch mannigfache Dienste den Widerwillen des Paters gegen seine Entführer besiegt hatte und daher es sich auch ferner gefallen ließ, die Handreichungen desselben mit mürrischem Schweigen entgegenzunehmen. Die beiden andern konnte er nicht sehen, ohne sie mit einer Flut von Schimpfworten zu überschütten, mit Bann und Interdikt zu drohen und ihnen alle irdischen und Himmelsstrafen zu prophezeien, sobald sie wieder in Havanna vor Anker gingen.

Schnell hatte sich Eduard von der Lage der Dinge
unterrichtet und führte den Pater dem Hause zu, welches
ihm solange, als das Schiff hier verweilte, zum Auf=
enthalt dienen sollte. Das traulich stille Zimmer übte
einen günstigen Einfluß auf den erregten Pater, und
als ihm nun die nötigen Erfrischungen vorgesetzt wurden,
begleitet von einem nachhaltigen Trunk, der ihm zu
munden schien, kam eine wunderbare Ruhe über den
Mönch, die alle Falten von seiner Stirn strich und
sogar den Mund zu einem behaglichen Lächeln verzog,
was sonst während der ganzen Reise nicht der Fall
gewesen war

Eduard, der jeder Bewegung des Paters folgte,
bemerkte bald, woran es demselben zu mangeln begann.
Ohne ein Wort zu sagen ergriff er den leeren Krug
und entfernte sich. Er fühlte das Unrecht, welches er
und seine Maaten begingen, als sie den Pater bei Nacht
und Nebel entführten und suchte es für alle drei durch
seine guten Dienste soviel als möglich zu sühnen.

Auf sein Rufen kam ein altes Negerweib herbei,
und als er sich mit ihr notdürftig verständigt hatte,
führte sie ihn in einen luftigen Raum, welcher als
Vorratskammer diente. Kichernd entfernte sich die Alte,
als der junge schmucke Seemann der Tochter des Hol=
länders gegenüberstand und vor Verlegenheit das rechte
Wort nicht finden konnte. Es schien Jungfer Flortje
nicht besser zu gehen, und das Gleichgewicht stellte sich
erst wieder her, als der Pater, dessen Ungeduld im
Steigen war, sich erhob und mit lauter Stimme nach
dem lässigen Burschen, dem Edoardo rief. Schnell
rannte dieser mit dem gefüllten Kruge von dannen,

womit er die erschlafften Lebensgeister des Paters auf=
frischen wollte. Die erste Bekanntschaft war gemacht
und der junge Argonaute stand im besten Einverständnis
mit der Tochter des Hauses, welches im Laufe der Zeit
im Zunehmen begriffen war, ohne daß Mynheer Pieter
Jantzen davon eine Ahnung zu haben schien.

Dieser hatte sich mit dem Kapitän Johannes Hansen
rasch verständigt. Im Laufe ihrer Unterhaltung ge=
wannen die beiden Männer Vertrauen zu einander,
und Pieter Jantzen sagte, dem Kapitän die Hand bietend:
„Das ist nun abgemacht. Vor dem französischen Wind=
beutel, dem Pierre Bernard, stelle ich Euch sicher und
Ihr haltet Eure Hand rein von dem Handel mit
Menschenfleisch. Dagegen verspreche ich Euch eine loh=
nende Rückfracht nach Havanna und Ihr dürft meinen
Versprechungen blind vertrauen. Ist meine Stellung
auch scheinbar nur unbedeutend, weiß ich doch durch=
zusetzen, was ich will. Und meine Patrone schenken
mir in dieser Hinsicht volles Vertrauen, denn sie sind
überzeugt, daß ich nichts durchsetze, als was sich vor
Gott und Menschen verantworten läßt.“

„Ihr nehmt einen schweren Stein von meinem
Herzen!“ entgegnete Johannes Hansen frei aufatmend.
„Daß ich es Euch nur gestehe, ich war nahe daran,
meinem in Havanna gegebenen Worte untreu zu werden
und nicht wieder dahin zurückzukehren. Nun ist diese
Sorge von mir genommen, und wenn ich einen reichen
Gewinn heimbringe, wird es dem Hause Crustello gleich
sein, auf welche Weise es dazu gekommen ist.“

Das Nähere über diese neue Geschäftsverbindung
wurde sofort zwischen beiden festgesetzt, und der Kapitän

verließ die Faktorei in der Absicht, die nötigen Vor-
arbeiten sofort beginnen zu lassen.

Die Tage schwanden hin. Jeder bei dem Werke
Beteiligte rührte sich, so schnell er immer konnte und
der Tag, an welchem der „Grasbrook" die Anker lichten
sollte, war nicht mehr fern.

Inmitten all des geschäftigen Treibens, welches,
so verschiedenartig es an sich sein mochte, doch nur
einem Zwecke diente, bewegte sich der fanatische Mönch,
der Himmel und Erde beschwor, sich zu öffnen und
Tod und Verderben auf die drei Taugenichtse herab-
regnen zu lassen, die ihm einen argen Possen spielten,
indem sie ihn aus der Behausung der Sennora Aricia
lockten und mit sich über See entführten. Schon
während der Fahrt hatte er die neugeworbenen Matrosen
gegen die jungen Argonauten aufzuhetzen gesucht, und
nur der Besonnenheit des Kapitäns, sowie Eduards
Hingebung war es gelungen, einen offenen Ausbruch
abzuwehren. Jetzt aber nahm die Sache einen ernsteren
Charakter an. Der Mönch sammelte die Neuangeworbenen
um sich. Diese, schon aufgebracht, daß aus dem Sklavenhandel nichts werde, von dem auch sie sich ihrerseits
mancherlei Vorteile versprochen, liehen dem Mönche, der
von Verrat, Betrug und Abfall das ungereimteste Zeug
wirr durcheinander sprach, ein geneigtes Ohr. Die
wüsten Gesellen erhitzten sich und leisteten in die Hand
ihres Führers einen haarsträubenden Eid, daß sie auf
der Heimreise Rache üben und die bartlosen Buben über
Seite schaffen wollten, damit der begangene Frevel ge-
sühnt werde.

Aber die Vorsicht wachte und erwählte zu ihrem

Werkzeuge einen alten Neger, welcher den Mißhand-
lungen seiner jüngern Genossen ausgesetzt war. Mehrere
Male hatte der Kapitän nicht ohne Erfolg sich des
Bedrängten angenommen und dieser hing ihm nun mit
rührender Treue an. Er folgte ihm auf Schritt und
Tritt, scheute keine Mühe, ihm dienstbar zu sein, und
als der Pater die Mißvergnügten um sich versammelte,
drängte er sich von einer dunklen Ahnung getrieben in
ihren Kreis.

Mit schlotternden Knieen schlich er, als der Pater
die Verschworenen mit seinem Segen entließ, zur Seite.
Bald darauf wußte Johannes Hansen alles.

„Ich dachte mir, daß irgend eine Bosheit im Anzuge wäre und freue mich, die Bestätigung zu erhalten,
da es noch Zeit ist, sie unschädlich zu machen. Habe
Dank, Alter, für diesen Dienst, den ich Dir nicht vergesse, und schaffe mir den Ludwig zur Stelle.“

„Hier bin ich, Kapitän, zu Euern Diensten!“ sagte
dieser, der eben eintrat und die letzten Worte hörte,
dem alten Neger, der sich eben entfernte, freundlich zu-
nickend.

„Du hast wohl Ursache, mein Junge, dem alten
Manne freundlich zu begegnen,“ sagte der Kapitän,
„denn Du dankst ihm in diesem Augenblicke Dein Leben.“

„Ich bin allzeit zu Eurer Ordre, Herr! Allein
was Ihr jetzt zu mir sagt, davon verstehe ich nicht ein
Wort,“ entgegnete Ludwig.

„Höre mich ernsthaft an, Bursche!“ sagte der
Kapitän. „Um Deine Lippen spielt das spöttische
Berliner Lächeln, welches hier gar nicht an seinem

Platze ist, denn, daß ich es mit einem Worte rund heraussage: Wir trennen uns für immer."

„Herr! Das sprecht Ihr nicht im Ernste!" rief Ludwig erschreckt. Von dem vorhin erwähnten Lächeln war keine Spur mehr vorhanden.

„Es ist mein Ernst und bleibt bei meinem Aus- spruch. Gleich nach unserer Abreise von der Ha- vanna, als ich die Entführung des Paters entdeckte, gab ich mein ernstes Mißfallen darüber zu erkennen, denn ich sah voraus, welche Schwierigkeiten sich uns bei der Heimkehr entgegenstellen würden. Diese Befürchtung ist grundlos. Man wird schon vor der Ankunft in der Havanna Euch an's Leben gehen und später mir einen Prozeß an den Hals werfen, als hätte ich Euer thörichtes, unüberlegtes Vorhaben gebilligt."

„Kapitän!" rief Ludwig erregt. „Ich schwöre Euch . . ."

„Du sollst mich nicht unterbrechen, sondern vollends aushören, was ich Dir zu sagen habe. Euer Beginnen forderte eine scharfe Ahndung; allein ich begreife, daß es um meinetwillen geschah und bin darum milder gestimmt. Ludwig, mein Junge, Du hast die Er- wartungen, die ich von Dir hegte, als wir uns auf den Vorsetzen in Hamburg zuerst begegneten, redlich erfüllt und Deine Kameraden eiferten Dir wacker nach. Du hast ein offnes Auge, eine feste Hand und ein treues Herz; damit kann man es auf der See weit bringen. Der kühne Mut, den Du auf der Villa Crustello zeigtest, ist Dir unvergessen. Du rettetest mir in jener Stunde das Leben und es ist nicht mehr als billig, daß ich Dir das Deinige erhalte."

„Schickt mich nicht von Euch, Kapitän! Ich vermag es nicht zu ertragen, ohne Euch zu sein.“

„Es muß sein, Ludwig. Habe mich darin gefunden und ich erwarte ein Gleiches von Dir. Melde Deinen Kameraden, was geschehen soll und sucht Eure Hab= seligkeiten heute und morgen so unbemerkt von Bord zu bringen, als dies möglich ist. Ich habe mit dem Mynheer Jantzen Euretwegen gesprochen und er wird sich Eurer annehmen. Schaue nicht so niedergeschlagen drein, Ludwig. Habe Dich für einen Burschen gehalten, der sich nicht aus der Fassung bringen läßt, wenn unversehens eine Sturmbö über ihn herabwettert. Sollte ich mich geirrt haben?“

„Nein, Kapitän, das habt Ihr nicht!“ war die Antwort des jungen Matrosen, der die hervorquellenden Thränen mühsam zurückdrängte. „Es ist nur, daß, wenn eine Bö ausbricht, es nicht immer trocken dabei abgeht. Setzt immer etwas Spritzwasser, und ein paar Tropfen davon sind mir in die Augen geflogen. Wenn es denn sein muß . . .“

„Wohl muß es sein, mein Junge, sonst würde ich es nicht von Dir fordern.“

„Dann will ich auch mit einem Male ein Ende machen, Herr. Der Eduard und der Ferdinand sind am Lande und es ist besser, daß sie gar nicht erst zurückkommen. Morgen mit Tagesanbruch geht die Barkasse ans Land, um frisches Wasser einzunehmen. In einem der Fässer bringe ich alle unsere Habseligkeiten unter. Ihr gebt Ordre, daß dies Faß nicht gefüllt, sondern durch mich auf die Faktorei gebracht wird. Da= mit Ihr das rechte Faß trefft, will ich ein großes

13*

weißes Kreuz darauf malen. Dank, Herr, für mich
und meine Kameraden, was Ihr bisher für uns thatet
und was Ihr in diesem Augenblick thut. Lebt wohl,
Herr! Und wenn ich, wo es auch sei, Eure Flagge
wehen sehe, komme ich an Bord mit lautem Hurra.“

„Und sollst stets willkommen sein, Junge. Nun
aber — —“

Der Kapitän wandte sich um und winkte mit der
Hand. Ludwig verließ die Kajüte mit unterdrücktem
Schluchzen.

Des andern Morgens früh war Ludwig einer der
ersten in der Barkasse. Die leeren Wasserfässer wurden
in dieselbe verstaut. Obenauf lag eins mit einem
mächtigen weißen Kreuz. Als die Barkasse zur Abfahrt
bereit lag, rief der Kapitän:

„Ludwig!“

„Zu Eurer Ordre, Herr!“

„Wenn Ihr landet, schiffst Du das mit einem
Kreuz bezeichnete Faß aus und bringst es samt dem
Schreiben, das ich Dir gab, nach der Faktorei. Ab-
gestoßen und die Ruder über Bord!“

Die Barkasse fuhr ab. Ludwig saß auf der vordersten Ducht mit niedergeschlagenen Augen. Er hatte
nicht den Mut, das Schiff noch einmal anzusehen.
Kapitän Johannes Hansen stand hoch oben auf der
Galerie.

Eine Stunde später landete die Schaluppe. Der
Steuermann begab sich in die Faktorei, um den Pater
abzuholen. Bald darauf folgte die Barkasse mit dem
nötigen Wasservorrat.

Als gegen Abend der Seewind sich legte und eine leichte Kühlte von binnenwärts her auf die Reede hinausflog, lichtete der „Grasbrook" die Anker und verschwand in der wachsenden Dämmerung.

Ludwig stand am Ufer und schaute hinaus auf das blaue Wasser. Aber er gewahrte nichts; ein Thränenflor verhüllte den, sonst so freien, offenen Blick.

XII.

Der Ritter ohne Knappen.

Fast vor Top und Takel sauste der „Grasbrook"
durch die Sturmnacht. Die Stagfack und das
dichtgereffte Vormarssegel waren das einzige Linnen,
welches in der Dunkelheit aufleuchtete.

Der Kapitän stand am Nachthause, bald auf den
Kompaß vor ihm, bald in die Finsternis hinausschauend,
und erteilte dem Mann am Steuer seine Befehle, die
dieser nicht ohne Murren aber pünktlich ausführte. Das
eigene Leben hing an einem seidenen Faden.

Seit in Habanna mehrere Matrosen das deutsche
Schiff verließen und die Berliner Argonauten auf der
Küste von Afrika zurückgelassen wurden, waren nur ein
paar ehrbare Seeleute an Bord zu finden. Verdorbenes
Gesindel, ohne Zucht aufgewachsen, dem Trunk, den
Würfeln und dem Müssiggang ergeben, das nur seine
Schuldigkeit that, wenn Leib und Leben daran hing,
dabei voll Aberglauben und Bosheit. Auf den Knieen
lag das Volk und ließ mit bebenden Lippen den Rosenkranz durch die Finger gleiten, im nächsten Augenblick
bereit, einen arglosen Mann um geringer oder um gar
keiner Ursache willen hinterrücks niederzustoßen.

Der Sturm ließ nach, aber nur auf die Dauer einer Stunde, dann kehrte er mit verdoppelter Stärke zurück und warf sich auf das arme Schiff, das bereits unter schwerer Havarie stöhnte und ächzte.

„Mutter aller Gnaden!" schrie ein wüster Mulatte. „Das geht an den Hals! Hilf mir davon und ich gelobe Dir eine buntbemalte Kerze."

„Traut ihm zu, daß er Wort hält!" rief ein hartgesottener Gesell. „Er kauft der Mutter Maria eine Kerze, aber den Piaster, den sie kostet, stiehlt er Euch aus der Tasche, wenn Ihr sie nicht näht."

Ein Gelächter folgte diesen Worten. Noch war es nicht verhallt, als Timotheus zu ihnen trat. Er schwankte das Verdeck entlang und indem er sich an den opferbereiten Matrosen klammerte, sagte er mitdumpf= heulendem Tone:

„Wehe über alle, die einen frommen Diener des Herrn in diese Lage brachten. Mögen sie flammenden Holzstößen gleichen, die auf dem Wege leuchten, der hinab zur Hölle führt. Möge zwischen ihnen ein Ge= wässer fließen, schäumend und brausend wie das, welches uns hin= und herwirft, und sie umsonst sich bemühen, sich in den brandenden Gischt hinabzustürzen und die Glut zu löschen, welche sie verzehrt."

„Das ist ein frommer Segenswunsch, der die zer= knirschten Herzen wieder aufrichten wird in ihrer Not," lachte der Matrose, der den Käufer geweihter Kerzen vorhin höhnte. „Geht hinab in das Zwischendeck und seht zu, ob nicht irgendwo ein stärkender Tropfen zu finden ist, womit man die Glut löschen kann, die der Pater auf uns herabwettert."

„Ja, Söhnlein!" sagte der Pater weinerlich.
„Gehe Einer, oder vielmehr gehen ihrer Zweie in dem
Schutze des heiligen Franziskus und des heiligen
Augustin, um dies Werk des Erbarmens zu verrichten.
Bringt auch für mich einen Tropfen und kühlet die
Spitze meiner Zunge, denn ich bin in Gefahr, in diesem
Sodom und Gemorrah lichterloh zu brennen."

Ein schwerer Stoß, der das Schiff vom Kiel bis
zum Bramtop erbeben machte, hemmte die Ausführung
dieses Vorsatzes. Ein langer, weißer Streifen flog
über das Schiff hin. Es war das Vormarssegel,
welches aus seinen Leiken gerissen ward.

Die Stimme des Kapitäns schallte laut über Deck
hin. Er beorderte die Topgasten nach oben auf die
Vormarsraa; allein diese blieben gefesselt stehen und
antworteten nur mit einem wüsten Geschrei.

Da rollte es wie schwerer Donner und ein Blitz
zerriß das dunkle Gewölk. Tageshelle für einen Moment.
Jammerruf von der Schanze bis zur Back. Himmel-
hoch baute es sich vor ihnen auf. Waren es neue
Wolkenbildungen, die aus der Tiefe emporstiegen?
War es die steile Felswand von Kuba, an deren Fuß
sich die Golfströmung bricht? Keine Antwort auf
diese Frage. Die Finsternis war undurchdringlicher,
als zuvor. Die Sturzwellen schlugen über das Deck hin.

Auf's neue leuchtete es auf; aber es war kein Blitz.
Den erschreckten Matrosen war es, als sei es ein feuriger
Strahl, der auf den tosenden Wassern senkrecht in die
Höhe stieg. Im Bereich ihres Schimmers flog ein dunkler
Gegenstand dicht an den Backbord der „Grasbrook" hin.

„Was war das?" rief es. Aber noch waren diese Worte nicht verhallt, als es laut über Deck tönte:

„Das ist die Ballandra del Frayle!"

Stummes Entsetzen ergreift alles Volk am Bord. Der Pater steht, gespenstergleich, am Reiling. Die erschrockenen Kerle stürzen in die Kniee und stöhnen:

„Sancta Maria, beschirme uns in Gnaden!"

Die Ballandra del Frayle ist das Schiff jenes heuchlerischen Mönches, der in den Zeiten schwerer Pestilenz und böser Fieber von Hafen zu Hafen fuhr, um den Sterbenden geistlichen Trost zu bringen und dabei den großartigsten Schmuggelhandel betrieb. Für sein gotteslästerliches Beginnen traf ihn Gottes Zorn in schwerer Sturmnacht und seitdem muß er in den Zeiten der Orkane auf den Wogen umher irren, bis zu dem Tage des jüngsten Gerichtes. Die Matrosen aber, die das Unglück haben, ihn zu erblicken, wenn er von Welle zu Welle springt, erheben ein wüstes Geheul, denn es bedeutet ihr letztes Stündlein.

Abermals Nacht; abermals Sturm und eisiger Regen. Verschwunden ist die gespenstige Erscheinung. Die Matrosen sind stumm geworden. Der Angstruf des Mönches, den sie zu hören glaubten, hat ihnen die Sprache geraubt. Ihre Ohren sind dem Kom=mandoruf des Kapitäns verschlossen.

Noch drei Stunden und der neue Tag flammt über die unruhige, grollende See auf. Den Wächtern am Strande bietet sich ein trauriges Schauspiel dar. Ein stattliches Schiff liegt, halb gekentert, unfern der Einfahrt. Die nach Lee zu liegende Breitseite ist weit auseinander gerissen und die Wasser strömen ungehindert

aus und ein, im jedesmaligen Zurückrollen die Wunde
noch weiter aufzuklaffen.

Wenn das edle Waldtier, vom Geschosse des
Jägers hart gestreift, an einsamer Stelle verendet,
sammeln sich die Raben und Krähen, die Falken und
Geyer. Wenn ein Schiff an der felsigen Küste auseinander berstet und sein reiches Gut auf die See
hinstreut, sammeln sich die Böte mit den Bewohnern
der Küste an Bord und wem das Boot fehlt, der setzt
sein Leben daran und stürzt sich kopfüber in die
Wogen, um das Wrack schwimmend zu erreichen.

Ein buntes Gewirr entstand am Ufer. Neger und
Mulatten, Mestizen und Quadronen, der Kolonist und
der Sohn des Mutterlandes schrieen und handschlagten
durcheinander. Sie vertraten sich gegenseitig den Weg
und suchten sich vorzudrängen, bis dann der Kampf
unentschieden abgebrochen wurde und alle zugleich sich
auf die lockende Beute stürzten. Die wagehalsigen
Schwimmer rangen im Wasser und suchten sich einander
die Vorhand abzujagen. Die Böte krachten zusammen.
Das schwächere versank unter lautem Geheul der
ertrinkenden Mannschaft. Der Sieger streckte keine
helfende Hand aus, sondern flog mit weitausgreifenden
Rudern dem Ziele zu.

„Gelobt sei Jesus Christus und die allerheiligste
Jungfrau, die Mutter aller Gnaden!" rief der Mönch,
der sich in Todesangst an die Rüsteisen des Großmastes
festklammerte. „Streckt Eure Hand aus, mich zu
erlösen vom irdischen Verderben und Ihr sollt mit mir
der himmlischen Gnade teilhaftig werden."

„Geduldet Euch, frommer Herr!" entgegnete der
Führer eines Bootes, welches, als das erste am Platze,
bereits eine wertvolle Beute an Bord hatte. „Der
heilige Nicolaus läßt seinen treuen Diener nicht um=
kommen, wenn auch schon die Wetter sich über ihn
entladen. Holla, José, ist das die letzte Kiste?"

„Die letzte, der wir habhaft werden können,
Lorenzo. Von der andern Seite drängen ihrer zwanzig
gegen unserer sechse an, und wenn wir uns nicht sputen,
nehmen sie uns, was wir mit Mühe und Sorgen an
uns brachten. Laßt mich hinunter."

„Einen Augenblick, José. Gute Christen üben
Barmherzigkeit und helfen in der Not. Darum befreie
jenen frommen Pater aus dem Rüfteisen und laß ihn
auf das Säuberlichste niedergleiten. Du bekommst dafür
einen besonderen Platz im Paradiese . . ."

Mitten in diesen Worten fiel der Pater zu den
Füßen des Bootführers nieder, in seinem Schmerz
einen unchristlichen Fluch ausstoßend, der das Gelächter
der Mannschaft hervorrief, welche ihr Boot von dem
Wrack klarte und der brandenden Küste zusteuerte.

Ein anderes Boot war von dem Vorderteil des
Schiffes abgestoßen. Das Auge des Paters schaute
darauf hin und eine unheimliche Glut leuchtete aus
diesen Blicken. Der Führer des Bootes merkte es und
fragte spöttisch:

„Frommer Pater, ihr habt in jenem Boote doch
nichts liebes, dessen Verlust Euch das Herz abstoßen
könnte?"

„Es umschließt einen Mann, den ich hasse wie
die Erbsünde!" knirschte Pater. „Der Kapitän jenes

verfluchten Schiffes ist es, der mir alles denkbare
Herzeleid anthat und mit dem ich lebend in der
Havanna zusammen treffen möchte, um ihm tausendfach
die Schmach und die Kränkung, die mir widerfahren,
zurück zu zahlen."

„Dann ergebt Euch in christlicher Geduld, denn
Ihr werdet ihn dort nicht sehen!" sagte der Schiffer
und deutete auf eine furchtbare Sturzwelle, die sich
jenem Boote näherte und es laut brüllend mit ihrem
weißen Gischt bedeckte. In diesem Augenblicke wurden
sie selbst von einer ähnlichen Welle erfaßt, welche sie
mit ihrer eisigen Flut umhüllte und ihnen jede Besinnung raubte. Eine dritte, noch schnellere hob das
bereits sinkende Boot auf ihren Rücken und warf es
krachend auf den mit Steingeröll besäeten Strand.
Der Pater flog weit über den Dolbord hinweg und
erhob sich erst nach einer Weile mit geschundenen
Händen und blutendem Antlitz.

Die Kunde von dem Schiffbruch der „Grasbrook"
verbreitete sich mit Blitzesschnelle durch die ganze Stadt
und fand den Weg auch bis in das Comptoir des
Sennor Fabio Crustello. Mit Sehnsucht harrte der
Kaufmann bereits seit längerer Zeit auf die Rückkehr
dieses Schiffes. Er rechnete mit Gewißheit auf eine
volle Ladung von Ebenholzblöcken. Da diese Ware
am Markte gerade sehr begehrt war, hoffte er, sich mit
dem Erlös derselben aus seiner verwickelten Lage zu
reißen. Die Verwandten des Sennor Riccardo, der
auf der Villa Crustello durch eigene Schuld sein Ende
herbeiführte, glühten noch immer vor Rache und grollten
mit dem Kaufmann, dem sie einen beträchtlichen Teil

der Schuld beimaßen. Da sie keine bewaffnete Hand
gegen ihn erheben konnten, suchten sie ihn durch ihren
Reichtum zu schaden, indem sie Wechsel von ihm ein-
handelten und ihn in beständiger Angst durch die Drohung
erhielten, sie würden den Schleier herabreißen, womit
er sein herannahendes trostloses Ende künstlich verhüllte.

Der Geist des Unmuts, der in dem Comptoir des
Kaufherrn herrschte, verbreitete sich durch die übrigen
Teile des Hauses. Seit dem rätselhaften Verschwinden
des Timotheus, das niemand sich erklären konnte, war
Donna Petrea in beständiger fieberhafter Aufregung.
Der heuchlerische Mönch, stets demütig und bußfertig
vor den Leuten, die er mit seinen schlauen Reden
betörte, hatte die schwache Dame so sehr in der Gewalt,
daß diese mit ihm jede Stütze verlor. In ihrer krank-
haften Stimmung sah sie das Verschwinden des Paters
als eine gerechte Strafe an, die ihr auferlegt ward,
weil sie sich der Verbindung ihrer Tochter mit einem
Ketzer nicht energischer widersetzte. Manchmal kam ihr
der Gedanke, der Pater sei garnicht verschwunden,
sondern er vermeide sie als eine Verlorene und Ge-
ächtete, die es nicht wert sei, die gnadenreichen Tröstungen
der Kirche aus seinem Munde zu vernehmen. Dann
klopften ihre Pulse fieberisch; ihr Herz schlug krampfhaft und ihre Augen schwammen in Thränen.

Umsonst versuchte Livia, ihre Mutter zu beruhigen.
Die arme gequälte Frau kannte in ihrer Aufregung
weder Maß noch Ziel. Entweder überhäufte sie die
Jungfrau mit den bittersten Vorwürfen und maß ihr
allein alle Schuld des Unglücks bei, welches über sie

hereinbrach, oder sie warf sich in ihre Arme, drückte sie
krampfhaft an sich und beschwor sie, sich von dem Ver=
lobten loszusagen, damit ihrem gemarterten Herzen der
Frieden wiedergegeben und das zerrüttete Glück des
Hauses hergestellt werde.

„Du marterst mich mehr, als ich mit Worten aus=
zusprechen vermag," sagte Livia und warf sich vor der
Mutter in die Kniee. „Habe Erbarmen und fordere
nicht von mir, was ich nimmer zu gewähren vermag!
All mein Leben ist in ihm. Ihm entsagen heißt von
dem Leben scheiden, das in der Fülle der Jugend mich
umspielt. Ich kann Dir nicht willfahren."

„Wehe! Dreifaches Wehe über ein ungeratenes
Kind, das die Mutter ungerührt in Verzweiflung unter=
gehen sieht!" rief Donna Petrea in voller Leidenschaft=
lichkeit. „Hebe Dich aus meinen Augen, Du unnatür=
liches Geschöpf, in deren Brust jedes edle, heilige Gefühl
von dieser einen unseligen Leidenschaft erstickt ist. Weißt
Du, welches das Los eines Kindes ist, das sich störrisch
dem Gebote des Vaters und der Mutter widersetzt?
Ich will Dir den Fluch verkünden, der auf dies sündige
Haupt herabfällt und die glänzendschwarzen Locken
grau färbt."

„Mutter!" rief Livia und erhob sich vom Boden.
„Mutter! Feßle Deine Zunge, bevor sie ein Wort
ausspricht, das Du nicht wieder zurückkaufen kannst und
wenn Dir alle Schätze der Welt zu Gebote ständen.
Sieh mich nicht an mit diesem Zornesblick, der das
Blut in meinen Adern erstarren macht — —"

Mehrere Stimmen wurden laut und erregten selbst
die Aufmerksamkeit der beiden Frauen. Draußen auf

dem Korridor war ein wirres Durcheinanderlaufen.
Donna Petrea, die vor jedem ungewohnten Ereignis
zusammenfuhr, welches sie für den Beginn einer furcht=
baren Katastrophe ansah, erbebte und griff nach der
Lehne eines Stuhls. Livia eilte nach der Thür, um
nach der Ursache des ungewohnten Lärms zu forschen,
als die vertraute Dienerin der jungen Herrin herein=
stürzte und laut ausrief:

„Er ist da! Zerschlagen und erbärmlich zugerichtet;
aber die heilige Jungfrau sei gepriesen, er ist da und
der Abgrund hat ihn nicht verschlungen.“

„Wer ist da? fragte Livia und Sennora Petrea
hielt ihr starrblickendes Auge fest auf die Thür geheftet.

Die Dienerin deutete hinter sich und gleich darauf
erschien Sennor Fabio Crustello, gefolgt von dem Pater
Timotheus. Bei dem Anblick des letzteren schrie Sen=
nora Petrea laut auf. Sie wäre zu Boden gesunken,
wenn Livias Dienerin sie nicht mit ihren Armen auffing.

„Ich bin es, meine fromme Tochter, den Gottes=
Barmherzigkeit durch den Beistand aller Heiligen glück=
lich durch Sturm und Brandung an das sichere Ufer
trug und alle Bosheiten meiner Feinde zu Schanden
machte. Ein Hallelujah sei ihm gesungen und ein Dank=
opfer dargebracht, der mich über meine Widersacher
triumphieren läßt. Ehre sei Gott in der Höhe, und
mögen alle Widersacher der Kirche vor ihm zu Schanden
werden.“

Wie der Schmerz der Sennora Petrea ohne Grenzen
war, so glich diesem der Ausbruch ihrer Freude, die
sich auf die schrankenloseste Weise kundgab. Don Fabio
Crustello, der selbst bei der heftigsten Erregung äußer=

lich Maß zu halten wußte, runzelte die Stirn und seine
Gattin nicht allzusanft unterbrechend, stellte er das
Gleichgewicht notdürftig wieder her.

Gehorsam fügte sich die Dame dem Gebot des
Gatten und ließ sich auf einer Ruhebank nieder, aber
mit dem Lächeln einer Verklärten sah sie zu dem Priester
auf und ließ kein Auge von ihm. Der Kaufmann
wandte sich zu diesem und sagte:

„Auch ich bin nicht minder über Eure Rettung
erfreut, wenn ich diese Freude auch nicht auf eine so
stürmische Art auszudrücken vermag. Wunderbar hat
die heilige Jungfrau über Euch gewacht, indem sie Euch
ungefährdet über den Ozean hin= und zurückgeleitete;
aber wenig weiß ich bis jetzt, wie sich dies alles zutrug
und wie es hauptsächlich mit dem Schiffbruch zusammen=
hängt, dem Ihr glücklich entronnen seid und von dem
ich so schwer betroffen werde. Darum, wenn es Eure
Kräfte gestatten, erzählt uns alles so ausführlich als
nur immer möglich.

Der Pater erklärte sich bereit und begann seine
Erzählung mit einer Verwünschung der drei ver=
wahrlosten Buben, die ihn gewaltsam an Bord und
unter die Botmäßigkeit ihres ketzerischen Anführers
brachten, wobei er weislich verschwieg, in welchem
Zustande er sich befand, als man ihn in die Schaluppe
trug. Er malte seine Schicksale bis in das Kleinste
aus und ermangelte nicht, sich dabei in dem Lichte
eines Märtyrers darzustellen. Jede einzelne Begebenheit
war von einer Verwünschung jenes Ketzerschiffes und
seines Führers begleitet, und endlich schloß er mit
den Worten:

„Und für das alles trifft ihn der Zorn der irdischen Richter nicht und ich entbehre der Genugthuung, welche mir für so viele Schmach gebührt. Möge denn der Richter da oben sein heiliges Amt verwalten."

Livia, die mit der gespanntesten Aufmerksamkeit und mit allen Zeichen einer namenlosen Angst auf jedes Wort lauschte, schrie bei dieser Aeußerung laut auf:

„Was wollen diese entsetzlichen Worte bedeuten?"

„Sie bedeuten, daß jener Frevler unserm rächenden Arm entrückt ward und daß er vielleicht jetzt die gerechte Strafe leidet an dem Orte, wo ein ewiges Heulen und Zähneklappen sein wird. Als er sich feige vom Bord stahl und, ohne sich um uns zu kümmern, in das rettende Boot stieg, erreichte ihn der Zorn Gottes in der Gestalt einer Welle, die jenes morsche Ding zerbrach und mit ihm in die Tiefe hinabfuhr, aus welcher er nie wieder an das Licht emporsteigen wird."

Livia erstarrte bei diesen Worten. Sie vermochte nicht, einen Laut von sich zu geben. Es herrschte in dem Gemach eine peinliche Stille.

Aber diese bange Zustand währte nur eine kurze Zeit, denn nach wenigen Augenblicken erschien der Kapitän Johannes Hansen auf der Schwelle.

Bleich und entstellt, das Haar wirr um die Stirn, die Kleider um den Leib schlotternd, stellte er sich den Anwesenden vor, die ihn in dem ersten Moment nicht erkannten.

„Hat hier keiner einen Willkomm für mich?" fragte er mit tonloser Stimme, als er die erstaunten und erschreckten Gesichter sah.

„Don Juan!" rief Livia und ging ihm entgegen. Als sie ihm aber näher kam und die beklagenswerte Gestalt sah, die nun dicht vor ihr stand, sanken ihre Arme schlaff herab und sie brach in ein lautes Weinen aus.

„Weine nicht!" sagte er langsam. „Alle Deine Thränen wischen nicht den zehnten Teil des Jammers und des Elendes weg, das über mich hereingebrochen ist."

Von dem Augenblicke an, da der Pater den Untergang des Schiffes und seines Kapitäns verkündete, stand der Kaufmann unbeweglich. Nur die Brust hob und senkte sich, zeugend von seiner gewaltigen inneren Erregung. Jetzt brach diese sich Bahn und mit funkelnden Augen stürzte er sich auf den Kapitän:

„Sagt, ob es wahr ist, was jener Mann verkündete! Verloren Schiff und Ladung?"

„Ihr sprecht es aus; alles ist verloren."

„Und Ihr waret feige genug, Euch aus dem Schwall der Wogen zu retten? Ihr hattet nicht den Mut, mit dem Schiffe unterzugehen?"

„Die See, welche ihn zu verschlingen drohte, warf den Ketzer wieder an das Land!" rief der Pater. „Sie wollte ihn nicht töten. Er ist einer schwereren Strafe aufbehalten."

„Was Mut und Ausdauer vermochten, ist geschehen!" sagte der Kapitän, zu dem Kaufmanne gewendet. „Gegen die wütenden Elemente vermag menschliche Kraft nicht im Kampfe zu bestehen."

„Zumal, wenn der Glaube fehlt und der Hochmut an seine Stelle tritt!" eiferte der Pater. „Ihr steht

erst am Beginn der Buße. Schon zuckt die höllische
Flamme, die über Euch zusammenschlagen soll, aus dem
Boden auf."

Livia war, von den mannigfachsten Empfindungen
bestürmt, ohnmächtig in die Arme der Mutter gesunken.
Auf einen Wink des Kaufmanns führte Sennora Petrea
sie, mit Hülfe einer herbeigerufenen Sklavin, in ein
anderes Zimmer. Die Männer waren allein.

„Gönnt mir Zeit, mich zu sammeln," sagte der
Kapitän. „Ich bin zu jeder Rechenschaft bereit und
erbiete mich, meine Verklarung zu belegen."

„Ihr habt mein Eigentum zu Grunde gehen lassen
und ich stehe am Bankerott!" sprach mit schneidender
Kälte der Kaufmann. „Zwischen uns ist keine Gemein=
schaft mehr. Meidet dieses Haus so schnell Ihr könnt.
Die Hand des Richters wird Euch greifen und halten."

„Ich gehe, um mich selbst dem Gesetze zu unter=
werfen," entgegnete der Kapitän. „Gestützt auf mein
gutes Gewissen werde ich mich zu verteidigen wissen.
Vergeben sei Euch Euer Haß, um der Liebe willen, die
ich für Euer Kind empfinde."

„Apage, Satanas!" kreischte der Mönch hinter
dem Scheidenden her. „Der blutige Schatten des durch
Dich gemordeten Riccardo heftet sich an Deine Ferse.
Seine jammernden Brüder hetzen die wilde Meute auf
Dich und Du fällst als ein Opfer ihrer Rache!"

Der Kapitän wankte unsicheren Fußes aus dem
Hause. Die Diener, die er auf seinem Wege traf,
wichen scheu vor ihm zurück.

XIII.

Ein ehrlicher Landsmann.

Johannes Hansen schwankte die Straße entlang. Die
Sinne begannen zu schwinden. Ein trüber Schleier
verhüllte ihm die Augen. Seine Füße wankten; er wäre
umgesunken, wenn nicht ein starker Arm ihn hielt.

Er hörte, daß jemand mit ihm sprach, allein er
verstand nicht den Sinn der Worte, die an ihn gerichtet
wurden. Mechanisch folgte er dem Führer, der ihn nur
mit Mühe aufrecht hielt. Es war ein Mann von
untersetzter Figur, von der Sonne dunkel gebräunt und
nach der Sitte des Landes gekleidet; den braunen
Mantel auf der Schulter und die Resilla auf dem
Kopfe; allein das blaue Auge und das helle Haar,
das sich weiß zu färben begann, verriet seine nordische
Abkunft.

Als Johannes Hansen zur vollen Besinnung erwachte, fand er sich an einem ihm ganz unbekannten
Orte auf einem Ruhebette liegend. Verwundert schaute
er um sich, und indem er Miene machte sich zu erheben,
gewahrte er, daß er den Arm in einer Binde trug. Er
wollte aufspringen, allein er wurde daran verhindert.

Der Mann, welcher sich auf der Straße seiner

annahm, setzte sich zu ihm und sagte: „Ihr seid hier
bei einem Landsmann, Herr, und dürft guten Mutes
sein. Den Arm tragt Ihr in der Binde, weil man
Euch zur Ader ließ. Es war die höchste Zeit. Jetzt
ist die Gefahr vorüber und Ihr bedürft nur noch der
Stärkung. Die findet sich aber nicht anders, als wenn
Ihr Euch ganz ruhig verhaltet.“

„Ich will alles thun, was Ihr von mir fordert,
mein barmherziger Samariter, zumal ich auch fühle,
daß es das beste ist, was ich thun kann,“ entgegnete
der Kapitän. „Sagt mir nur, wer Ihr seid und laßt
mich meinen Retter kennen.“

„Da macht Ihr nur die Bekanntschaft eines ein=
fachen Handwerkers,“ sagte jener. „Als ein junger
Geselle ging ich in die weite Welt und bin nicht wieder
in die Heimat zurückgekehrt. Obgleich die Sehnsucht
oft mächtig war, ist die Liebe zum eigenen Herd mehr
wert. Was mir daheim fehlte, fand ich hier. Ein
gutes Weib und liebe Kinder. Mein Handwerk giebt
mir ein leidliches Auskommen. Ich bin zufrieden mit
meinem bescheidenen Glück.“

„Erhalte es Euch Gott, mein braver Landsmann!“
sagte Johannes Hansen und sank, von dem Blutverlust
noch sehr ermattet, auf das Lager zurück.

Einige Tage vergingen. Die Kräfte des Schiff=
brüchigen kehrten allmälig wieder. Er und sein Wirt,
der Tischler Gottlieb Matsen, klärten sich gegenseitig über
ihre Verhältnisse auf. Ein eigenes Geschick führte die
beiden Männer zusammen. Sie waren aus einem und
demselben Orte gebürtig. Der Vater des Gottlieb
Matsen hatte vieles Unglück erlebt. Er stand an dem

Rande des Abgrunds und sah sich mit den Seinen dem
äußersten Elend preisgegeben, als sich unerwartet ein
Freund in der Not fand. Der bedrängte Mann blieb
bei Ehren und wurde allen seinen Gläubigern gerecht.
Der dankbare Sohn hatte auch in der neuen Welt und
nach so vielen Jahren den Namen des Mannes nicht
vergessen, der seinen Vater vom Abgrunde wegriß, und
der Sohn dieses Mannes weilte jetzt unter seinem Dache.

„Gottes Fügung!" sagte Kapitän Johannes Hansen,
als er klar in dieser Angelegenheit sah. „Und ich wollte
verzagen, weil ich glaubte, er habe mich verlassen."

„Der gute Herrgott verläßt keinen, der im rechten
Glauben auf ihn vertraut," antwortete Gottlieb Matsen.
„Ich vertraue ihm, dafür schenkt er mir die große
Gnade, daß ich den Schuldbrief meines Vaters einlösen
darf. Und ich will ihn einlösen, Herr, samt allen
Zinsen und Zinses-Zinsen, wie der alte Mann oft er=
zählte, der mit einem Segenswunsch für Euer Haus
auf den Lippen in jene Welt hinübergeschlummert ist."

Sie sprachen noch längere Zeit mit einander und
Johannes Hansen weihte den Landsmann in alle seine
Geheimnisse ein. Am Ende der Unterhaltung sagte
Gottlieb Matsen:

„Das ist allerdings schlimm, Herr, aber doch nicht
so schlimm, daß man verzagen müßte. Mag alles
hängen und schleppen wie es will, wenn Ihr nur auf
eins fest rechnen könnt."

„Und das eine?"

„Auf die Liebe Eurer Braut, wie Ihr Donna
Livia nennt. Steht diese treu zu Euch in allen Lagen
des Lebens, dann darf Euch nicht bange sein, denn

dieſe Liebe iſt eine Stütze, die nicht wankt; eine Schutz=
wehr, die im ärgſten Sturm nicht zuſammenbricht."

„Ich glaube feſt an ihre Treue, mein lieber Lands=
mann!" ſagte Johannes Hanſen.

„Glauben iſt chriſtlich, Wiſſen iſt praktiſch!" ent=
gegnete jener. „Aber das lange Geſpräch hat Euch
angegriffen. Schließt die Augen und verſucht zu ſchlafen.
Unterdeſſen bin ich für Euch thätig. Lange genug lebe
ich unter dieſen Habanneſen, um ſie durch und durch
zu kennen und ich weiß, wie man es anfangen muß,
hinter ihre Geheimniſſe zu kommen. Schlaft ganz
ruhig. Eure Angelegenheit iſt bei mir nicht in ſchlechten
Händen."

Gottlieb Matſen kannte die Bewohner ſeines neuen
Vaterlandes und vor allem ſeine Gewerksgenoſſen. Er
wußte, daß ſolche die ihnen aufgetragenen Arbeiten nur
dann beginnen, wenn ihnen das Feuer auf den Nägeln
brennt und daß ſie begierig jeden Anlaß ſuchen, dieſe
zu unterbrechen und in dem Schatten irgend eines ab=
gelegenen Ortes ſich dem Genuſſe einer Cigarre hin=
zugeben, die des Cubaners Luſt und Wonne iſt. Der
ehrenfeſte Gottlieb Matſen wußte es, daß in dem Hauſe
des Don Fabio Cruſtello mehrere Arbeiten in Verdung
gegeben waren, die der für jenes Haus arbeitende
Meiſter nicht fertig ſchaffen konnte, da ſeine Geſellen
ihn im Stich ließen, und daß dieſer Meiſter es hoch
aufnehmen würde, wenn Gottlieb Matſen ihm eine
helfende Hand bot. Der Kaufmann wurde ob der
vielen Unterbrechungen im hohen Grade aufgebracht
und drohte, dem Säumigen für immer ſeine Kundſchaft
zu entziehen.

Wird bei einem Ausbau die schadhafte Stelle erst in Angriff genommen, findet sich bald eine zweite und dritte. Das alt und morsch gewordene zieht sich wie Schlingkraut durch die verschiedenen Teile des Hauses. Gottlieb Matsen hatte es bald erkundet, daß der laufende Schwamm, der den Fußboden ergriff, sich bis in die Zimmer der Damen erstreckte. Ein rechter Arzt greift stets das Uebel bei der Wurzel an und der Meister, bewaffnet mit Hammer und Brecheisen, stand an dem Eingang jener Zimmer, bereit sich den Eingang zu erzwingen, den eine alternde Duenna ihm mit Mund und Händen streitig machen wollte. Der wachsende Lärm zog die Dame des Hauses herbei. Gottlieb Matsen brachte sein Wort bei derselben an und Sennora Petrea gestatte huldreich den Beginn der Arbeit, wozu sich der Meister, zum großen Aerger der Duenna, mit aller Gemächlichkeit vorbereitete.

Man achtete sonst wenig auf den schlichten Handwerker, der sich nur mit seiner Arbeit beschäftigte. Die Thüren standen weit auf und die Mutter begab sich zur Tochter, um ihr eine Nachricht mitzuteilen, welche sie eben erst von ihrem Gatten empfangen hatte.

„Es hilft nicht," sagte die Mutter, „länger ein Geheimnis zu umhüllen suchen, welches nackt am Tage liegt. Der Wohlstand unseres Hauses ist zerrüttet. Dein Vater ist nicht imstande, seinen Verpflichtungen nachzukommen. Den Todesstoß gab ihm die Verbindung mit jenem ketzerischen Verräter, der auch Dich mit seinen falschen Liebesschwüren betrog."

„O, Mutter! Mutter!" flehte Livia. „Schüre das Feuer nicht noch mächtiger an, das mich bereits

zu verzehren droht. Mein Glaube an die Aufrichtig-
keit seiner Liebe ist mein einziger Trost."

"Pater Timotheus lehrte ihn uns kennen, wie er
ihn selbst auf jener Seereise kennen lernte, zu welcher
der fromme Mann schändlicher Weise gezwungen ward.
Wie kann auch jemand einem Mitmenschen Glauben
halten, der seinem Herrn und Heilande die Treue brach,"
sagte Donna Petrea mit aller Würde und Festigkeit,
denn sie glaubte an die Wahrheit ihrer Worte. Sie
achtete in ihrem Eindruck nicht auf den schmerzlichen
Eindruck, den diese Unterhaltung auf das Herz ihres
einzigen Kindes hervorbrachte, sondern fuhr fort:

"In dieser Prüfungszeit, die über unser, in den
Augen der Welt so angenehmes Haus hereinbricht, ist
es nicht unserer würdig, in ohnmächtige Klagen auszu-
brechen, vielmehr müssen wir alle unsere Kräfte auf-
bieten, um unsern Vater in seiner Not und Bekümmer-
nis aufrecht zu erhalten."

Trotz des eigenen Jammers, der ihr bangpochendes
Herz erfüllte, horchte Livia hoch auf. In einer solchen
Weise hatte die Mutter noch nicht zu ihr gesprochen.
Das war nicht ihr eigenes Selbst, das diesen Ton
anschlug. In dem Ausdruck ihrer Worte lag etwas
Angelerntes, etwas Erkünsteltes. Es war ein dritter,
der durch diesen Mund zu ihr sprach.

"Ich höre Dich, Mutter," entgegnete sie, als
Sennora Petrea eine Pause machte, um zu prüfen,
welchen Eindruck ihre Worte machten. Wenn ein
armes, verlassenes Geschöpf, wie ich bin, imstande ist,
etwas zur Erleichterung des Vaters beizutragen, wird
es mit aufrichtigem Herzen geschehen."

„Das habe ich von Dir erwartet", fuhr die Mutter mit der angenommenen Feierlichkeit des Ausdruckes fort. So wiſſe denn, daß unſeres Hauſes Geſchick in Deine Hände gelegt iſt. Ich mußte Dich erſt prüfen, bevor ich dieſe Botſchaft Dir anvertrauen durfte."

„Ich darf mich wohl darüber beklagen, daß Du glaubteſt, es bedürfe einer ſolchen Prüfung," entgegnete Livia.

Sennora Petrea überhörte die Worte und ſprach in der angedeuteten Weiſe weiter:

„Eines der unſeligſten Ereigniſſe iſt der nie genug zu beklagende Zwieſpalt in der Familie, der an jenem Tage ausbrach, als der junge Riccardo, Dein früherer Verlobter, in unſerem Garten am Meere fiel."

„Ein beklagenswertes Opfer ſeiner blinden Raſerei und eigenen Unvorſichtigkeit."

„Das iſt Deine Anſicht. Andere Leute ſind einer entgegengeſetzten Meinung. Aber laſſen wir den Streit darüber ruhen; die Sache iſt abgethan. Schwer laſtete jene Feindſchaft auf uns und darum können wir es nicht genug preiſen, daß ſich eine Ausſicht darbietet, dieſelbe in ein erneuertes Freundſchaftsbündnis ſich verwandeln zu ſehen."

„Die heilige Jungfrau gebe dazu ihren Segen, wenn es aufrichtig gemeint iſt."

„Warum zweifelſt Du? Die Anregung dazu geht von den Riccardo's aus und Don Fadrique Riccardo hat die frohe Botſchaft über unſere Schwelle getragen. Du kennſt doch den edlen Sennor?"

„Wer kennt den Mann nicht, um den äußerliche Widerwärtigkeit und innere Verworfenheit sich den Rang streitig machen?" entgegnete Donna Livia mit einiger Erregung. „Weiter, gute Mutter, weiter. Ich ahne Dein Geheimnis, das Du noch immer so künstlich zu verbergen glaubst."

„Don Fadrique bietet uns im Namen der Familie eine volle, aufrichtige Versöhnung an, ohne Vorbehalt und Hinterthür. Sie soll in aller Beteiligten Gegenwart geschehen und die Kirche dazu ihren Segen geben."

„Amen! Das werde wahr!" sagte Livia. „Aber das ist noch nicht das Ende."

„Nein, meine Tochter, das ist noch nicht das Ende. Der versöhnte Fadrique ist nicht gesonnen, nur ein halbes Werk zu thun. Er stellt mit vollen Händen die Mittel zur Verfügung, welche nötig sind, um unserem Hause den früheren Glanz unverkürzt wieder zu verleihen."

„O, der unerschöpfliche Großmut!" rief Livia mit einem bitteren Lächeln. „Hat Sennor Fadrique bei diesem Erbieten nicht auch die Höhe der Zinsen angegeben, womit er diese Großmut bezahlen zu lassen denkt?"

„Der edle Sennor verzichtet auf jeden irdischen Vorteil," fuhr die Mutter beharrlich fort, obgleich sie aus den Aeußerungen der Tochter entnehmen konnte, daß diese längst alles durchschaute und nicht geneigt war, das Opfer dieses Familien-Beschlusses zu sein. Sie nahm sich deshalb zusammen und schloß mit den Worten:

„Sennor Fadrique findet sich für die zu bringenden Opfer hinlänglich belohnt, wenn er sich um-

Deine Gunst bewerben darf. Dein Vater hat ihm den
Zutritt zu Dir gestattet und wir erwarten von Dir,
daß Du den Sennor nicht nur mit aller ihm gebührenden
Ehrfurcht empfangen, sondern ihm auch die Gewährung
seiner Bitte nicht versagen wirst."

„Verhandelt und wiederum verhandelt!" brach
Libia in lautes Weinen aus. „Bin ich nichts, als
eine Ware, die man dem Meistbietenden hinwirft,
um damit nach Belieben zu schalten?"

Thränen erstickten ihre Stimme. Die Mutter
suchte sie zu begütigen und streckte die Hand nach ihr
aus, um sie an ihre Brust zu ziehen; allein sie trat
einen Schritt zurück und mit steigendem Affekt rief
sie aus:

„Aber diesesmal soll es Euch nicht gelingen, mich
zu beugen. Ich will von dem Rechte Gebrauch machen,
das jedem gegeben ist, der vom Weibe geboren ward.
Krümmt sich doch der Wurm, wenn man ihn tritt, so
will denn auch ich meine Freiheit bewahren und meine
Hand dem Manne reichen, den ich mir selbst zum
Gatten wählte."

„Und wenn Du Dich selbst überzeugst, daß er
Deiner unwürdig ist?" fragte Sennora Petrea, deren
Mut, dem steigenden Widerstande der Tochter gegenüber
zu sinken begann.

„Dann will ich mich hinter dichten Klostermauern
begraben, ehe ich mich zum blinden Werkzeug der
Willkür herabwürdige!" entgegnete Libia mit Festigkeit.

„Du bist ungewöhnlich aufgeregt und bedarfst
einige Zeit, Dich zu sammeln; ich will sie Dir ge=
währen," sprach die Mutter. „Geh in Deine Kammer;

wirf Dich vor der Allerheiligsten Jungfrau in den
Staub und demütige Dich vor ihr. Sie wird sich der
Reuigen erbarmen und ihr den Frieden geben Ich
will mein Gebet mit dem Deinigen vereinigen."

Sennora Petrea entfernte sich. Livia blieb in
einer sehr erregten Stimmung allein.

Der Handwerker, welcher sich während des vor=
hergegangenen Auftrittes sehr ruhig verhielt, erschien
jetzt auf der Schwelle, die Mütze in der Hand und bat
die Sennora um Verzeihung, daß er störe, allein er
sei beauftragt, nachzusehen, ob hier irgend etwas zu
thun sei.

Livia winkte ihm ziemlich heftig mit der Hand,
sich zu entfernen; allein er zuckte mit den Achseln und
entgegnete: „Thut mir leid, Sennora, nicht gehorchen
zu dürfen; allein die Arbeit muß jetzt geschehen oder
ganz unterbleiben. Für die nächste Stunde bin ich
zu dem Schiffskapitän Sennor Johannes Hansen be=
schieden — —"

Dieser Name brachte bei der jungen Dame eine
merkwürdige Veränderung hervor. Das Blut stieg ihr
in die Wangen; sie trat dem Handwerker näher und
sah ihn mit leuchtenden Augen an.

Gottlieb Matsen begegnete diesen brennenden Blicken.
Sie wechselten keine Worte in diesem Augenblick und
hatten sich doch verstanden.

„Um der allerheiligsten Jungfrau willen redet!"
sagte Livia stürmisch.

„Ich will reden," gab Gottlieb Matsen zur Ant=
wort. „Mutter aller Gnaden, um in Eure Sprechweise
zu verfallen, was für ein Vulkan Ihr seid! Was Wunder,

daß mein armer Landsmann die Hälfte seines Verstandes
eingebüßt hat! Tretet ein wenig näher, damit das
laute Sprechen kein unnötiges Aufsehen erregt, und hört
mich aufmerksam an."

Dies geschah, und selten ist wohl eine schöne,
glänzende Cubanerin eine so andächtige Zuhörerin eines
schlichten Handwerkers gewesen, als Donna Livia, da
sie dem Tischler Gottlieb Matsen gegenüberstand. Sie
sprach kein Wort. Sie unterbrach ihn mit keiner Silbe;
aber sie sog die Worte von seinen Lippen. Sie ergriff
seine Hand und drang ihm einen kostbaren Ring auf,
den sie von ihrem Finger streifte.

Das Gesicht des Handwerkers verzog sich zu einem
unmerklichen Lächeln, als er den Brillant in seiner
rauhen Hand blitzen sah, dann aber sagte er, als er
gewahrte, daß die Kammerfrau der Dame eingetreten
war, gelassen:

„Ganz wohl, Sennora. Wenn Ihr heute nicht
weiter gestört sein wollt, mag es mit der Arbeit genug
sein. Dafür muß aber morgen das Doppelte geleistet
werden, und da ich das allein nicht vermag, werde ich
mir einen Gesellen mitbringen. Ein Bursche, etwas
unbeholfen zwar im Handwerk; allein grundehrlich und
treu wie Gold."

Mit diesen Worten entfernte sich Gottlieb Matsen,
um am andern Tage mit seinem Gesellen pünktlich
wieder da zu sein. Donna Livia saß, den Kopf in die
Hand gestützt, am Fenster und achtete der Kommenden
nicht, die mit ziemlichem Geräusch eintraten. Der Meister
erteilte dem Gesellen auf eine ziemlich umständliche Art
seine Anweisungen und sagte dann schließlich:

„Denke nun, daß Ihr mich verstanden habt. Haltet Euch heran, damit Ihr fertig werdet, denn länger als eine Stunde kann ich Euch nicht gewähren. Ich rufe Euch ab und Ihr werdet mir pünktlich Folge leisten."

Der Geselle nickte und der Meister begab sich in die zunächstgelegene Stube, welche auf den Flur führte. Mit großem Eifer gab er sich der Arbeit hin. Erst als er diese merklich gefördert hatte, gönnte er sich eine kurze Erholung und warf einen Blick nach dem Zimmer, in dem er den Gesellen zurückgelassen hatte.

„Meine, daß er seine Zeit gut anwendet; ist es auch nicht in meinem Interesse, so doch in dem seinigen. Da liegt er auf den Knieen und drückt ihre Hand an seine Lippen. Man sollte nicht glauben, daß ein derber Seemann sich auf solche Künste verstände, die einem der jungen Kavaliere, welche in dem Gouvernements-Palast aus- und einschwärmen, zur Zierde gereichen würden."

Er ließ beide in ihrer Seligkeit allein. Als er aber draußen auf dem Korridor Stimmen vernahm und hörte, es sei ein Besuch gekommen, welcher der jungen Dame gemeldet zu sein wünsche, begann er mit den Werkzeugen und den Brettern, die um ihn her lagen, einen solchen Lärm, daß die beiden aus ihrer Stellung jäh emporfuhren, worauf Livia in ein nahes Kabinet flüchtete und der vermeintliche Geselle so heftig mit dem Hammer auf den Fußboden losschlug, daß der Gedanke nicht fern lag, dieser werde aus allen Fugen weichen.

Zur selbigen Zeit trat auch die Dienerin ein, um der jungen Herrschaft den eingetroffenen Besuch zu melden und der Meister rief dem Gesellen zu:

„Unseres Bleibens ist hier nicht länger. Marsch nach Hause und nehmt die Werkzeuge mit Euch. Ihr seht ja, daß wir im Wege sind."

Die beiden entfernten sich in aller Stille und sahen die unendliche Langeweile nicht, welche sich über Donna Livia's Gesicht verbreitete, als der gemeldete Besuch eintrat, der kein anderer, als Don Fadrique war.

Die Tage vergingen, allein die Tischlerarbeiten in dem Hause des Kaufmanns wollten nicht enden, obgleich der Meister früh und spät bei der Hand war und sich rühmte, einen Gesellen zu haben, der an Geschicklichkeit seinesgleichen suche.

Donna Livia gab sich milde und freundlich. Auch der Mutter gegenüber zeigte sie eine ungewöhnliche Nachgiebigkeit. Nur, wenn Don Fadrique bei ihr zum Besuch erschien, war sie kalt und abstoßend. Der alte Herr entfernte sich stets unzufriedener. Er verhehlte seinen Verdruß nicht und als er eines Morgens von der unerbittlichen Schönen gar nicht vorgelassen wurde, erklärte er dem Kaufmann geradezu, müsse er solche Scene nochmals erleben, werde er nicht wiederkehren; dann aber höre zugleich jede Schonung auf und er lasse alle Minen springen.

Sennor Fabio Crustello wurde durch eine solche Erklärung eben nicht fröhlicher gestimmt. Sein Lieblings-Projekt, sich bei dem Sklavenhandel zu beteiligen und auf diese Weise den erblichenen Glanz seines Hauses wieder herzustellen, erlitt dadurch einen gefähr

lichen Stoß. Er verlor alle Grandezza, die er sich
sonst in jeder Lage des Lebens anzukünsteln wußte.
Wie ein angeschossener Tiger raste er im Hause umher;
verlangte strikten Gehorsam, blinde Unterwerfung und
schwur, jeden Widerstand auf das Härteste zu bestrafen.
Um seinen Drohungen den gehörigen Nachdruck zu
geben, ließ er durch die ihm ergebenen Personen die
Nachricht verbreiten, daß er eine Verbindung seiner
Tochter, Donna Livia, mit Don Fabrique, aus dem
Hause Riccardo, gern seine Zustimmung gegeben habe
und die feierliche Verlobung mit nächstem stattfinden
werde. Die ganze Stadt hörte und glaubte es. Wer
wollte es wagen, die allerchristlichste Stadt „Habana
de San Cristobal" Lügen zu strafen?

Donna Petrea war von allen diesen Ereignissen
so erschüttert, daß sie sich in ihr innerstes Gemach
zurückzog. Niemand durfte zu ihr, als der Beichtvater,
mit dem sie stundenlang unter Beten und Kasteiungen
zusammenblieb. Pater Timotheus, der nichts umsonst
that, wußte sich für die Langeweile, welche sein frommes
Beichtkind ihm verursachte, auf eine andere Weise
schadlos zu halten. In Demut nahm er die reichen
Geschenke, bestehend in Juwelen und anderen Kostbar=
keiten, entgegen, welche ihm zu Teil wurden, um sie
im Dienst der Kirche zu verwenden und von denen
Sennora Aricia, seine alte Favorite, stets ihren Anteil
empfing. Zugleich erregte noch ein anderer Gegenstand
in der Nähe des Beichtkindes seine Aufmerksamkeit.

Dies war Juana, eine der Dienerinnen des
Hauses, welche als Botschafterin zwischen Mutter und
Tochter den Dienst versah. Der Pater hatte der kleinen

Juana allerlei seltsame Dinge in den Kopf gesetzt, wie man in der Welt nichts Gottgefälligeres thun könne, als dem Beichtvater alle Geheimnisse zu verraten, da er allein, als der Seelsorger der Familie, berufen sei, jedes etwa Schädliche, so lange es noch Zeit, aus dem Wege zu räumen und auch das Schlimmste zum Besten zu kehren.

Juana war von dieser Bestimmung des Pater Timotheus so sehr erfüllt, daß sie nichts vor ihm auf dem Herzen behielt und mit einer Geduld, die das Mitleid eines etwaigen Zeugen wachgerufen hätte, hörte er die unbedeutendsten Geschichten an, in der Hoffnung, es werde einmal endlich sich etwas ereignen, das aus-zubeuten sich der Mühe lohne. Hatte doch Don Fadrique ihm einen kostbaren Schatz versprochen, wenn er etwas entdeckte, das seine Bewerbung um Donna Livia fördern, oder die spottende Schöne seiner un-umschränkten Rache anheim gebe. Seine Ausdauer sollte ihren Lohn finden.

Ein neues Gerücht schlich sich durch die Straßen der Stadt. Es trat schüchtern auf. Kaum hörbar war das Geflüster, welches sich von Ohr zu Ohr pflanzte. Allein je weiter es um sich griff, desto vernehmlicher wurde es, und als es über die Schwelle des Kaufmannshauses schritt, traf es wie Trompetenschall das Ohr des Fabio Crustello, der so mächtig davon getroffen wurde, daß er im ersten Augenblick sich nicht zu fassen vermochte.

„Ein Knecht hat es gewagt, seine Augen bis zu Deiner Tochter zu erheben, und diese hat sich so weit vergessen, sich in die Arme dieses Sklaven zu werfen und seine frevelhafte Leidenschaft zu erwidern."

Von der andern Seite her raste ein Wütender
durch die Straßen, und an das Ohr eines in Liebes-
banden schmachtenden Greises schlugen die Worte:

„Don Fabrique, auf und ermanne Dich, den Stahl
der Rache zu schwingen gegen die, welche Dich verlachen
und verhöhnen. Alter betrogener Mann, siehst Du
nicht, daß sie Dich narren, indem sie Dir die Braut
von ferne zeigen, die Dich entschädigen soll für die
tausendfachen Opfer, die Du brachtest? Schaue auf!
Die stolze Donna, die dem Winde zürnt, daß er ungefragt ihre Stirn küßt, ist jämmerlich genug, sich in
die Arme eines heruntergekommenen Handwerkers zu
werfen. Und in dieser Maske steckt jener Frevler, der
sein Schwert in die Brust Deines Neffen Riccardo stieß
und in einem Moment die jahrelangen Hoffnungen
Deines Hauses vernichtete."

Es war ein Schrei, der die Luft zerriß, ein Schrei,
der die innersten Nerven anspannte, den Don Fabrique
ausstieß, als er, gefolgt von den jüngeren Söhnen des
mächtigen Geschlechts, dem Hause des Kaufmanns zueilte, um diesen zur Rechenschaft zu ziehen.

Sennor Fabio Crustello hatte sich nach und nach
so weit ermannt, daß er die Lage der Dinge übersah
und nach dem Wohngemach seiner Tochter eilte. Der
treue Tischlermeister Gottlieb Matsen sah den Vater
kommen und gab das verabredete Zeichen, aber es war
zu spät. Bevor Johannes Hansen entweichen konnte,
stand ihm der Kaufmann gegenüber. Ein drohender
Kampf bereitete sich vor. Zwischen beiden stand Libia,
über keine andern Waffen gebietend als Thränen, welche
ihr der bitterste Schmerz erpreßte.

Ein dritter Sturm brach los. Ein Mann erschien
in dem Hause des Kaufmanns, bei dessen Anblick die
Diener unwillkürlich zurückwichen. Er hieß Sennor
Vincent. Ein hartherziger, mürrischer Kerl, auf den
Sklavenhandel eingehetzt und aller List voll, welcher
die Händler an der afrikanischen Küste mächtig sein
müssen, um glänzende Geschäfte zu machen. Er brauchte
nur einen tüchtigen Kapitän, der die Leitung des Schiffes
übernehme. Für alles andere kam er selbst auf. Dieser
Mann war in die Dienste des Kaufmanns getreten und
am Abend zuvor auf einem für den Handel mit Ebenholzblöcken wohlausgerüsteten Schiffe in See gegangen.
Das Erscheinen dieses Mannes, der zu dieser Stunde
bereits viele Meilen von Cuba entfernt sein sollte, ver-
setzte den Kaufmann in die äußerste Bestürzung.

„Der Teufel treibt sein Spiel mit uns," entgegnete
Sennor Vincent auf die Frage des Kaufmanns. „Wir
sind mit vollem Hurra in See gegangen und gerade
im Begriff, die Nachtwachen aufzusetzen, als eine Böe
auf unser Deck herabfällt, die das Schiff auf die Seite
legt. Der Geschicklichkeit des Kapitäns gelingt es, durch
ein kluges Manöver die drohende Gefahr abzuwenden
und wir atmen neu auf, als ein verdammter Gienblock,
den ein Toppgast aus Fahrlässigkeit unbefestigt in der
großen Mars ließ, herabstürzt und den Kapitän so
unglücklich trifft, daß er mit zerschelltem Schädel zu
Boden fällt. Da war an keine weitere Fahrt zu denken,
und nur mit der größten Mühe gelang es uns, ohne
weitere Havarie binnen zu laufen."

„Madre de Dios!" rief der Kaufmann unwillkür-

lich aus; sandte aber dem frommen Ausdruck unmittel=
bar einen derben Fluch hinterher.

„Hier hilft kein Beten und kein Fluchen, Patron,"
unterbrach Vincent den Kaufmann, sondern ein tüchtiger
Kapitän, der das Schiff über See zu bringen versteht.
Habt Ihr einen solchen zur Hand, ist nichts verloren.
Müßt Ihr aber erst lange danach suchen, kommen uns
die andern zubor. Wir müssen nehmen, was ihnen
nicht ansteht und für verkrüppelte Ware obenein doppelte
Preise zahlen. Darum schafft uns einen Seemann, der
mit Kompaß und Logbuch umzugehen weiß. Müßtet
Ihr ihn auch mit Gold aufwiegen, Patron."

Wie ein zündender Blitzstrahl schlug es dicht vor
dem Kaufmann nieder. Er fuhr mit der Hand über
die Stirn, als hätte ihn ein Licht geblendet. Als er
sie wieder sinken ließ, sagte er in seiner gewohnten
Weise: „Ihr sollt einen Kapitän haben und er soll
ohne Verzug mit Euch an Bord gehen."

„Und woher wollt Ihr diesen nehmen?"

„Ich habe ihn schon genommen!" sagte der Kauf=
mann, indem er seine Hand auf die Schulter des ver=
kleideten Kapitäns fallen ließ. „Da ist er! Nehmt
ihn mit Euch, Vincent!"

„Nimmermehr gebe ich mich zu einem so veräcsht=
lichen Gewerbe her!" rief Johannes Hansen.

„Das durftet Ihr sagen, als Ihr mein Haus noch
nicht betreten hattet. Jetzt nicht mehr."

„Wer will mich zwingen?"

„Ich!" entgegnete der Kaufmann. „Als Ihr Euch
verkleidet in mein Haus schlichet, gabt Ihr Euch in
meine Hand. Ihr müßt blindlings meinen Befehlen

gehorchen oder ich überliefere Euch den Gerichten und
schwerer Kerker ist Euer Los."

„Flieh, Geliebter!" rief Libia von innerer Angst
getrieben. „Flieh!"

„Wohin?" lachte der Kaufmann höhnisch auf.

Eine neue Schreckensbotschaft kündigte sich an durch
ein wüstes Geschrei, welches von der Straße herauf=
schallte. Gleich darauf trat Pater Timotheus ein. Er
ging hochaufgerichtet und seine Augen leuchteten.

„Sie sind da!" rief er aus. „Sie kommen, die
Freunde und Vettern des hingeopferten Riccardo, um
auf den Mörder zu fahnden. Da steht der Gezeichnete!
Wehe! Wehe über ihn!"

Und als hätten die unten auf der Straße tobenden
Männer diesen Verdammungsruf gehört, rief es an allen
Ecken widerhallend:

„Wehe! Wehe! Wehe!"

„Macht ein Ende, Herr!" drängte Vincent.

„Wir sind am Ende!" erwiderte der Kaufmann
und wandte sich dem Kapitän zu:

„Zum letzten Male! Gehorcht meinem Befehl,
dann geht Ihr frei aus und erhaltet Euch die Hoff=
nung auf die Hand des Mädchens, die vor Kummer
über Euch vergeht; oder Ihr fallt in die Gewalt der
Rächer, die bereit stehen, Euch mit eisernen Armen
zu umklammern. Nur noch fünf Minuten sind Euer."

Johannes Hansen, im heftigsten Kampfe mit sich
selbst, wendete sich mit ausgestreckten Armen zu Libia,
kaum eines Wortes mächtig.

„Entscheide Du!" klang es von seinen Lippen.

„Rette Dich! Erhalte Dich um meinetwillen!“ flehte diese mit leidenschaftlichem Ausdruck. „Dein Tod wäre der meinige! Lebe für mich!“

„Das entscheidet!“ sagte der Kapitän, und dem Kaufmann die Hand reichend, sprach er:

„Ich bin Euer!“

„Ohne weitere Ceremonien,“ entgegnete der Kaufmann. „Vincent, fort mit ihm.“

„Er ist mein!“ sprach dieser, die ausgestreckte Hand ergreifend.

„Halt!“ rief der Pater. „Ihr dürft den Rächern nicht das Opfer entziehen!“

„Wir sprechen noch ein Wort unter vier Augen!“ sagte der Kaufmann, den sich sträubenden Pater fortführend.

„Livia!“ rief Johannes Hansen, sich zu ihr wendend. Allein Vincent trat hindernd dazwischen:

„Keinen Abschied; desto fröhlicher das Wiedersehen nach der Heimkehr.“

Beide gingen durch die gegenüberliegende Thür. Dort führte eine Stiege abwärts in den Hof.

Die Dame brach in ein lautes Weinen aus und sank schluchzend vor dem in der Nische stehenden Marienbilde in die Kniee.

XIV

Die Knappen ohne Ritter.

————

Mynheer Jantzen ging mit großen Schritten in seinem Magazine auf und ab. Je zuweilen richtete er den Blick auf die drei Berliner Argonauten, welche auf Befehl ihres Kapitäns zurückblieben und dem Schutze des wackern Holländers anvertraut wurden. Erwartungsvoll folgten sie ihm Schritt vor Schritt mit den Augen. Mehrere Male schien es, als wollte er sie anreden, aber immer wieder unterbrach er sich bei dem ersten Worte. Endlich schien er mit sich einig. Mitten in seinem Laufe hielt er plötzlich an und sagte:

„Hört einmal, Ihr da!"

„Allstunds, Herr, sind wir bereit zu hören, was Ihr uns zu sagen habt," entgegnete Ludwig. Seit der Abreise des Kapitäns seid Ihr unser Herr und Meister."

„Bislang habt Ihr diese Meisterschaft noch nicht sonderlich empfunden," sagte Mynheer Jantzen gleichmütig. „Ihr erhieltet des Leibes Nahrung und Notdurft und konntet im übrigen thun, was Euch beliebte."

„Das war das Beste an der ganzen Geschichte," platzte Ferdinand heraus.

„Das Wort kommt aus Deinem innersten Gemüt," sprach Mynheer Jantzen mit einem leichten Stirnrunzeln.

„Spielst gern den vornehmen Herrn, läßt Dich bedienen, wo es irgend angeht, und wirfst den Kopf in den Nacken, als ob Du etwas Rechtes wärest. Dergleichen Vögel finden in meinem Neste keine Herberge."

Ferdinand brummte etwas vor sich hin, das niemand verstehen konnte und schob der Thür zu, Mynheer Jantzen rief ihm nach:

„Geh nur und wenn Du nicht winder kommst, ist auch nichts daran gelegen. Dein böses Beispiel verdirbt nur die andern.„

Die letzten Worte wurden von Ferdinand nicht mehr vernommen. Eduard versuchte ein begütigendes Wort, allein der Holländer unterbrach ihn:

„Du hättest am wenigsten Ursache, ihn zu verteidigen, denn Deine Gutmütigkeit wird von ihm am meisten gemißbraucht. Von Dir selbst zu reden, Jungchen. Was denkst Du mit Dir anzufangen?"

„Wenn es anginge, bliebe ich am liebsten bei Euch hier und hülfe Euch ferner bei der Arbeit, wie ich es that, seit ich in Euerm Hause bin. Manches habe ich schon gelernt in den wenigen Tagen und würde noch vielmehr lernen, wenn Ihr Euch die Mühe geben wolltet, mich zu unterweisen. Könnte bald ein zuverlässiger Gehülfe sein."

„Nun das gefällt mir," lachte Mynheer Jantzen laut auf. „So wirst Du allgemach zum Faktorei-Gehülfen und setzest Dich, wenn ich einmal abfahre, in die warme Kundschaft. Aber Du bist ein fleißiger Bursche und ehrlich dazu. Dein Wort soll gelten. Bleibe hier und lerne, was Du begreifen kannst."

„Dank, Herr!" entgegnete Eduard mit großer Lebhaftigkeit und drückte die Hand des Prinzipals an seine Lippen. „Und damit Ihr seht, daß ich nicht blos das große Wort habe, will ich gleich Hand an's Werk legen."

Schnell war Eduard draußen, als eben die schöne Flortje am Fenster vorüber ging. Mynheer Jantzen, der dies letztere nicht bemerkt hatte, sah ihm kopfschüttelnd nach und wandte sich dann an Ludwig:

„Nun, Jungkerl! Was ist mit Dir vorgegangen? Sonst immer allert, wie ein übermütiges Füllen, das hinten und vorn zugleich ausschlägt, stehst Du da, wie ein Träumer und hast weder Auge noch Ohr für das, was um Dich her vorgeht. Dein Kapitän hat Dich mir ganz besonders empfohlen und ich bin bereit, Dir in jeder Weise behülflich zu sein, weiß ich nur erst, wie solche Hülfe beschaffen sein muß."

„Herr," sagte Ludwig. „Wir haben es so gut in Eurem Hause, daß ich nicht genug Dank zu sagen weiß. Allein auf die Länge paßt es mir doch nicht, denn mein Leben und Streben ist hin nach dem blauen Wasser."

„Das habe ich Dir längst angemerkt. Und wenn Du nicht Geduld genug hast, auf die Rückkehr Deines Kapitäns zu warten, könnte ich Dir schon eine Heuer verschaffen. Ich will mich darnach umschauen."

„Dank, Herr, auch dafür. Aber ich bitte Euch, daß Ihr es nicht thut."

„Fort auf See und doch hierbleiben?" fragte Mynheer Jantzen. „Das ist ein Widerspruch."

„Sieht nur so aus, Herr," sagte Ludwig mit einem Anfluge von Trauer. „Seit der Stunde, da ich ein Geheimnis erfuhr, dessen Lösung ich an dieser Küste suchen muß, ist eine Verwandlung mit mir vorgegangen. Das Lustige an mir ist nur auswendig, wie bei uns daheim das Blau an der Pflaume."

„Was ist das für ein Wischiwaschi?"

„Es mag wohl für Euch nichts besseres sein," entgegnete Ludwig mit einem traurigen Lächeln. „Wenn Ihr Geduld mit mir haben wollt, lieber Herr, will ich Euch wohl sagen, wie mir zu Sinne ist."

„Sprich Dich nur aus, Jungkerl! Ich höre Dir zu mit beiden Ohren."

„Hatte einen Onkel, Herr, der in die weite Welt ging, als ich eben erst geboren war. Hieß Wilhelm dieser Onkel, und soll ein seltsamer Mann gewesen sein. Ging ihm wie den Schwalben und Störchen, Herr. Wenn seine Wanderzeit kam, ließ er alles stehen und liegen und lief ins Blaue hinein, bis er nach Tagen oder Wochen wieder heim kam in das warme Nest. Kein Bitten half und kein Beten. Er wurde krank, wenn er seine Grillen nicht auslaufen konnte. Zuletzt blieb er ganz und gar weg. Niemand hörte wieder etwas von ihm; nicht der Bruder, oder die Braut, oder sonst wer. Als ich darauf von Berlin schied — habe auch etwas von einer Schwalbennatur in mir, Herr, — versprach ich Denen, die daheim blieben, daß ich den Onkel suchen und ihn heimbringen wolle, wenn ich ihn fände. Nun hat der Hausmeister unseres Reeders in der Havanna — Sennor Velasquez, wißt Ihr! — eine Geschichte von einem Deutschen erzählt,

der einen Namen führte, wie mein Onkel und der nach
Afrika gegangen sei, um das Goldland zu finden. Und
das ist alles, Herr. Wenn mein armer Onkel Gold
suchen wollte, ist es nur geschehen, um den Seinigen,
die daheimblieben und noch ärmer sind, als er war,
ein sorgenfreies Leben zu bereiten."

„Es ist gut, mein Junge," sagte Mynheer Jantzen.
„Du sollst Zeit behalten, Deinen Onkel zu finden.
Der Name, den Du nanntest, bringt mich auf einen
Gedanken. Will doch nach dem Schiffer Claus Ahlers
schicken. He, Holla, Eduard! Eduard!

„Statt des Gerufenen erschien Mynheers Tochter,
die schöne Flortje.

„Was willst Du hier?" brummte der Alte.

„Wollte Euch nur sagen, daß der Eduard fort=
gegangen ist, um den Schiffer Claus Ahlers einen
Pack Waren hinzutragen, das dieser aus Versehen
liegen ließ. Er wollte sich sputen, um ihn noch zu
treffen."

„Es ist gut," sagte der Vater. „Du kannst nun
gehen!"

Nach diesen Worten wandte er sich wieder zu
Ludwig. Allein dieser schaute unverwandt auf das
junge Mädchen und hatte für den Vater weder Auge
noch Ohr.

„Ich sagte Dir, Flortje, Du sollst gehen!" rief
der Vater und das Mädchen entfernte sich zögernd.

Mynheer Jantzen faßte den Ludwig am Arm und
sagte zu diesem:

„Wie es scheint, bist Du schon in Gedanken so
weit von hier, daß Du nicht Auge und Ohr für das

haſt, was in Deiner nächſten Nähe vorgeht. Iſt das
ein Betragen für einen jungen Kerl, der immer allert
ſein ſoll, bei Tag und bei Nacht? Dein Gebahren iſt
das eines Süßwaſſer-Matroſen, dem die erſte Sturz-
ſee über den Kopf wegfliegt.“

„Ihr habt recht, Herr. Sollte mich ſchämen!“
ſprach Ludwig, nach einem tiefen Atemzuge lebhaft
errötend. „War einen Augenblick nahe daran, einen
falſchen Kurs zu ſteuern und ſah die Klippe nicht,
die mir quer in den Weg trat. Habt Dank, Herr,
daß Ihr mir die Steuerpinne aus der Hand nahmt
und mir die Wege wieſet. Will von Eurer Erlaubnis
Gebrauch machen und dieſe Wege einſchlagen, damit
ich finde, was ich ſuche.“

Er entfernte ſich. Als er draußen war, ſah er
das junge Mädchen vor der Thür, welche, die Hand
über die Augen haltend, in die Ferne ſchaute.

„Verdammt ſchmuckes Galion das! Iſt mir zu
Mute, als es meinem Kapitän um’s Herz geweſen
ſein mag an jenem Tage, da er neben der ſchönen
Libia in der kühlen Grotte ſaß. Ludwig, Du biſt
ein Hanswurſt! Faſſe Dir ein Herz und wirf die
thörichten Gedanken von Dir, die Dich zum Geſpött
machen vor den Leuten, wenn ſie offenbart werden.
Anker auf und volle Segel.“

Haſtiger als nötig, eilte er der Thüre zu und
an dem jungen Mädchen vorüber, die unwillkürlich
zurückwich; dann aber rief ſie ihn beim Namen.
Ludwig wandte ſich raſch zu ihr und ſagte:

„Wolltet Ihr etwas von mir, Jungfer Flortje?“

„Da ist Euer Kamerad, der Eduard,“ entgegnete sie zögernd. „Ging fort, um den Schiffer Ahlers ein Packet zu bringen. Die Sonne brennt heiß und es ist um diese Stunde gefährlich im Freien. Sagt ihm, daß er sich in Acht nehmen soll.“

Und als sie diese Worte mit steigender Verlegenheit hervorgestoßen hatte, eilte sie in das Haus zurück.

„So ist es gemeint,“ sprach Ludwig vor sich hin und eine seltsame Empfindung kam über ihn, von der er sich keine Rechenschaft zu geben wußte. Er drückte die Hand auf das Herz, indem er rasch von dannen schritt und vor sich hin murmelte:

„Ich weiß nicht, was das dumme Ding da drinnen rumort, als ob es mir die Brust auseinander sprengen will. Wollen es mitsammen verlaufen und in ein anderes Fahrwasser lenken; ob sich da nicht ein ruhigerer Ankerplatz bietet. Je weiter von diesem, desto besser.“

Flortje hatte Recht. Die Sonne brannte heiß und die Wanderung auf dem glühenden Sande wurde lästiger. Ludwig hielt erschöpft an und blickte forschend umher. Ein Wanderer kam ihm entgegen. Es war Eduard. Ludwig rief ihn und mit einem bittern Gefühl, dem er keinen Namen zu geben wußte, überbrachte er ihm die warnenden Worte des jungen Mädchens aus der Faktorei.

„Nimm Du Dich nur selbst in Acht!“ entgegnete Eduard. „Dein Gesicht glüht, als sollte es allstunds in Feuer aufgehen. Aber es ist hübsch von der Jungfer Flortje, daß sie an mich gedacht hat. Höre, Ludwig . . .“

Er brach plötzlich ab, als scheue er sich, die geheimsten Gedanken laut werden zu lassen. Darum gab

er dem Gespräche eine andere Wendung und sagte:
„Das Boot des Claus Ahlers, nach welchem Du fragst,
liegt weiter aufwärts hinter jenem Vorsprung. In einer
halben Stunde bist Du dort. Kannst Dir vollkommen
Zeit lassen, denn er muß heute noch überliegen. Sein
alter Maat, der Wilhelm, hat einmal wieder seine
Schrullen gehabt und ist gelaufen wer weiß wie weit.
Erst vor ein paar Stunden kam er zurück und muß
ausschlafen, bevor etwas mit ihm anzufangen ist.“

„Was ist es für eine Art Mann, dieser Wilhelm?“
fragte Ludwig und indem er fragte, schnürte es ihm
die Brust zusammen. Seine Kameraden wußten, daß
er hier die Spur seines Onkels finden solle, wenn sie
auch das Nähere nicht kannten, und war gespannt,
welche Antwort folgen werde; allein Eduard mochte in
diesem Augenblick ganz andere Dinge bedenken, denn er
sagte nur:

„Mir scheint er ein närrischer Kerl zu sein. Als
ich bei dem Boote anlangte, sah er mich an, als ob
ich ein Wundertier sei, schloß aber übermüdet gleich die
Augen. Sprach mit dem Schiffer, und weil mich der
Durst empfindlich plagte und eine Erinnerung an Berlin
über mich kam, rief ich unwillkürlich aus: Weiß nicht,
was ich darum gäbe, wenn ich jetzt eine kühle Blonde
hätte, aber honnet gepfropft. Da fuhr der Mann aus
seinem Halbschlaf auf; allein er fühlte sich zu matt und
fiel wieder zurück. Claus Ahlers rief ihm zu: Unter
Deck, Wilhelm, unter Deck! Und er, gewohnt dieser
Stimme zu gehorchen, that wie ihm geheißen ward.
Die kühle Blonde bringt mich darauf, daß er einer der
Unsrigen ist, und Du kannst Dir ja einen Vers daraus

machen. Nun aber muß ich sehen daß ich weiter
komme. Ich bin schon lange fort und im Hause ist
noch viel zu thun."

Mit einem flüchtigen Gruße ging er weiter. Ludwig
verfolgte die ihm angegebene Richtung und in seinem
Kopfe floß es wie ein wirres Chaos durch- und in
einander. Ganz Berlin wurde auf dem heißen afrikanischen Sande in ihm lebendig. Schulze und Neumeier,
der alte Vater Pfingstberg und Tante Jette, die Werkstatt des Meister Schön und das schattige Spreeufer,
wo der Kahn der jungen Argonauten lag, traten ihm
als lebende Gestalten entgegen, um ebenso schnell wieder
zu verschwinden und andern Platz zu machen. Zuletzt
tummelte er sich mit einem Haufen toller Jungen auf
dem Steinpflaster der Wilhelmstraße umher und als er
dabei gegen den mit dem Stock drohenden Polizeikommissarius anprallte, träumte er es mit solcher Wirklichkeit, daß er fast hinterrücks übergestürzt wäre.

"Nun, das muß ich sagen," lachte der Schiffer
Claus Ahlers, "wenn ich Euch nicht in den Weg trat,
liefet Ihr blindlings in den Strom, und zum Dank
dafür rennt Ihr gegen meinen Kopf, daß ich blaue
Flecke davontrage. Holla, Patron, wo soll es mit Euch
hinaus und was habt Ihr hier bei dem alten Claus
Ahlers zu suchen?"

"Haltet es mir zugute, Mann!" sagte Ludwig
nicht ohne Verlegenheit. "Ich bin hastig gegangen und
es wurde mir schwarz vor den Augen. Sie brennen
wie Feuer im Kopfe."

"Kann es mir denken, wie es thut, wenn man
um diese Zeit barhäuptig im Sonnenbrand umherläuft.

Wo habt Ihr Eure Strohkappe gelassen? Kriecht zu mir in dieses Sonnenzelt, streckt Euch nieder und laßt das Blut zur Ruhe kommen. Mir ist ohnehin die Saat verhagelt, da mein Maat sich gelegt hat und sobald nicht wieder aufwacht."

Ludwig war der Weisung des Schiffers gefolgt, und indem er sich behaglich ausstreckte, sagte er: „Der Maat heißt Wilhelm, mutmaße ich."

„So heißt er, wenn ich auch nicht begreife wie Ihr dazu kommt, es zu wissen, und was es Euch an= geht — —"

„Quält Euch darum nicht. Wenn Euch aber die Krankheit des Mannes in Verlegenheit bringt, nehmt mich zum Maaten an dessen Stelle. Ich habe Zeit vollauf und kann Euch als befahrener Matrose stets zur Hand sein, denn ich bin jung und stark."

Die Augen des Schiffers glänzten. Er sah sich durch dies Anerbieten wirklich von einer großen Ver= legenheit befreit.

„Wenn es Euer Ernst ist, nehme ich es mit Freuden an, Jungchen."

„Es ist mein voller Ernst, Claus Ahlers."

„Dann ist es unter uns abgemacht. Und was das Traktament betrifft . . . . ."

„Darnach habe ich nicht gefragt!" unterbrach Ludwig den Schiffer, sich erhebend. „Ehe Ihr Eurer= seits den Handel mit mir eingeht, müßt Ihr Euch überzeugen, ob ich auch etwas von Eurem Handwerk verstehe."

„Hat damit keine Not," war die Antwort. „Soviel ich weiß, seid Ihr einer von den Dreien,

welche, weiß der Geier warum die Argonauten genannt
werden. Oder ist es ein Schimpfwort? Dann will
ich nichts gesagt haben."

„Nein, Alter, es ist kein Schimpfwort, sondern
der Name von Leuten aus fernen Tagen, die nach
einem Schafstall suchten und einen Haufen Gold fanden,
womit sie sich einen lustigen Tag machten."

„Daran thaten sie klug, Jungchen, und ich wünsche
Dir ein Gleiches," sagte lachend der Schiffer. „Aber
wir wollen jetzt das Sonnenzelt zusammenrollen und
allgemach Hand an's Werk legen."

Es geschah. Der Anker ward gelichtet und die
Fahrt begann. Ludwig warf einen flüchtigen Blick in
den Raum und gewahrte den Mann, an dessen Stelle
er trat, im unruhigen Traumschlaf vor sich. Eine
stille Wehmut überkam ihn bei diesem Anblick. Er
wehrte den Thränen nicht, die ihm in die Augen traten.

Der Tag verlief. Man legte bei einem Negerdorfe
an, wo das Boot Station zu machen pflegte. Der
Schiffer sagte zu seinem Maaten:

„Morgen ist hier offener Markt und wenn er gut
ausfällt, giebt es auf den Abend doppeltes Traktament.
Unterdessen schaut Euch um. Sieht hierorts etwas
besser aus, als in andern Negerdörfern. Steckt eine
Art Kultur darin. Und da Ihr aus dem Preußischen,
oder aus dem Brandenburgischen seid, was alles eine
Teufelei ist, wird es Euch lieb sein zu hören, daß es
eine, so zu sagen, brandenburgische Kultur ist."

„Was meint Ihr damit?"

„Damit meine ich, daß es eine Zeit gegeben hat,
wo Eure Leute hier landeten und auf brandenburgisch

regierten, bis die Holländer es nicht litten, sondern sie
mit einem guten Stücke Gold heimschickten. Denkt
darüber wie Ihr wollt. Unsere Vorfahren lagen sich
hierorts stets in den Haaren. Wir aber wollen gute
Freunde bleiben. Holla Ahoi! Was giebt's da?
Wollt Ihr Satans=Schwarzen machen, daß Ihr
fort kommt!"

Claus Ahlers verscheuchte die Neger, die sich dem
Boote nahe schlichen, um wo möglich einige Gegen=
stände, die gerade zur Hand waren, ohne Geld zu
kaufen. Er verschloß die Luke, welche in den Waren=
raum führte und suchte seine Lagerstatt auf.

Ludwig blieb oben. Die Neuheit seiner Lage
verscheuchte jeden Schlaf. Hier war er nun in dem
Wunderlande, wovon Sennor Velasques mit ihm sprach
und wovon er sich die seltsamsten Vorstellungen machte,
zum erste Male mit sich allein. Bisher war er unter
Kameraden und andern Personen, im Strom der
Geschäfte und der Ereignisse mechanisch fortgeschlichen.
Hier in der Einsamkeit, umgeben von der schweigenden
Nacht, trat ihm diese Welt in ganz veränderter Gestalt
entgegen.

Die Wolken thaten sich auseinander und der
Mond warf sein irrendes Licht auf den glitzernden
Wasserspiegel. Von dem bleichen Schimmer angehaucht,
wurden die schwarzen Gestalten, die der Schiffer vorhin
verscheuchte, wieder sichtbar am Strande und huschten
gespenstisch hierhin und dorthin. Wie ein kalter Schauer
durchrieselte es den jungen Mann. Das Auge sah,
wie gebannt, auf die Schwarzen, die sich bald wie

16*

Schlangen über den Boden wegringelten, bald sich zu einem Knäuel zusammen ballten und regungslos liegen blieben.

Da tauchte unmittelbar vor ihm eine Figur aus dem untern Raume auf. Sie war ihm so nahe, daß sie ihn fast berührte. Erschreckt wich er mit einem Schrei zurück und sah, wie jene Erscheinung sich an den Mast anlehnte. Eine Weile blieb es still, dann aber drang ein Ton zu ihm, leise wie ein Abendwind, der durch die Blätter rauscht. Allmählich anschwellend, gestaltete er sich zu einem Worte und Ludwig vernahm mit Erstaunen den Anfang eines Liedes, das er daheim öfter von Tante Jette hatte singen hören. Diese Worte aber lauteten:

> „Kein Feuer kann brennen,
> Keine Kohle so heiß . . ."

Der Gesang verlor sich in ein unverständliches Gemurmel.

„Das ist der Wilhelm!" dachte Ludwig. „Ich will ihm helfen, sein Lied zu Ende zu bringen."

Und mit lauter Stimme setzte er ein:

> „Als heimliche Liebe,
> Von der Keiner nichts weiß."

„Wer ist da?" rief der Mann mit einem Tone, wie er Denen eigen ist, die jäh aus einem Traumschlaf aufschrecken.

Ludwig nahm sich zusammen und sagte: „Ein Seemann, den der Schiffer Claus Ahlers annahm, um in die Bucht zu springen, dieweil sein Maat erkrankte."

„Dann springe nur wieder aus der Bucht heraus; denn ich bin jener Maat und vollkommen gesund, wie Du siehst."

Für diese Reise müßt ihr mich schon als Maaten behalten, guter Freund. Und wir werden uns hoffentlich vertragen, da wir Landsleute sind. Hörte es an dem Liede, das Ihr vorhin begannt und darum half ich es Euch weiter singen."

„Kann mir meine Lieder allein anfangen und zu Ende bringen," entgegnete Jener verdrießlich.

„Das sagen die Straßenbuben in Berlin auch," fuhr Ludwig dreister fort.

„Was weißt Du von den Berlinern?" fragte der Mann erregt.

„Werde doch wohl wissen, wie meine Kameraden sprachen, mit denen ich mich oft genug auf dem Sechseck herumgeschlagen habe!" antwortete Ludwig keck.

„So bist Du . . . ." sprach der Mann, unterbrach sich aber sofort selbst und ging nahe an Ludwig heran. Sie saßen sich gegenüber. Der Mann sah den jungen Matrosen fest an und sagte:

„Ich bin auch ein Berliner."

„Und heißt Wilhelm?"

„Woher weißt Du es?"

„Der Schiffer sagte ich würde einen Maaten namens Wilhelm haben und ich mutmaße, daß Ihr es seid."

„An dem Maaten wirst Du nicht viele Freude erleben. Ich bin ein mürrischer Gesell, mit den schwer auszukommen ist."

„Dafür bin ich desto lustiger, das gleicht sich aus. Wenn Ihr einmal tüchtig schwatzen wollt von Berlin und dergleichen, bin ich stets dabei."

„Habe Berlin bis auf die Erinnerung vergessen. Seit dem Tage, als ich — weit drüben in den Bergen — in das Schlangennest trat. Sie hatten mich arg zugerichtet und wäre der schwarze Doktor nicht gewesen, sie hätten mich gefressen. Allein er spielte ihnen auf seiner Pfeife ein lustiges Stückchen vor, und sie fielen von mir ab und krochen zu ihm. So blieb ich am Leben. Aber seit der Stunde sticht und prickelt es mir im Kopf, und wenn ich über etwas grüble, was ich nicht finden kann, thut er mir weh, sehr weh."

Wilhelm bedeckte das Gesicht mit den Händen und vergaß alles um sich her. Der Schiffer, der seine Hängematte verließ, um einmal nach dem Rechten zu sehen, weil er des neuen Maaten noch nicht sicher war, hörte das letztere und sagte leise zu Ludwig: „Er ist eine Zeit lang mit einem Neger in Westindien umhergezogen, der für einen klugen Doktor galt und sein Unwesen mit Schlangen und anderem Getier trieb. Das Gewürm ist eines Tages aus dem Kasten gekrochen und hat sich an den armen Wilhelm gehängt, der vor Schrecken darüber das Fieber bekam. Der Körper ist zwar genesen, allein sonst ist es schwach mit ihm bestellt. Nun, ich sehe, es ist alles in guter Ordnung; da will ich nicht länger stören. Seid beide deutsche Muffs; da ist der Holländer als Drittmann überflüssig."

Claus Ahlers schob sich wieder unter Deck. Wilhelm nahm die Hände von dem Gesicht und sah um sich, als müsse er sich erst auf das besinnen, was kurz vorher geschehen sei. Sein Auge haftete auf Ludwig: „Was willst Du hier, Bursch?"

„Hier will ich gar nichts," entgegnete dieser lachend. „Habe mich verirrt und kann mich nicht wieder nach Hause finden. Da wollte ich Euch bitten, mir den rechten Weg zu zeigen, Landmann."

„Wo steht Dein Haus?"

„Jetzt wird es sich zeigen," flüsterte Ludwig vor sich hin und fuhr dann in der angeschlagenen heiteren Weise fort: „Nicht weit vom Sechseck am Halleschen Thor. In der Wilhelmstraße, wißt Ihr."

Wilhelm schüttelte mit dem Kopf.

„Kurios, daß Ihr und die Straße, worin ich geboren bin, denselben Namen führt. Das Haus, das ich meine, ist von außen grün angestrichen; aber der Regen hat die Farbe fast abgewaschen. Wenn Ihr auf dem Flur seid, steigt Ihr unverdrossen drei Treppen hinauf. Dann geht zu der Thür rechts und klopft tüchtig an. Eine Klingel giebt es nicht. Dort wohnt ein Webermeister, Andreas Pfingstberg geheißen."

„Pfingstberg?"

„So sage ich. Ist ein alter kränklicher Mann, der seine Frau verloren und einen Säugling in der Wiege hat. Aber mit der Wirtschaft geht es gut, denn Tante Jette ist bei ihm."

Wilhelm rückte ihm näher und sah ihn so fest an, als wollte er ihm die Worte von den Lippen reißen. Ludwig, fest überzeugt das Ziel erreicht zu haben, fuhr lebhafter fort:

„Jette Leßler, wißt Ihr, um die sich der reiche Neumeier bewarb. Ihr müßt ihn ja gekannt haben,

Mann, den hochmütigen Neumeier, der meinte, er brauche nur die Hand auszustrecken, um an jedem Finger eine schöne junge Frau zu haben. Aber die Jette dachte anders. Sie schickte ihn mit einem Korbe fort, und blieb ihrem Vetter Wilhelm treu."

„Henriette!" rief jener aus tiefster Brust.

„Henriette und Wilhelm, die beiden Namen passen zusammen, wie gegossen!" fiel Ludwig lebhaft ein. „Jette Jeffler und Wilhelm Pfingstberg meine ich. Und der seid Ihr doch?"

Der Mann brach in Thränen aus. Seine Brust hob und senkte sich und er stöhnte: „Ich bin es! Bin Wilhelm Pfingstberg!"

„Hurra!" rief Ludwig. „Und ich bin Ludwig Pfingstberg, der kleine Schreihals, der in der Wiege strampelte, als Ihr von Eurer Braut Abschied nahmt und in die weite Welt gingt, mit dem Versprechen, ein reicher Mann zu werden und dann wieder zu kommen und Hochzeit zu machen."

„Er blieb arm und kam nicht."

„Aber mein Onkel Wilhelm bist Du!" rief Ludwig und warf sich in seine Arme. Er preßte ihn fest an sich und küßte ihn herzlich. „Der da ist von Deinem Bruder Andreas, und der und der und wieder der, die sind von Tante Jette und der da ist von mir. Und wenn Du noch einen von dem Neumeier haben willst, darfst Du es nur sagen; aber der wird Dir nicht be= sonders schmecken."

„Wie ist mir? Was geschieht mir?"

„Dir geschieht, wie einem Onkel geschieht, der lange Zeit allein war und nun plötzlich einen ausgelassenen

Neffen findet, mit dem er sich tüchtig abärgern muß. Onkel! Lieber Onkel! Was wird die Wilhelmstraße sagen, wenn wir Arm in Arm dahergezogen kommen und nach Meister Andreas Pfingstberg fragen. Hurra! Ist es Dir nun klar vor Augen?"

„Sonnenschein nach einer langen dunklen Nacht!" rief Wilhelm. „Willkommen, mein Junge! Das soll ein glücklicher Tag werden."

Und harmlos schwatzten sie weiter. Die Nacht verging und der helle Tag brach an, ohne daß sie es merkten. Der Schiffer, völlig ausgeschlafen, kam nach oben und sagte: „Habt Ihr nun genug geschwatzt? Es ist die höchste Zeit, den Anker zu lichten. Frisch an das Werk! In drei Tagen müssen wir wieder auf der Faktorei sein."

„Das ist ein Wort!" sagte Ludwig und griff zur Handspake. „Mit einem Ruck sitzt der Eisenzahn vor der Klüse. Da ist auch die frische Morgenbrise. Los das Segel und gute Fahrt. Ich habe meine Schuldigkeit gethan."

Das Fahrzeug des Claus Ahlers zog unbehindert seine Straße, begrüßt von den am Ufer hin und her laufenden Negern.

Während der Fahrt, die sich länger ausdehnte, als der Schiffer es beabsichtigte, wurden Onkel und Neffe immer vertrauter. In der Faktorei gestaltete sich mancherlei anders.

Pierre Bernard, der französische Agent, hatte es seit lange auf den wackeren Vorstand der holländischen Faktorei gemünzt. Dieser weigerte sich nicht allein auf das Entschiedenste, an dem Handel mit Ebenholz-

blöcken sich zu beteiligen, er legte demselben auch jedes
nur denkbare Hindernis in den Weg und war Ursache,
daß an diesem Teil der Küste besagtes Geschäft nur
einen lauen Fortgang nahm und nahe daran war,
gänzlich einzuschlafen. Vergebens hatte Bernard eine
Gelegenheit gesucht, um dem Alten einen empfindlichen
Schlag zu versetzen; jetzt glaubte er, die günstige
Stunde sei gekommen. Es würde dem stolzen Mann,
der sich so viel auf seine Gewissenhaftigkeit einbildete,
empfindlich schmerzen, wenn man ihm die jungen Seeleute, die seiner Obhut anvertraut waren, entfremdete
und sie zu seinen entschiedenen Gegnern machte. Der
Gedanke war kaum gefaßt, als er auch bereits zur
Ausführung gebracht wurde. Der erste, nach welchem
er den Köder auswarf, war Ferdinand.

Monsieur Pierre Bernard besaß die Gabe, die
Eigentümlichkeiten der Menschen, die ein Interesse für
ihn hatten, bald zu ergründen. Er erkannte ihre
Neigungen, sowie ihre Schwächen und indem er denselben schmeichelte, gewann er ihr Vertrauen. Wenig
zum Seemann geeignet, bald verzagt in den Tagen
der Gefahr, leidenschaftlich dem Genuß ergeben und
hochfahrenden Sinnes, fand Ferdinand an Pierre
Bernard, der gleichen Lebensansichten huldigte, einen
willkommenen Führer. Der schlaue Franzose schmeichelte
seinem jungen Schüler, der sich ihm zuerst nur mit
einiger Scheu hingab. Pierre Bernard begegnete dem
Ferdinand nicht, wie einem jungen Mann, dem man
zu seinem Fortkommen behilflich sein will. Er ging
mit ihm wie mit seines Gleichen um und strich die
Vorzüge seines jungen Freundes mit solchem Eifer

heraus, daß dieser selbst daran glaubte. Mit einiger
Schüchternheit hatte er die Behausung des Franzosen
betreten, als dieser ihn höflich einlud. Um einen Kopf
länger verließ er dieselbe und trug diesen Kopf stolz
im Nacken, voll Verwunderung darüber, daß sein Licht
so lange unter dem Scheffel stand. Da galt es, das
Versäumte mit doppeltem Eifer nachzuholen.

Mit Leichtigkeit vermochte Pierre Bernard, als
er seinen Zögling erst bis dahin geleitet hatte, den=
selben für seine Zwecke zu gewinnen. Er wollte nicht
blos den Faktor ärgern, er wollte auch einen reellen
Nutzen davon haben. Es dauerte nicht lange, so
erblickte man Ferdinand in eleganter Kleidung, beide
Hände in den Taschen und mit dem Gelde klimpernd,
daß er der Freigebigkeit seines neuen Freundes ver=
dankte. Die empfangene Summe war der Kaufschilling
für einen schwarzen Knaben, den Pierre Bernard in
Ferdinands Gegenwart verhandelte.

„Ein Bübchen," sagte der Franzose leichthin. „Der
nächste Handel, den wir zusammen machen, muß einem
mächtigen Block, oder einem Dutzend solcher Dinger
gelten. Dein Handgeld hast Du empfangen."

Pierre Bernard lachte bei diesen Worten und
Ferdinand lachte mit, ohne die Schwere des Inhalts
jener gesprochenen Worte zu bedenken. An einem der
nächsten Tage entfernte sich Ferdinand mit seinem
neuen Freunde aus dem Bereiche der Faktorei.

Hier ging alles seinen gewohnten Gang. Eduard
lebte sich so sehr in das Thun und Treiben derselben
hinein, daß er dem alten Jantzen eine wesentliche
Stütze wurde. Er gab sich dem Geschäfte mit vollem

Eifer hin und die Neigung zum Seeleben, die ihn aus
der Heimat trieb und in die weite weite Welt jagte,
erlosch mit jedem Tage mehr. Die schöne Flortje hatte
es ihm angethan. Er stand in dem Bann ihrer
schönen Augen. Der alte Herr schien davon entweder
nichts zu merken, oder darauf nicht, als etwas besonderes,
zu achten. Er beförderte ihr Beisammensein nicht; aber
wenn sie sich zufällig oder absichtlich fanden, störte er
sie nicht. Mynheer wußte wohl, daß ein Feuer nur
um so heller leuchtet, je mehr man darin stochert.

Eines Morgens trat Eduard, sonst ruhig und
besonnen, in nicht geringer Aufregung in das Kabinet,
worin Mynheer Jantzen sich aufzuhalten pflegte, wenn
er ungestört sein wollte. Eduard wußte das und es
mußte nichts Geringes sein, das ihn veranlaßte, dem
erhaltenen Befehl zuwider zu handeln.

„Vergebt, Herr,“ sprach er, ganz außer Atem.
„Allein ich muß . . . .“

„Brennt es etwa im Speicher?“ fragte der Alte
verdrießlich, von seinem Pulte aufsehend.

„Nein, Herr. Aber da ist der Franzose, der
Pierre Bernard angekommen . . . .“

„Schiert das mich etwas? Hast Du den Kopf
verloren, daß Du mit mir von einem Kerl sprichst,
von dem Du weißt, daß ich ihn nicht leiden kann?“

„Ich kann ihn auch nicht leiden. Aber da ist
der Ferdinand . . . .“

„Was soll es mit dem?“

„Ihr hießet ihn gehen und er ging zu dem
Franzosen. Das hinterbrachte ich Euch; allein Ihr
meintet, das hätte nichts auf sich; der Junge käme

schon wieder, wenn er mürbe geworden wäre Nun, Herr, der kommt nicht wieder. Er ist mit seinem Meister auf die Negerjagd gegangen und vor einer Stunde trafen sie mit einem starken Trupp hier ein. Es ist ein Toben und Murren, daß einem angst und bange dabei wird."

Mynheer Jantzen erhob sich mit solcher Hast, daß er sein Pult umgeworfen hätte, wäre es nicht am Boden befestigt gewesen.

Eduard erzählte alles, was er in Erfahrung gebracht hatte und Mynheer Jantzen, der sich von dem ersten Schrecken erholte, sagte in seiner ruhigen Weise:

„Der Ferdinand ist ein mir von dem Kapitän Johannes Hansen anvertrautes Gut, das ich nicht ohne weiteres preisgeben darf. Ich will diesem Franzosen zu Leibe gehen, und ihn mit allen Waffen bekämpfen, die einem ehrbaren Kaufmann zu Gebote stehen. Vielleicht gelingt es, den Jungen aus den Klauen des Satans zu erlösen. Heute Abend will ich Dir meine Meinung sagen."

In derselben Stunde, wo Mynheer Jantzen sich anschickte, den ersten Schritt in dieser Angelegenheit zu thun, erreichte das Boot des Claus Ahlers seinen gewohnten Ankerplatz. Die Reise war über Erwarten günstig ausgefallen und der Schiffer schmunzelte, indem er in der Stille den Verdienst überschlug. Zu seinen Maaten aber sagte er:

„Geht nun in Gottes Namen, bis ich Euch zu einer neuen Reise nötig habe. Euch, Ludwig, danke ich für Euern Beistand noch besonders, und es soll nicht

blos bei dem magern Worte sein Bewenden haben.
Ich werde dem Patron alles berichten. Geht Leute
und schlaft rechtschaffen aus; ich und der Junge wollen
das Fahrzeug wohl in Obacht nehmen.“

Ludwig ging mit dem Onkel den Strand entlang.
Er fragte nicht, wohin dieser ihn führte. Es war ihm
genug, daß er neben dem Wiedergefundenen herging
und dieser sich mit solcher Herzlichkeit an ihn anschloß.

Allmählig lenkte Wilhelm landeinwärts. Der Pfad
ging steil in die Höhe und verlor sich im Gestrüpp.
Mehrere Male war bald nach einander das Schlingkraut
aus dem Wege geräumt; allein stets überwucherte es
den Pfad von neuem.

„Wohin gehen wir?“ fragte Ludwig endlich, der
sich nur mühsam durcharbeitete.

„Nach meiner Wohnung,“ sprach der Onkel kurz,
indem er unverdrossen Bahn machte.

„Du hast Dir einen absonderlichen Wohnplatz aus=
gesucht,“ bemerkte Ludwig kopfschüttelnd. „Was willst
Du in dieser Einsamkeit?“

„Mit mir allein sein!“ war die Antwort. „Siehst
Du dort meine Hütte? Schaue genau hin, sonst findest
Du sie nicht.“

Mit Mühe erkannte Ludwig zwischen üppig wuchern=
den Pflanzen der seltsamsten Art den Eingang, der in
eine wunderlich zusammengezimmerte Behausung führte.
Kopfschüttelnd folgte er dem Onkel, der ihm voranging
und zu dem Neffen gewendet sprach: „Hier ruhe ich
nach meinen langen mühevollen Wanderungen und hüte
meine Geheimnisse.“

„Was für Geheimnisse können hier verborgen sein?“

„Wenn das Volk, das draußen umherlungert, sie kennte, würde es dieses Dach niederreißen und mich ermorden," entgegnete Wilhelm. „Du aber bist ein Teil von mir selbst und sollst freiwillig alles von mir erfahren."

Ludwig gehorchte und blickte auf den Onkel, der dürres Holz zusammen trug. Bald loderte ein Feuer auf, das einen hellen Schein verbreitete. Wilhelm griff zu einer Hacke und sagte, indem er den Boden aufwühlte:

„Die Blinden suchten im Strom und in den Bergen, aber sie kehrten mit leeren Händen zurück. Ich suchte nicht, als ich den Grund zu dieser Hütte grub. Es rollte mir von selbst durch die Finger. Schau her."

Er hob nicht ohne Mühe eine roh zusammen gezimmerte Truhe aus der Erde und schlug den Deckel zurück. Es glänzte im Wiederschein des Feuers hell auf.

„Gold!" schrie Ludwig auf.

„Mein Brautschatz!" sagte der Onkel.

„Das ist der Traum!" rief Ludwig. „Er geht in Erfüllung."

Die Flamme war im Absterben. Die Truhe schloß sich und sank wieder in die Tiefe hinab.

„Und wo?" fragte Ludwig. Aber er war zu aufgeregt, um diese Frage zu Ende zu führen.

„Morgen!" entgegnete der Onkel. Er setzte sich in eine Ecke und ließ den Kopf auf die Brust sinken.

Ludwig blickte auf den Mann, der regungslos ihm gegenüber saß, bis auch der Schlaf ihn übermannte und ihn in ein seliges Traumleben versenkte. Noch einmal träumte er den Traum der drei Berliner Argonauten.

Es blieb still in dem engen Raum.

***

XV.

In der Havanna.

Meister Gottlieb Matsen stand in seiner Werkstatt, den Hobel in der Hand, allein die Arbeit wollte nicht fördern.

Vor ihn hin trat sein Weib. Sie focht mit den Händen durch die Luft und sprach sich immer zorniger.

Endlich nahm sich der Meister zusammen und rief ihr zu:

„Schweigen sollst Du; ich befehle es Dir!"

Aber die heißblütige Creolin mit dem norddeutschen Namen Matsen, schrie:

„Ich will nicht schweigen! Ich will sprechen, so lange ich noch einen Athemzug thun kann, von der Schlechtigkeit eines Mannes, der die Seinigen in Not und Elend umkommen läßt, während sie die Fülle haben könnten, wenn er bei seinem Handwerke bliebe und seine Nase nicht in Dinge steckte, die ihn nichts angehen."

"Nichts angehen?" fuhr der Meister dazwischen. "Geht mich die Not eines Mitmenschen nichts mehr an, zumal wenn dieser mein Landsmann ist? Und wenn es morgen wieder so käme, ich thäte genau dasselbe.

"Eine rechte Heldenthat hast Du vollführt. Dem Liebsten einer jungen, unerfahrenen Dirne hast Du heimlich Zutritt verschafft und Dich zum Aufpasser hergegeben. Dafür hat Dich der Vater aus dem Hause gejagt. Er hat Dir die gute Kundschaft entzogen und auch andere aufgefordert, nicht mehr bei Dir arbeiten zu lassen. Wir verkommen mit jedem Tage mehr und müssen am Ende ganz und gar die Werkstatt schließen."

"Ja, es ist wahr, der Kaufmann hat mich gehen heißen und seine Freunde haben mir die Arbeit gekündigt; allein darum verzweifle ich noch lange nicht. Wenn der Kopf klar, das Herz rein und die Arme gesund sind, wird es dem Handwerksmann an Brot nicht fehlen. Du bist sonst eine vernünftige Frau, Marietta, nun läßt Du Dich von einem unglücklichen Vorfall zur größten Ungerechtigkeit hinreißen. Gehe hinauf zu den Kindern und suche Dich zu sammeln."

Er redete ihr solange freundlich zu, bis der Strom ihrer Rede allmählig schwächer wurde und endlich gar versiegte. Als sie den Mann in der Ueberzeugung verließ, daß er nicht zur Vernunft zu bringen sei und dem Abgrund zu taumele, trat ein Fremder in die Werkstatt, der nach dem Meister fragte. Es war ein deutscher Seemann, der eine Bestellung machte. Wäh-

rend der Beſprechung über dieſen Gegenſtand kam die
Rede auf Johannes Hanſen. Seit lange, hieß es, ſei
derſelbe von Hamburg verſegelt und man höre dort nichts
weiter von ihm. Ein Gerücht habe ſich an der Börſe ver=
breitet, daß das Schiff „der Grasbrook“ verunglückte.
Gewiſſes ſei noch nicht ermittelt, als er die Stadt verließ.

Das Geſpräch ſpann ſich weiter aus und als jener
Kapitän die Werkſtatt des Handwerkers verließ, nahm
er die ihn ſehr verſtimmende Nachricht mit ſich, daß
der ſtolze Johannes Hanſen, den man ſonſt als den
Erſten unter den Gleichen zu betrachten gewohnt war,
zum Sklavenhändler ward und eines der verächtlichſten
Gewerbe betreibe, wozu ein Menſch herabſinken kann.

„Das iſt mein größter Kummer, Herr,“ ſagte der
Meiſter, ſich verabſchiedend. „Die Kundſchaft, die man
hier verliert, findet ſich dort wieder; darum laſſe ich
mir gar kein graues Haar wachſen. Aber, daß ein
Mann, den ich ſo hoch achtete und den ich, um anderer
Urſache willen, dankbar verpflichtet bin, ſo weit ſich
vergaß, daß ich fortan, ſtatt zu ihm hinaufzuſehen, zu
ihm hinunterblicken muß, das verwinde ich nicht ſo
ſchnell und wird mich bis an mein Lebensende quälen.“

In dem Hauſe des Sennor Cruſtello entſtand eine
nicht geringe Bewegung. Daſelbſt war die erſte Kunde
von einer neuen Ladung Ebenholz angelangt. Auf
dem Wege von dem Hafen bis an das Comptoir war
die neue Botſchaft allen Vorübergehenden verkündet.
Kaufluſtige und Neugierige fanden ſich ein, um zu
hören und zu ſehen und durch Bieten oder Ueberbieten
einander zu übervorteilen. Alle fragten nach dem
glücklichen Erwerber ſolcher Schätze und wollten ihm

die Aufwartung machen; allein ein mürrischer Cerberus, in der Gestalt eines alternden Mulatten, wies jeden Besucher mit den Worten ab, der Sennor sei über und über beschäftigt. Es wären gar vornehme Caballeros bei ihm, weshalb er auch niemand für diesen Tag bei sich sehen könne.

Die vielen vornehmen Caballeros beschränkten sich auf den Begleiter des Kapitäns. Sennor Vincent war dem Schiffe mit einem schnellsegelnden Boote vorangeeilt.

„Es ging vortrefflich, Sennor Don," schloß Vincent seinen Bericht. „Dieser Deutsche ist zwar in allen Dingen, die den Handel selbst betreffen, etwas unbeholfen und wäre ich nicht gewesen, hätte es schief gehen können. Allein er wird sich hineinfinden, wenn man ihm keine Zeit zur Besinnung läßt und ihn kurz hält."

„Man kann ihm nicht vorenthalten, was ihm zukommt," sagte der Kaufmann.

„Er mag es erhalten," entgegnete Vincent; „aber nicht blank und bar, sondern in der Hoffnung, das heißt sorgfältig auf sein Konto gebucht. Heftet Ihr ihm zur Unzeit goldene Flügel an, fliegt er auf und davon. Und das wäre schade, Sennor Don, denn dieser Johannes Hansen ist ein Seemann, wie es keinen zweiten giebt: kalt, ruhig, besonnen; von einer Zähigkeit, wovon ich keinen Begriff hatte. Eine wahre Perle von Matrosen."

„Aber unter welchem Vorwande weigere ich ihm seinen rechtmäßigen Erwerb?" fragte der Kaufmann.

17*

Vincent lächelte spöttisch, indem er sagte: „Das muß ich Eurem Scharffinn überlaffen, Sennor Don. Solltet Ihr nicht wiffen, was zu thun ist, wenn man jemand nicht bezahlen will? Stellt Euch meinetwegen felbst miserabel, damit er in der Miserabilität, das heißt in der Abhängigkeit, bleibt. Spaß, Sennor Don. Und dann bleibt uns ja auch noch eine andere Change. Wenn der Kampf Ernst wird, müffen alle Minen springen.

„Was soll das heißen?“

„Das soll heißen, mir ist es mehrmals gelungen, den Kapitän in schwachen Augenblicken zu belauschen. Er ist bis über die Ohren verliebt. Eine Dame namens Livia hat ihn vollständig behert.“

„Vincent!“ rief der Kaufmann auffahrend.

„Thut Euch felbst die Liebe, Euch nicht unnütz zu ereifern,“ fagte Vincent kaltblütig. „Ich weiß, daß Eure schöne Tochter diesen Namen führt und daß sie es ist, wonach dieser Seladon schmachtet. Wollt Ihr noch einen anderen Köder, um den Fisch zu fangen? Es ist die höchste Zeit. Laßt ihn nicht entschlüpfen. Im Innern Afrikas entspann sich ein blutiger Krieg. Zu hunderten wurden die schwarzen Bestien zusammen- getrieben. Für eine Flasche Branntwein und ein ge- fülltes Pulverhorn erhaltet Ihr einen sauberen Block.“

Was in dem Geschäftszimmer des Sennor Crustello vorging, verbreitete sich auch durch die übrigen Teile des Hauses.

Livia eilte zur Mutter. Wechselnde Gefühle be- stürmten sie. Der Geliebte ist wieder da und stürmisch klopft ihr Herz ihm entgegen. Aber es ist nicht derselbe,

der sich ihr näherte mit einem offenen heiteren Sinn,
von keiner Schuld bedrückt. Er ist ein schwerbelasteter
Mann, nach seinen Begriffen von Ehre, dieser Ehre bar
und ein Gegenstand der Verachtung in den Augen derer,
die nicht Sklavenhändler sind oder vom Sklavenhandel
leben. Welch ein Zwiespalt!

In diesem Kampfe der widerstreitendsten Empfindungen sehnte sich Livia nach dem Mutterherzen. Hatte
auch Sennora Petrea sich dieser Liebe stets abgeneigt
gezeigt, war sie doch ihrer Tochter in mütterlicher
Zärtlichkeit zugethan, und nach mancher aufregenden
Scene hatte sie in ihren Armen Trost und Ruhe gefunden.

Sie trat in das vordere Zimmer, wo ihr die
alternde Dienerin der Sennora Petrea mit einer ab-
weisenden Bewegung entgegentrat: „Ich muß Euch
tausendmal um Entschuldigung bitten, Sennora, allein
ich handle nur strengem Befehle gemäß. Ihr könnt
jetzt Eure Frau Mutter nicht sprechen.“

„Und warum nicht?“

„Der fromme Pater Timotheus ist bei ihr und
beide sind versenkt im inbrünstigen Gebet. Wäre mir
doch vergönnt, mein Herz in Gemeinschaft mit diesen
frommen Seelen zu erheben. Sancta Maria und Sanct
Josef; seid mir gnädig und führt mich bald in die
Herrlichkeit des Paradieses ein. Hört Ihr es, Sennora
Livia, wie der Pater seine Stimme mächtig erhebt?
O, betet auch Ihr mit diesem frommen Mann zum
Heile Eurer Seele, und wenn Ihr es nicht vermögt,
weil die allerheiligste Jungfrau sich von Euerm welt-

lichen Treiben abwendet, stört unsere Andacht nicht, die himmelan steigt."

Mit diesen Worten warf sich die Alte vor einem Christusbilde in die Kniee, welches unfern der Thür an einem Pfeiler hing. Die Gemächer der Sennora Petrea waren mit solchen frommen Attributen reichlich versehen.

Die Tochter ging, während die Mutter fortfuhr, sich vor der Beredsamkeit des Paters zu beugen. Als dieser endlich erschöpft innehielt und ganz unbefangen an den Kredenztisch trat, um sich zu erfrischen, sagte Sennora Petrea mit einem tiefen Seufzer: „Und Ihr glaubt, daß ich die unsterbliche Seele meiner Tochter rette, indem ich die irdischen Opfer bringe, welche Ihr von mir heischet?"

Der Pater setzte das leere Glas beiseit und sprach in dem Tone der Ueberzeugung: „Gewiß, meine Tochter. Jede Gemeinschaft, die zwischen Livia und dem Ketzer stattfand, wird dadurch ausgetilgt. Ja, wenn ihr irregeleitetes Herz in dieser unlautern, unchristlichen Liebe verharren sollte, wird die Wirkung des guten Werkes in Bezug auf das junge Mädchen fortdauern. Die Berührung des Ketzers wird sie der allerheiligsten Jungfrau nicht entfremden. Unsere Gebete erhalten sie im Glauben."

„Dann ist dasjenige, was Ihr fordertet, kein Opfer mehr," sagte Donna Petrea erleichtert aufatmend. „Es geschehe Euer Wille."

„Ob dieses Entschlusses segnen Euch alle Heiligen vieltausendmal," sprach der fromme Hirt. „Aber mit dieser Entschließung ist es allein nicht abgemacht. Es sind auch noch einige irdische Formalitäten zu erfüllen."

„Was darin zu thun ist, geschehe nach Eurer Einsicht; überlaßt mich jetzt mir selbst, ehrwürdiger Herr und gebt mir Euern Segen."

„Empfanget ihn aus vollem Herzen. Die zweitausend Doublonen, welche Ihr aus eigenem Antrieb der heiligen Mutterkirche opfert, sind ein Beweis Eurer christlichen Gesinnung. Jedoch könnten mindergläubige Bekenner der allerheiligsten Jungfrau Schwierigkeiten erheben, weshalb ich ein Dokument beschaffen will, welches besagt, daß Ihr über jenes Kapital, welches Euer unbedingtes alleiniges Eigentum ist, zu Gunsten der Kirche verfügt und es durch Eure Namensunterschrift rechtskräftig macht."

Sie gelobte jenes Dokument zu unterzeichnen, sobald es der Pater ihr vorlege. Als dieser sich entfernt hatte, warf sie sich vor dem Muttergottesbilde in die Kniee, um Vergebung bittend, falls sie ihrer Tochter entziehe, was eigentlich ihr gebühre; allein sie habe sich in ihrem Gewissen verbunden gehalten, so und nicht anders zu handeln.

Als Sennora Petrea sich von den Knieen erhob, konte sie sich sagen, daß, wenn ihr Gatte sich von ihr trennte, sie als eine Bettlerin dastehe, denn was an irdischem Gute zu ihrer Verfügung stand, war sie bereit mit einem Federzuge dahinzugeben.

Kapitän Johannes Hansen verließ das Kontor des Reeders mit beklommenem Herzen. Er hatte über den Verlauf der Reise Bericht erstattet und war von dem Kaufmann mit vornehmer Kälte behandelt worden. Keine

freundschaftliche Aeußerung, keine gastliche Einladung,
keine Erinnerung an Donna Livia. Nur Geschäft, ver=
handelt in dem Tone eines Herrn mit seinem Unter=
gebenen, zu welchem er in keiner näheren Beziehung
steht. Als der Gegenstand erschöpft war, glaubte Jo=
hannes Hansen aus den Worten des Kaufmanns heraus=
zuhören, daß man seiner jetzt nicht mehr vonnöten habe
und er gefälligst andern Platz machen möge.

Bald darauf erschien er auf dem Hafendamm.
Er war daselbst kein Fremder. Aber sein Erscheinen
brachte einen Eindruck hervor, ganz verschieden von dem
der früheren Tage. Kerle, die ihm sonst scheu aus=
wichen, glaubten sich berechtigt, den Führer des Sklaven=
schiffes anzusprechen und einen kordialen Ton an=
zuschlagen. Ausgelassene Weiber aller Farben, die
hier auf ihrem Jagdreviere waren, drängten sich an
ihn und jagten ihm mit ihren kecken Redensarten die
Röte des Zornes in das Gesicht. Mit einem schweren
Fluche, der sonst nie über seine Lippen kam, machte
er sich von ihnen los und that einen frischen Athem=
zug, als er einen Mann erblickte, in welchem er einen
Landsmann erkannte, mit dem er früher vielfach in
Verkehr stand. Rasch eilte er diesem entgegen, indem
er ihn beim Namen rief; allein er empfing nur einen
kühlen Gegengruß und mit kalten Worten das Ersuchen,
es nicht übel zu deuten, wenn er nicht weiter Rede
stehe, da ein unaufschiebbares Geschäft ihn abrufe. Das
unaufschiebbare Geschäft bestand darin, daß der Mann
in ein nahes Kaffeehaus trat und in einigen alten
Zeitungen blätterte.

Johannes Hansen war außer sich vor Zorn; allein

es war der Zorn des Ohnmächtigen, der verraucht, ohne die geringste Spur zu hinterlassen. Auch schien gerade jetzt ein neuer Hoffnungsstern ihm aufzugehen. Die Schaluppe eines Hamburger Schiffes, welches kürzlich in Havanna ankam, legte an die Brücke. Der Kapitän, ein ältlicher Mann, betrat den Quai und schlug eine Richtung ein, welche ihn mit Johannes Hansen zusammen führen mußte. Als er denselben gewahrte, zog eine finstere Wolke über sein Gesicht und er machte Miene, eine andere Straße einzuschlagen. Allein das Mitleid gewann die Oberhand, als er den jungen Seemann vor sich sah, der bei allen so große Hoffnung erregte und dem er sich bisher mit väterlicher Zärtlichkeit anschloß. Er trat ihm näher und sprach mit unterdrückter Wallung:

„Wenn mir einer gesagt hätte, der heiße Golfstrom hat plötzlich seinen Lauf geändert und schwimmt zu einer undurchdringlichen Gruppe von Eisbergen erstarrt, dem Nordpol zu, ich hätte es eher geglaubt, als die Kunde, welche von Euch mir zu Ohren kam. Ist das der stolze Kapitän des „Grasbrook", der von aller guten Menschen Segenswünschen geleitet, seine Jungfernreise antrat? Sklavenhändler seid Ihr geworden? Ihr handelt mit Geschöpfen Gottes, die so gut eine unsterbliche Seele in sich tragen, als Ihr selbst. Und warum das? Um eines katholischen Weibes willen, in deren schönes Gesicht Ihr Euch vergafftet und die Euch eine Hölle auf Erden bereiten wird, wenn Ihr thöricht genug seid, sie zu heiraten. Und was sie aus Barmherzigkeit Euch hingehen läßt, das fällt der braunen oder schwarzen Kapuze anheim, die sich Beichtvater schelten läßt und in Euerm Hause den Herrn spielt. Gott stehe uns bei, wie weit kann ein junger Mensch sich von dem rechten Weg verirren."

„Mann, ich bitte Euch . . . ." unterbrach Johannes Hansen den alten Freund aus früheren, besseren Tagen; allein dieser nahm die Hand, welche sich ihm entgegenstreckte, nicht an, sondern sagte:

„Keine Gemeinschaft zwischen uns, so lange Ihr das entehrende Handwerk treibt. Wenn ich Euch jetzt anredete, während die andern Euch geflissentlich aus dem Wege gehen, ist es geschehen, weil ich nicht mit meinen Gesinnungen hinter dem Berge halte und stets gerade heraussage, was ich denke. Und dann glaube ich auch, daß vielleicht mein Wort noch einige Gewalt über Euch hätte und Ihr vor Euch selbst erschrecken würdet, wenn ich Euch einen Spiegel vorhielte. Haltet Euch hart, Mann, und kreuzt lieber mit dichtgerefften Segeln der Brandung aus dem Wege, als daß Ihr mit Bram-Leesegel ihr gerade in den Rachen steuert. Sie verschlingt Euch, Johannes Hansen, und nun Lebewohl für immer."

Mit diesen kurzen Worten entfernte sich der Mann und ließ den Führer des Sklavenschiffes in großer Zerknirschung zurück. Längere Zeit stand er in sich versunken ratlos da. Endlich riß er sich aus seiner Betäubung auf und wendete sich einer Seitenstraße zu, welche von sogenannten kleinen Leuten, Krämern und Handwerkern bewohnt ward. Er trat in die Werkstatt des Tischlers Gottlieb Matsen. Dieser sah von der Hobelbank den Ankommenden bekümmert an. Er sagte kein Wort, allein er streckte ihm tiefbewegt die Hand entgegen.

„So sehen wir uns wieder!" sagte dieser, die dargebotene Hand ergreifend.

Mehrere Worte wurden gewechselt. Frage und Antwort drängten sich. Der Tischler sagte:

„Und hätte mir jemand gesagt: Gottlieb Matsen, Du mußt für den Kapitän Johannes Hansen, der plötzlich gestorben ist, einen Sarg machen, ich hätte nicht mehr erschrecken können, als da ich hörte, daß Ihr das Kommando eines Sklavenschiffes antratet . . ."

„Wenn Ihr wüßtet . . ." sprach der Kapitän.

„Sagt mir nichts, Herr," unterbrach ihn der Handwerker. „Ich kann es mir von selbst klar machen, wie alles gekommen ist. Sie müssen Euch hart zugesetzt haben, bevor sie Euch mürbe machten. Aber damit dürfen wir uns nicht beruhigen, Herr. Es muß klar werden, auf welchem Wege wir diesem Jammer ein Ende machen."

„Ich baue auf Eure Einsicht, Mann."

„Zuvörderst muß der Mensch zu sich selbst kommen und die nötige Ruhe gewinnen, die er zur Ueberlegung bedarf," sprach der Meister. „Ihr habt schon einmal Euer Haupt unter meinem Dache gebettet, und seid von einem schweren Leid genesen. Ihr werdet es nochmals thun, und wir schaffen uns auch für den neuen Kummer einen Ableiter. Dort ist Euer Stübchen, ganz so, wie Ihr es verließet. Es ist bereit, Euch aufzunehmen. Schlagt Ihr ein?"

„Mit Freuden!" rief Johannes Hansen. „Wo könnte ich in dieser Stunde besser aufgehoben sein, als bei Euch, treue Seele."

Und zum zweiten Male wurde der Kapitän des großen Dreimasters der Mietsmann des kleinen Handwerkers.

Das Gespräch zwischen dem Kapitän und dem Handwerker hatte einen Zeugen gehabt. Dieser war die Frau des letzteren. Nur von dem Gedanken erfüllt, die verlorene Kundschaft des reichen Kaufmannshauses wieder zu gewinnen, war sie über die Wendung des Gesprächs sichtlich erschrocken und hielt nur mit Mühe an sich. Aber kaum hatte sich der Kapitän in das ihm angewiesene Zimmer zurückgezogen und ihr Mann die Werkstatt wieder aufgesucht, als sie nach jenem Hause eilte und es durch Kunstgriffe aller Art dahin zu bringen wußte, bei der jungen Dame vorgelassen zu werden, der sie sich zu Füßen warf und laut schluchzend um ein gnädiges Gehör bat.

Erschrocken sah Livia auf die Frau, die in einer so leidenschaftlich erregten Stimmung vor ihr lag. Sie hörte das Klagegeschrei, vermochte aber die Ursache desselben nicht zu erraten. Nur soviel schien ihr aus allem hervorzugehen, daß Ihr Geliebter in einer großen Gefahr schwebe, daß er von Verrätern umstellt sei und daß er unfehlbar zu Grunde gehen müsse, wenn sie als eine sehr vornehme und sehr mächtige Dame sich des Unglücklichen nicht annehme. Die erschrockene Frau besaß unbewußt die Kunst, die Geschicke ihres Mannes und ihres Gastfreundes so zu verwirren, daß an ein Sondern derselben nicht zu denken war. Als sie endlich erschöpft inne hielt, konnte Livia sie nur dadurch zum Fortgehen bewegen, daß sie ihr versprach auf dem

Fuße zu folgen, um die Ruhe des Hauses wieder her=
zustellen.

Es war gegen Abend des folgenden Tages, und
Kapitän Johannes Hansen entschlossen, dem Kaufmann
den zwischen ihnen bestehenden Vertrag aufzukündigen,
als Donna Livia in sein Zimmer trat. Sie befand
sich in einer leidenschaftlichen Erregung und sah ihn
mit ihren dunklen Augen an, aus denen Zorn und
Wehmut blitzten.

„Verräter!" rief sie, seine Hand ergreifend. „Was
hast Du bei Dir beschlossen? Du willst mich von Dir
stoßen? Willst mich verlassen und der Verzweiflung
preisgeben? Willst Du es nicht? Strafe mich Lügen,
wenn Du kannst. Du vermagst es nimmer! Deine
Zunge versagt Dir den Dienst."

„Livia! Theure Livia!" rief er. Das plötzliche,
unerwartete Erscheinen der Dame an diesem Orte hatte
ihn so überrascht, daß ihm die Worte mangelten. Sie
nahm dies für ein Eingeständnis der Schuld, welche
sie ihm vorwarf und fuhr fort, ihn mit den bittersten
Vorwürfen zu überhäufen. Aber nach und nach er=
schöpften sich ihre Kräfte und sie sank laut weinend auf
einen Stuhl. Johannes Hansen knieete vor ihr nieder
und beschwor sie, ihm zu sagen, weshalb sich sich in
solcher Aufregung befinde.

Sie sah ihn durch Thränen lächelnd an und sprach
zögernd, was ihr Herz bedrückte, dann aber ergriff
sie seine Hand und sagte fest:

„Wenn Du von meinem Vater abfällst, fällst Du
auch von mir ab."

Der Kapitän hatte sich von der unerwarteten Erscheinung der Dame einigermaßen erholt und suchte sie von der Unerschütterlichkeit seiner Liebe zu überzeugen, allein Donna Livia ließ ihn nicht ausreden, sondern stand fest bei ihrer Behauptung, daß er ihr nimmer Treue halten werde, wenn er sie dem Vater breche.

Mit tiefem Schmerze blickte er auf die Jungfrau und sagte darauf:

„Es thut weh, auf diese Weise von dem Wesen verkannt zu werden, das man auf Erden am meisten liebt. Spreche ich etwas anderes aus, als was Du selbst mir rietest? Sagtest Du nicht einst, als unsere junge Liebe im ersten Aufblühen begriffen war, Du verständest meinen Abscheu, mich bei einem Geschäft zu beteiligen, das den Menschen entwürdigt, weil er seines Gleichen zum Vieh erniedrigt."

„Ich that es," unterbrach ihn Livia, „allein ich war meiner Sinne nicht mächtig, als ich es that. Wenn Du meinen Vater verlässest, bin ich für Dich verloren, und ich kann und will Dich nicht verlieren, denn Dich aufgeben heißt, mich dem Tode weihn. Ich aber gehöre dem Leben an und klammere mich daran mit allen Kräften."

„Und ich halte mich an Dich!"

„Das ist ein ohnmächtiger Halt, der sich an einen Wortbruch klammert. Mein Vater hat einen furchtbaren Eid geschworen und er ist Mann genug, ihn zu halten, daß er mich dem Don Fadrique vermählen, oder in ein Kloster sperren will .... O, Juan! Juan! Ist noch ein Fünkchen von Liebe in

Deinem Herzen, so nimm die Qual von mir, die mich peinigt, und mache Deinen Frieden mit meinem Vater."

„Du forderst das Entsetzlichste von mir, Geliebte!"

„Die Liebe ist dazu berufen, Opfer zu bringen!" erwiderte die Jungfrau. „Es ist ihr Beruf, ihr eigenstes, inneres Leben. Willige in dies eine, was für mich alles ist und Du kannst nichts von mir fordern, nichts von mir begehren, das ich nicht mit jubelndem Herzen Dir darbringen will und müßte ich das Geforderte mit meinem Leben bezahlen."

Johannes Hansen blieb unschlüssig. Er hatte nicht den Mut, Nein zu sagen und war nicht stark genug, den Mund zu einem Ja zu öffnen. Livia hielt dies für Trotz. Sie sah sich abgewiesen, zurückgestoßen. Mit äußerster Anstrengung drängte sie die Wallungen der innigsten Liebe und Zärtlichkeit zurück. Sie rief allen Mut, alle Kühnheit, die ihr inne wohnten, zu Hülfe und rief mit vor Zorn zitternder Stimme:

„Dann lege ich diese Hand in die des Don Fadrique und trete mit ihm gegen Dich in die Schranken! Das ist eines verschmähten Weibes Rache."

Draußen vernahm man Geräusch. Mehrere Stimmen sprachen durcheinander. Einer wollte den Eingang wehren, der andere ihn erzwingen. Endlich siegte der Letztere. Sennor Crustello trat ein. Ihm folgte Sennora Petrea und nach ihr erschien Pater Timotheus.

Der Kaufmann trat dem Kapitän gegenüber und sah ihn mit durchbohrenden Blicken an:

„Das ist also der Mann, dessen Moral ihm verbietet, sich bei einem Handel zu beteiligen der von

albernen Schächlingen als ein grausamer verworfen
wird; der es aber für erlaubt hält, hinter dem Rücken
der Eltern die Tochter zu einer Zusammenkunft zu
verleiten. Wißt Ihr, Sennor, wie man das ahndet?"

„Mit Bann und Interdikt! rief der Pater im
heiligen Eifer. „Thut den Ketzer in den Bann! Fahn=
det auf ihn, der Christum leugnet und einen frommen
Sohn der heiligen Mutterkirche mit kaltem Blute
mordete. Liefert ihn denen aus, die den unglücklichen
Riccardo zu rächen berufen sind."

„Wer hat Euch hier verlangt?" zürnte der
Kaufmann.

„Ich!" sagte Sennora Petrea. „Mein Kind zu
schützen vor dem Ketzer und sie dem Schutze der
Kirche zu übergeben, da ich zu schwach bin, sie zu
schützen und der Vater sie um eines irdischen Vorteils
willen preis giebt."

„Juan! Juan!" rief Livia, flehend die Hände nach
dem Geliebten ausstreckend.

Timotheus wandte sich zu Petrea und sagte voll
Salbung: „Sei getrost, Weib! Dein Glaube hat Dir
geholfen. Dir aber, Du Baalssohn, hat die letzte
Stunde geschlagen. Wenn Dein Fuß über jene Schwelle
tritt, werden die Rächer Dich ergreifen."

„Ich fürchte Eure kindischen Drohungen nicht!"
sagte Johannes Hansen. „Dort ist allein meine Hoff=
nung und meine Trauer."

Er näherte sich der Geliebten, welche sich von ihm
abwandte und in die Arme der Mutter flüchtete.

Sennor Vincent erschien und trat zu dem Kauf=
mann, dem er zuflüsterte: „Draußen ist der Teufel los.

Die Riccardos und ihr Anhang ziehen mit großem Geschrei gegen dieses Haus heran. Von der andern Seite erscheint der Besitzer dieser Werkstatt, ein deutscher Handwerker. Um ihn rottet sich eine dichte Schar zusammengelaufenen Volkes. Jene wollen den Kapitän totschlagen; diese wollen ihn retten. Beide Haufen stehen sich kampflustig gegenüber und es kann jeden Augenblick losgehen. Es ist eine ganz verfluchte Geschichte."

„Und ist kein Mittel zur Rettung?" fragte der Kaufmann schnell.

„Ein einziges!" entgegnete Vincent leise. „Auf dem Hofe haben sich einige unserer verwegensten Matrosen versteckt. Ein leichter Bretterzaun trennt den Hof von der nächsten Straße. Nach wenigen Schlägen stürzt er zusammen. Wenn wir den Mann dort hätten . ."

„Bringt ihn dorthin, mit Güte oder mit Gewalt!" befahl der Kaufmann.

„Ihr sagt es!" antwortete Vincent und entfernte sich rasch.

„Die Stunde der Entscheidung schlägt!" rief der Kaufmann dem Kapitän zu. „Kerker oder Freiheit! Ihr habt die Wahl!"

Johannes Hansen antwortete ihm nicht, sondern rief Livia zu: „Ein Wort von Dir, Mädchen! Nur ein einziges Wort in dieser schrecklichen Stunde."

Sennor Vincent kehrte zurück, gefolgt von einem halben Dutzend wettergebräunter Matrosen.

„Scheidet!" rief der Kaufmann, indem er zwischen den Kapitän und seine Tochter trat und die Hand über die Letztere wie zum Schutze ausstreckte.

„Verrat! Verrat!" schrie der Pater, als die Matrosen in die Stube stürmten, und suchte den Ausgang
zu gewinnen. „Hier Riccardo und seine Rächer!"

„Haltet Euer Maul!" fuhr ihn einer der Seeleute
an und schob ihn von der Thür zurück. „Der Ausgang ist frei."

Auf einen Wink des Sennor Vincent warfen sich
die Matrosen auf den Kapitän. Sie umringten ihn
und eilten trotz seines Sträubens mit ihm davon.

„Juan! Juan!" rief Livia verzweiflungsvoll, als
sie diesen unerwarteten Ausgang sah. „Mutter aller
Gnaden, vergieb mir und nimm ihn in Deinen ge-
heiligten Schutz."

Timotheus eilte, tausend Verwünschungen auf den
Lippen, auf die Straße hinaus, wo sich zwischen den
Anhängern des Edelmanns und des Handwerkers ein
blutiger Zusammenstoß vorbereitete.

In weiter Entfernung erschien der Aquazil mit
einigen bewaffneten Reitern.

Man hörte das Zusammenstürzen des Zaunes und
das verhallende Hurra der Matrosen, die mit dem
Kapitän dem Hafen zueilten, wo die Schaluppe zur
Abfahrt bereit lag.

Die Anhänger Riccardo's, die Zeichen gewahrend,
welche der Pater ihnen machte, eilten in das Haus
und wirr durcheinander klang es:

„Wo ist er? Wo? — Gebt ihn heraus! — In
welchem Schlupfwinkel verbirgt er sich?"

Der Kaufmann trat vor und antwortete: „Er ist
uns entflohen; doch hoffe ich, daß die Diener der
Gerechtigkeit ihn fangen und an Euch ausliefern werden.

Wir aber befinden uns ohne Schutz und Beistand, Caballeros Eurer Obhut vertraue ich diese Damen an. Gebt ihnen nach ritterlichem Brauche das Geleite."

„Ich übernehme diesen Schutz!" sagte einer der jüngeren Vettern des Hauses, der sich an die Spitze des Korps der Rächer gestellt hatte. „Sie sollen un= gehindert ihr Asyl erreichen."

Auf seinen Wink schaarten die Gefährten sich um ihn.

Der Aquazil erreichte den Schauplatz des Tumultes. Die Reiter säuberten die Straße.

Die Damen entfernten sich unbelästigt. Als die Menge sich verlaufen hatte, folgte ihnen der Kaufmann mit der ihm eigenen Grandezza.

XVI.

Ritter und Knappen.

Seit mehreren Tagen hatte ein heftiger Sturm an der Kongo-Küste gewütet. Der Strand war weit hinab und hinauf mit Trümmern bedeckt. Manches Fahrzeug — weniger oder mehr zum Wrack geworden — schwamm auf den Wellen und die Führer, denen es gelang, einen möglichst gefahrlosen Ankerplatz zu finden, priesen sich glücklich.

Unter den letzteren befand sich eines, das in der Nähe der Faktorei lag, welcher Mynheer Pieter Jantzen vorstand. Hinter einem Vorsprung lag es vor der anbrandenden See geschützt, sicher vor seinem Anker. Und es bedurfte eines solchen Platzes, um die zahlreichen Havarien auszubessern, die eine Fortsetzung der Reise unmöglich machten.

Zwischen dem Kapitän und dem Supercargo dieses Schiffes herrschte ein großer Zwiespalt. Der Letztere beschuldigte den Kommandanten, daß er dies Unglück absichtlich herbeiführte.

„Eure alberne Furcht vor einem Geschäft, das seinen Mann fordert, hat Euch an diesen Teil der Küste geführt, weil Ihr glaubt, hier keine Ware für unsern Markt zu finden . . ."

„Wahrt Eure Zunge, Sennor Vincent!" unter= brach ihn der Kapitän, „oder ich ziehe Euch dafür zur Verantwortung."

„O, Sennor Kapitano Hansen," lachte Vincent. „Nehmt es nur nicht übel, daß ich spreche, wie es mir um's Herz ist. Ich bleibe bei meinem Worte und die Welt glaubt mir."

„Ich kann mit gutem Gewissen vor Gericht meine Verklarung belegen."

„Ich erhärte meine Aussage mit einem Eide und auf meinem Befehl schwört die ganze Mannschaft mit mir; dann fällt die ganze Verklarung in's Wasser."

„Ein Richter ist über uns alle, den rufe ich an!" sagte der Kapitän in feierlicher Stimmung. „Was mir als Kapitän in der Lage, worin wir uns jetzt befinden, zu thun obliegt, ist meine Sache ganz allein und ich weise jede Einmischung zurück. Holla, die Schaluppe an das Fallreep! Ich muß an's Land fahren, um die nötige Hülfe zu beschaffen."

Nachdem Johannes Hansen mit den Schiffs= Offizieren Rücksprache genommen hatte, stieg er in die bereit liegende Schaluppe.

Die Ankunft eines Schiffes in havarierten Zustande ist stets ein Gegenstand allgemeiner Aufmerksamkeit an dem Punkte, wo es landet. Wenige führt das Mitleid an Bord desselben; die meisten, welche kommen, um Hülfe anzubieten, hoffen dabei ihre Rechnung zu finden. Solche Leute harrten am Landungsplatz auf die An=

kunft der Schaluppe, die von schnellen Rudern getrieben,
durch die aufleuchtende Brandung schoß.

„Sennor Fernand,“ sagte Monsieur Pierre Ber=
nard zu seinem jungen Begleiter. „Ich mache Euer
Gnaden das Kompliment, daß Ihr Euch in dem neuen
Geschäft schnell zurecht gefunden habt. Ihr entwickelt
eine Routine, die bei so jungen Jahren eine wahre
Seltenheit ist, mein Lieber.“

Ferdinand Strömer rückte den leichten Strohhut,
der seine Stirn beschattete, und sagte:

„Man accomodiert sich, Monsieur Bernard. Was
ich bin, ward ich gewissermaßen durch Euch. Euerm
Unterricht in Theorie und Praxis verdanke ich meine
jetzige Existenz und ich wäre um einen Dank verlegen,
wenn nicht der geringste schon ein Luxus wäre, den ich
mir nie vergeben würde.“

„Wie ist das gemeint?“ fragte der Franzose.

„Weiß Monsieur Bernard nicht, daß ich ein Ber=
liner Kind bin, und daß diese Sorte stets den Nagel
auf den Kopf trifft? Habt Ihr mich unter Euren Schutz
gestellt, habt Ihr mich genährt, gekleidet und in die
Geheimnisse Eures Geschäftes eingeweiht, um einen
armen Teufel aus seinem Elend zu reißen und einen
tüchtigen Kerl aus ihm zu machen? Mit nichten, werter
Herr, Ihr thatet es, um den guten Mynheer Jantzen
zu ärgern, der Euer Kompagnon nicht sein wollte und
Euch seine schöne Tochter abschlug, die Ihr zum Weibe
begehrtet.“

Der Franzose biß sich auf die Lippen. Ferdinand
Strömer bemerkte es, und fuhr fort:

„Ihr müßt es Euch nicht zu Herzen nehmen, da ich Euch im Geschäft über den Kopf gewachsen bin, ich mich unterstehe, in der Liebe Euer Nebenbuhler zu sein."

„Ich habe diese hochmütige Dirne längst aufgegeben," sprach Pierre Bernard mit aufgeworfenen Lippen. „Ich habe sie überhaupt nur als ein schönes Spielzeug betrachtet. Nehmt Ihr Euch nur vor Euren eigenen Nebenbuhlern in acht! Die Argonauten der Spree sind zu dreien auf dem Platze."

„Pah! Was thue ich mit der längst vergessenen Kameradschaft! Soll ich mich etwa fürchten vor dem Rechenmeister Eduard, der die Leinwand ellenweise abmißt und mit Genever und Zigarren schachert? Oder dem Ludwig Obenaus und Nirgendsan, der mit Gewalt nicht aus der blauen Jacke zu bringen ist und mit einem alten verdrehten und verkommenen Gesellen sich unter dem Gesindel umhertreibt? Da traue ich der schönen Flortje einen bessern Geschmack zu. Wenn meine Stunde kommt, wird mir zu Teil werden, was mir zugedacht ist . . . . ."

„Und dies wäre?"

„Die Hand der schönen Holländerin und die harten Gulden ihres Vaters."

„Gut, Sennor Fernand. Sie soll Euch von mir gegönnt sein, wenn Ihr zuwege bringt, daß Mynheer Jantzen mit uns in Maatschaft tritt."

„Es ist noch nicht aller Tage Abend," entgegnete Ferdinand Strömer, und wenn es wider Vermuten mißlingen sollte, will ich mich damit trösten, daß un=

gegönntes Brot auch gegessen wird. Aber wen haben wir hier?"

„Eine Schaluppe!" sagte Pierre Bernard. „Vielleicht zu dem Schiffe gehörig, welches dort auf der Reede ankert. Was meint Ihr, Sennor Fernand? Werfen wir die Angel nach ihm aus? Wie viel Stück am Platze?"

„Die fünfzig von voriger Woche und die sechsunddreißig dazu, welche gestern an uns abgegeben wurden. Die Ware ist rar und also gut im Preise. Schöne glatte Blöcke, weich wie Sammt und schwarz wie der Teufel! Boot ahoi! Legt hier an, wenn es beliebt! Willkommen, Kapitän auf dem Trockenen."

„Dank für den Willkommen!" sagte jener, indem er das Land betrat.

„Wenn ich Euch dienen kann . . . Aber, wie ist mir denn? Seid Ihr nicht? . . . Ja, Ihr seid es ganz und gar. Kapitän Johannes Hansen . . ."

„Der bin ich. Aber Ihr. Wer seid Ihr? Kann mich auf Euch nicht besinnen."

„Da sieht man, was eine andere Kleidung und ein Benehmen thut, welches Monsieur Pierre Bernard das savoir faire nennt. Gestattet mir, Kapitän, daß ich mich Euch als einen Eurer Berliner Argonauten vorstelle. Ferdinand Strömer, Euch zu dienen."

„Der Kapitän stand da, auf das Seltsamste überrascht:

„Wäre es möglich? Du bist . . . oder vielmehr, Ihr seid . . . Ich meine, daß ich träume."

„Ihr seid völlig wach, Herr, und ich bitte, Euch durchaus keinen Zwang aufzulegen, Du oder Ihr; mit

oder ohne Herr, ich weiß, daß es Eurerseits gut ge=
meint ist. Kann ich Euch mit ,irgend etwas dienen?
Ich erwarte nur Eure Befehle, um alles pünktlich aus=
zurichten. Erlaubt auch diesen Herrn Euch vorzustellen,
Pierre Bernard, mein Kompagnon . . . ."

„Mir wird das alles immer rätselhafter," sagte
Johannes Hansen. „Welche Art von Geschäft betreiben
die Herren, wenn es beliebt?"

„Unsere Kolli's laufen allein. Wenn wir ihnen
nichts zu essen geben, hungern sie und wenn sie ge=
peitscht werden, schreien sie. Glänzend schwarz wie
poliertes Ebenholz . . ."

„Sklavenhändler!" rief der Kapitän mit dem Aus=
druck des Schmerzes und der Verachtung, indem er sich
entfernte.

„Wie der Ritter, so die Knappen!" rief Ferdinand
ihm nach und sprach gelassen weiter mit Pierre Bernard,
als ob nichts vorgefallen wäre.

Kapitän Johannes Hansen näherte sich nicht so=
bald der Faktorei, als ihm ein junger Mann entgegen
lief, der ihn mit allen Zeichen der Freude begrüßte:

„Seid uns willkommen, Kapitän. Tausend Mal
willkommen! Das ist eine unverhoffte Freude! Was
wird Mynheer Jantzen sagen? Ich will es ihm gleich
melden.

„Eduard, wenn ich mich selbst kenne," sprach der
Kapitän.

„Ja, Herr. Eduard Hochfeld, der das Gute,
welches er Euch dankt, treu im Herzen bewahrt."

Der Kapitän betrachtete den zweiten seiner Argo=
nauten und sagte:

„Und was treibst Du hier? Bist Du ein Gehilfe des Ferdinand geworden?"

Eduard machte eine abwehrende Bewegung und sagte:

„Das ist eine traurige Geschichte, Herr. Aber ich sehe Mynheer Jantzen aus dem Magazin kommen. Von ihm werdet Ihr alles besser erfahren, als von mir. Ich klage nicht gern jemand an, am wenigsten einen Kameraden, mit dem ich eine so lange Wegestrecke zurück legte." —

Mynheer Jantzen hatte den Kapitän schon bemerkt und ersuchte ihn, einzutreten. Die Männer saßen im traulichen Gespräch beisammen, und Johannes Hansen war bald von allem gründlich unterrichtet. Er dankte dem redlichen Faktor für allen geleisteten Beistand, nahm seine Hilfe für das unter Havarie gehende Schiff in Anspruch und fragte:

„Wo ist der Ludwig? Ihr habt mir nichts von dem gesagt."

„Von ihm weiß ich nichts, als daß er mit einem meiner Schiffer, dem Claus Ahlers, in Maatschaft getreten ist. Der Eduard kann Euch vielleicht Auskunft darüber geben, denn die beiden hatten es immer groß mit einander. Eduard! He! Eduard! — Hm! Der Junge steckt gewiß mit der Flortje zusammen. Es ist ein Kreuz für einen alten Mann, wenn er eine hübsche Tochter hat, die von verliebten jungen Gecken umschwärmt wird."

Mynheer Jantzen ging, um ein mutmaßliches Rendezvous zu stören, von dessen Ort und Zeit er keine Ahnung hatte, während der Kapitän seines

treuen Ludwigs gedachte, zu dem ihn eine natürliche
Sehnsucht hinzog.

Johannes Hansen wußte nichts von dem abge=
legenen Waldpfad, der aufwärts zu der Hütte führte,
die sich Wilhelm zum Aufenthalte wählte und die jetzt
Ludwig mit ihm teilte. Der Schiffer Claus Ahlers
hatte nach einer soeben beendeten Reise sein Fahrzeug
an der gewohnten Stelle aufgelegt und Onkel und
Neffe gingen in traulichen Gesprächen neben einander
her. Sie erreichten den heimischen Herd, dem Ludwig,
seit er Teilnehmer desselben geworden war, ein gemüt=
liches Ansehen gab und Onkel Wilhelm hatte seine
Freude daran, wie der junge anstellige Mensch einen
Kühltrank bereitete und die gefüllte Calebasse dem
älteren Freunde darbot:

„Das wird Euch wohlthun nach dem sauren
Gange. Und nun können wir weiter plaudern von
vergangenen und künftigen Dingen. Ihr wolltet mir
etwas mitteilen, sagtet Ihr vorhin. Mich dünkt die
jetzige Stunde ist dazu angethan."

„Gleich mein Junge," antwortete Wilhelm, behag=
lich die Kalebasse leerend. „Aber sage mir doch vorher
noch ein Wort von Deiner Liebe zu der schönen Flortje.
Wie war es damit, Ludwig? Sie sitzt wohl tief in
Deinem Herzen?"

„Wollte es wäre nicht der Fall, Onkel. Könnte
dann wirklich so lustig sein, als ich mir jetzt oft den
Anschein gebe. Was hilft es, daß ich das Mädchen
liebe, so sehr nur ein junger Kerl eine Dirne zu lieben
imstande ist? Sie macht sich nichts aus mir."

„Das ist nicht wahr. Welche Dirne bliebe kalt, einem solchen schmucken Burschen gegenüber? Du irrst Dich, Ludwig."

„Ich weiß selbst am besten, daß ich mich nicht irre, Onkel," sagte Ludwig mit einem traurigen Lächeln. „Und dann, wenn sie mir gut wäre: was käme dabei heraus? Meinst Du, daß Mynheer Jantzen mir, dem blutarmen Jungen, seine Tochter geben wird? Wir Berliner bilden uns wohl oft viel ein, aber so weit ist es mit mir doch nicht gekommen."

„Sieh, mein Junge," sagte Wilhelm und nahm die Hand seines Neffen, „das ist der Punkt, worüber ich mit Dir reden wollte. Du weißt, was ich besitze, und ich will redlich mit Dir teilen, allein es ist nicht her und nicht hin. Sieht im ersten Augenblick beim Schein des Feuers nach etwas rechtem aus, allein es ist eitel Stein und Sand, das Gold liegt nur oben auf. Aber wenn Du Courage hast . . ."

„Sollte meinen, ich hätte es hier und da ge= zeigt!" antwortete Ludwig.

„Dann wollte ich uns wohl zu so vielem Golde verhelfen, als nötig ist, um Dir ein schönes junges Weib zu schaffen, und mir, um daheim gut zu machen, was noch gut gemacht werden kann."

„Und wie willst Du das anfangen?"

„Ich will Dir ein Stück aus meiner Vergangen= heit erzählen. Höre mir aufmerksam zu."

„Sprich nur. Ich werde keine Silbe verlieren."

„War bald nach meiner Heimkehr aus Westindien, wo ich meinen Meister verloren hatte und tagelöhnernd mein Leben fristete. War nur ein Neger, der Cajus,

allein sie nannten ihn den weisen Cajus und mit Recht,
denn er wußte vieles, wovon die Klügsten unter den
Weißen keine Ahnung hatten. Als der Cajus fern von
seiner Heimat im Sterben lag, trug er mir auf, nach
Afrika zu wandern und die Seinigen aufzusuchen,
damit ich ihnen seinen letzten Willen und sein Habe
bringen möge. Sorgfältig schrieb er alles auf und
ließ es mich so oft lesen, bis ich es auswendig wußte.
Er lehrte mich von seiner Sprache, so viel als nötig
war, um mich durchzuschlagen und gab mir ein Papier,
darauf waren die Berge und die Gewässer verzeichnet,
über welche die Straße führte, die ich zu wandern
hatte. Als ich nun alles wußte und den Zehrpfennig
bereits in der Tasche hatte, ließ er mich niederknieen
und flüsterte mir in das Ohr, denn er war zu schwach,
um sich zu erheben: „Sobald Du die Stelle erreichst,
wo inmitten des Thales drei Gewässer sich kreuzen,
sollst Du in gerader Richtung nach Osten gehen, bis
Du vor einer Felswand stehst. Sie ist senkrecht steil,
also unersteigbar. Aber wenn Du, das verworrene
Gebüsch nicht scheuend, Dich längs der Wand nach
links bewegst, dann entdeckst Du, von herabhängenden
Schlingpflanzen sorgsam verborgen, eine Oeffnung,
welche in das Innere des Felsens führt. In jener
Höhle barg ich vor meiner Abreise mein bescheidenes
Gut, damit es sicher sei, wenn ein feindlicher Stamm
unser heimisches Dorf überfalle. Nun kommt es anders.
Cajus, der so vielen half, schließt jetzt, aller Hilfe
beraubt, seine Augen unter einem fremden Himmel."

„Das ist eine wunderbare Geschichte, Onkel,"
sagte Ludwig, als Wilhelm eine Pause machte.

„Sie geht schon zu Ende!" fuhr jener fort. „Mein guter Meister sagte mir, daß ich das Gefundene in vier Teile teilen sollte. Drei derselben solle ich seiner Familie einhändigen und den vierten für mich behalten, damit ich als ein geordneter Mann in meine Heimat zurückkehren könne. Und als Cajus mir diesen letzten Auftrag gab, sank er ohnmächtig in meine Arme. Eine Stunde später war er nicht mehr. Darauf habe ich für sein ehrliches Begräbnis gesorgt und meine Reise in den neuen Weltteil angetreten, um die Befehle auszuführen, die er mir ans Herz gelegt hatte."

„Kann mir denken, daß es eine saure Reise gewesen ist," sagte Ludwig.

„Die sauerste meines Lebens, Junge. Aber Du sollst sie nicht in Gedanken mit mir durchmachen. Manchen Berg habe ich erstiegen, manches Gewässer durchschwommen, manche Sandsteppe durchwatet. Mit wilden Tieren und giftigem Gewürm lag ich in stetem Kampf. Der Hunger verzehrte mich, und das Durstfieber brachte mich dem Wahnsinn nahe. In der Wildnis ward ich selbst zum Wilden."

„Und Krankheit und Not kam über Dich."

„Es geschah, nachdem ich mein Versprechen löste. Der Schatz ward gefunden und die Söhne des Cajus, denen er zu teil ward, auch. Meinen Anteil ließ ich in der Höhle, um ihn mitzunehmen, wenn ich nach der Küste zurückkehrte. Damals war Leben in mir. Nach Berlin wollte ich, so schnell ein Schiff nur über das Meer fliegen kann und alles Glück sollte in meinem Gefolge sein. Es kam anders."

Ludwig sagte nichts, allein er nahm die Hand des Onkels, der bei diesen Worten tief aufseufzte, und sah ihn mitleidig an. Jener fuhr fort:

„War eine böse Zeit im Lande. Die benachbarten Stämme lebten im beständigen Kriege mit einander. Mich packte das Fieber und ich lag bewußtlos in meiner Hütte. Da fielen die Feinde in unser Dorf. Sie hatten die Uebermacht und brannten alles nieder. Die Alten wurden getötet, die Jungen nach der Küste auf den Sklavenmarkt gebracht. Mich schleppten sie auch mit fort, und erst, als wir mit Europäern zusammen= trafen, gelang es mir, mich zu befreien. Nun war alles für mich verloren und ich fiel in die alte Mut= losigkeit zurück. Jetzt aber, mein Junge, habe ich Dich gefunden und die frühere Kraft und Lebenslust kehrt wieder. Wenn Du mich begleiten willst, getraue ich mir den Weg nach jener Höhle aufzufinden.“

„Das glaubst Du, Onkel?“

„Ja, mein Junge, ich bin fest davon überzeugt. Hast Du den Mut, mit mir die gefährliche Wanderung anzutreten?“

„Das will ich meinen.“

„Dann wollen wir unser Glück versuchen. Wir brechen so bald als möglich auf.“

„Lieber heute, als morgen, Onkel. Hier in unserer Behausung und am Bord ist Vorrat an Pro= viant für einige Zeit und für das übrige verlassen wir uns auf den großen Steuermann im Himmel, der unsern Kompaß vor Mißweisung schützen wird. Anker auf, Onkel! Anker auf!“

Damit fielen sich beide um den Hals und schwuren sich gute Kameradschaft.

Am folgenden Abend, als Schiffer Claus Ahlers von der Faktorei mit einer Ordre ankam, die eine neue Reise längs der Küste vorschrieb, war er nicht wenig erstaunt, statt zweier Maaten nicht einen einzigen zu finden. Er mußte sich entschließen, mit dieser nicht ganz angenehmen Botschaft nach der Faktorei zurückzukehren.

Dort ging es bunt über Eck. Sennor Vincent, der sich bei jeder Gelegenheit die höchste Gewalt anmaßte, und den Kapitän mit auffallender Geringschätzung behandelte, hatte die Bekanntschaft des Franzosen Pierre Bernard und seines jungen Gehilfen gemacht und war mit ihnen über eine Anzahl Sklaven einig geworden, welche jene ihm bis zu einer festgesetzten Zeit und zu einem vorher bestimmten Preise liefern sollten. Ein ziemlich starker Trupp befand sich bereits an Ort und Stelle. Die Neger sollten, um jede Flucht zu verhüten, zu mehrerer Sicherheit an Bord gebracht werden. Sennor Vincent hatte dem Kapitän dies mitgeteilt und dabei in dem Ton eines Befehlshabers diesen veranlassen wollen, zur Uebernahme und Verpflegung der bereits erhandelten Schwarzen die nötigen Vorkehrungen zu treffen.

Bei dieser Unterredung setzte es einen heftigen Kampf. Johannes Hansen lehnte jede Ungehörigkeit in den bestimmtesten Ausdrücken ab und wies den ungehobelten Gesellen in die von Sitte und Anstand gezogenen Schranken zurück. Vincent berief sich auf die ihm von dem Hause Crustello verliehene Vollmacht und drohte, wenn der Kapitän sich weigere, seinen Weisungen nachzukommen, ihn mit Hilfe der Mannschaft vom Kommando abzusetzen.

Pierre Bernard kam dazu und ergriff die Partei des Sennor Vincent, der ihm ein willkommener Kunde geworden war. Zu ihm gesellte sich Ferdinand, der sich nach und nach in der Gunst seines französischen Meisters fester gesetzt hatte und in dem neuen Geschäft, dem er sich mit Eifer hingab, eine besondere Gewandtheit an den Tag legte. Er suchte zwischen seinem ehemaligen Herrn und dessen Diener einen Vergleich zu Stande zu bringen, allein Johannes Hansen wies ihn in edler Entrüstung von sich. Es geschah in der Art und Weise, wie man mit einem Menschen spricht, den man aus dem Staube zu sich emporhob, und der die empfangenen Wohlthaten mit schnödem Hochmut vergilt.

Ferdinand Strömer zuckte die Achseln und sagte verächtlich hingeworfen:

„Am Bord des „Grasbrook" war ich Euer Gnaden gehorsamster Deckläufer. Auf dem Sklavenmarkt der Congoküste bin ich Verkäufer und ihr der Käufer. Fordern und bieten macht den Handel noch nicht; beide müßten in einer gleichlautenden Summe zusammentreffen. Laßt es auch zwischen uns so sein. Mancher Lehrjunge wird ein ebenso tüchtiger Meister, als sein Lehrherr war und die Erfahrung in der Schule des Lebens witzigt ihn überdies mehr als jenen."

„Wenn ich meine eigene Ehre nicht bedächte", rief Kapitän Johannes Hansen, würde ich Dich für dieses Wort züchtigen, als ob Du jetzt noch mein Deckläufer wärst."

„Dann, Herr!" entgegnete Ferdinand Strömer
rasch, „würde ich von dem Rechte der Notwehr Gebrauch machen.. Hand gegen Hand, das ist auch hierorts der Landesgebrauch."

„Ferdinand, um Gotteswillen!" rief Eduard, der
in der Nähe war und bei dem Beginn des Streites
herbeigelaufen kam. „Wie kann es Dir nur in den
Sinn kommen, ein ungebührliches Wort an diesen
Mann zu richten, dem wir so tief verschuldet sind?
Vergebt ihm seinen Uebermut, Herr. Sein verächtliches
Handwerk, dem er sich mit Leib und Seele ergeben,
hat das bessere Gefühl in ihm vollends erstickt. Er ist
uns fremd geworden, Kapitän. Mir und dem Ludwig."

„Ludwig!" rief der Kapitän aufatmend. „Wo ist
er? Wenn ich ihn sähe, wäre mir besser."

„Das ist der Grund meines Kommens, Herr.
Ludwig ist fort. Diesen Zettel fand der Schiffer
Claus Ahlers in der Kajüte seines Bootes. Es steht
darauf, daß Ludwig mit seinem Onkel eine Suchfahrt
unternommen habe. Er sei nun einmal einer der
Argonauten und da die andern beiden ihre Schuldigkeit
nicht thäten, wäre er seiner Pflicht besser eingedenk
und befinde sich jetzt auf dem Wege nach dem goldenen
Vließe."

Bei dieser Mitteilung lachte Ferdinand laut auf.
Eduard sah ihn mit einem strafenden Blicke an und
sprach zu dem Kapitän:

„Das sind die Worte, die der Zettel enthält.
Der Ludwig war stets ein absonderlicher Geselle, wißt
Ihr. Wenn er irgend etwas vornahm, was uns selt-
sam und gewagt dünkte, hatte er stets einen Grund

dafür. Auch diese unvorhergesehene Reise, die er unter-
nahm, hat sicher etwas zu bedeuten. Wir werden den
Ludwig wiedersehen, Kapitän."

Sennor Vincent, der sich vorhin mit der harten
Drohung entfernte, den Kapitän von dem Kommando
zu entsetzen, kam mit einem Haufen Matrosen, die von
einem Deckoffizier geführt wurden, zurück:

„Zum letzten Male frage ich Euch, ob Ihr alle-
wege Eure Schuldigkeit thun wollt?"

„Nein, im Namen Gottes!" entgegnete der Kapitän.

„Dann entsetze ich Euch Eures Kommandos. Die
geheime Vollmacht, die mir von unserm Hause übergeben ist, gestattet es mir. Die Brigg „Claudio", die
noch heute nach der Havanna abgeht, bringt meinen
Bericht dahin und bittet um weitere Ordre. Bis diese
eintrifft, seid Ihr mein Gefangener."

Ein Ruf des Unwillens erhob sich und als die
Begleiter des Sennor Vincent Miene machten, Hand
an den Kapitän zu legen, wurden Drohungen laut.
Ein Kampf stand bevor, der aber im Entstehen starb,
als Mynheer Pieter Jantzen eintrat und sagte:

„Ihr steht hier auf dem Grund und Boden der
Faktorei, die mir untergeben ist und seid mir für jeden
Akt der Gewalt verantwortlich. Laßt von diesem
Manne ab, der unter meinem Schutz steht, oder das
Gesetz kommt mit seiner ganzen Strenge über Euch.
Eduard, steht zu Euerm Kapitän und bringt ihn fort.
Geht, Mynheer Johannes Hansen, in Frieden. Jedes
Haar auf Euerm Haupte ist mir heilig."

Die Angehörigen der Faktorei, die ihren Herrn
begleiteten, schlossen sich an Eduard an. Der Kapitän

folgte diesem, nachdem er sich mit den Worten von Vincent abwandte:

„Jetzt weiche ich der Gewalt. Die Stunde der Vergeltung bleibt nicht aus."

Vincent wollte dem Kapitän nacheilen, aber der Holländer hielt ihn zurück. Brummend und scheltend zog sich jener mit seinem Anhang zurück.

Ferdinand war bei dem ganzen Hergange ein stummer Zuschauer gewesen.

XVII.

Eine unerwartete Wendung.

Da liegt die Villa Crustello. Aber nicht, wie sonst, mit einem Feierkleide angethan. Heute leuchten ihre schneeweißen Wände nicht auf im Mondenschein. Alles ist grau und düster. Der Sturm jagt die Wolken vor sich her. Der Regen rauscht nieder. Von fern her grollt die anbrandende See.

Wie draußen in dem Park und auf der Verranda ist es im Innern. Die Haussklaven schleichen auf den Zehen. Sie machen sich Zeichen, oder flüstern sich abgerissene Worte zu, dem schärfsten Ohre kaum vernehmbar.

Der Thür nahe steht Paulo, mit dem stets verdrießlichen Gesicht. Nahe vor ihm sitzt Valesquez, der Majoral. Er sieht den unbeholfenen Gesellen, der eine treue, ehrliche Haut ist, mit bekümmerten Blicken an und sagt:

„Du bist jetzt in Deinem Rechte, Paulo. Stumm sein ist besser, als lautes Klagegeschrei. Der Glanz dieses Hauses erlischt und der Priester macht das Kreuz über den Sarg."

Paulo zuckte bei dem letzten Wort die Achseln und schüttelte unwillig mit dem Kopfe. Valesquez merkte es und sagte mit einem trüben Lächeln:

„Ich soll nicht von dem Sarge sprechen, bevor er gebraucht wird, meinst Du. Sage Dir Paulo, wenn das dunkle Haus auch noch nicht in der Vorhalle steht, die Bretter, aus denen es zusammen geschlagen wird, sind schon gehobelt und gestrichen. Da siehst Du den Doctor. Er kommt mit der selbstgebrauten Medizin aus der Küche und geht in das Krankenzimmer. Auf seinem Gesicht steht unsere Zukunft."

Paulo sah den Majoral fragend an, als fasse er den Sinn der Worte nicht. Dieser fuhr fort:

„Hier schließen sich zwei Augen und in der Stadt schließt sich eine Thür. Die Thür, welche in das Haus des Crustello führt, meine ich. Der Herr wandert aus und die Gläubiger nehmen den Schlüssel nach sich. Die alte Herrlichkeit nimmt ein Ende mit Schrecken."

Der Schwarze schüttelte sich. Seine Mienen zeigten den Ausdruck des tiefsten Kummers.

„Es wird eine schwere Zeit anbrechen, Paulo. Leute, die durch Sitte und Gewohnheit zusammengehalten wurden, stäuben auseinander, wie eine Flucht von See= möven, wenn der Geyer dazwischen fährt."

Paulo stieß ein dumpfes Geheul aus.

„Was hast Du zu jammern?" fuhr Valesquez ihn an. „Wenn sich diese Thür für Dich schließt, öffnet sich Dir eine andere. Du gehst mit den Uebrigen an die Gläubiger über und der Dich kauft, giebt Dir Brot und Händematte. Mich kauft keiner, denn ich bin ein freier Mann, der gehen mag, wohin es ihm beliebt, mit oder ohne Bettelsack. Wer öffnet einem Greise die Thür und giebt ihm Lohn und Kost, damit er in der Sonne lungern kann und sich wärme?"

Die Klagen des Majorals wurden durch die Erscheinung des Arztes unterbrochen:

„Balesquez! Rappelt Euch auf, alter Sennor und sendet einen Boten an Don Fabio. Es ist Gefahr im Verzuge. Eilt Euch! Der Mann muß gleich kommen, wenn er seine Frau noch am Leben treffen will."

Der Majoral sprang auf und schüttelte die Sorgen, die ihn eben noch quälten, von sich ab. Nach wenigen Minuten saß Paulo zu Pferde und sprengte nach der Stadt, von dem Arzte mit einigen flüchtig hingeworfenen Zeilen versehen.

Kaum hatte der Neger der Villa den Rücken gekehrt, als eine Volante heranrollte und die Rampe hinauffuhr. Pater Timotheus stieg aus derselben. Velasquez ging ihm entgegen und sagte:

„Gepriesen sei die allerheiligste Jungfrau, die Euch endlich herführt. Unsere Herrin verlangte in ihrer Not einmal über das andere Mal nach Euch. Wo seid Ihr nur gewesen?"

Der Pater machte das Zeichen des Kreuzes über den sich demütig verneigenden Majoral und sprach dann:

„Hindernisse, deren Beseitigung nicht in meiner Macht lag, hielten mich zurück. Jetzt aber bin ich bereit, die Zagenden zu trösten und die Betrübten aufzurichten. Steht es so schlimm mit Eurer Herrin? Sogleich gehe ich zu ihr."

Timotheus wartete keine Antwort ab, sondern ging in das Innere des Hauses. Er durfte nicht fürchten,

fehl zu gehen. Der schlaue Fuchs kannte jeden Schlupfwinkel seines Baues.

Das Comptoir des Sennor Fabio Crustello glich
an jenem stürmischen Morgen einem Bienenkorbe.
Kaufleute, Sensale, Handlungsdiener gingen ein und
aus. Jeder brachte irgend eine Botschaft, geschrieben
oder mündlich, und der Buchhalter Mercedes, der ein
treuer Diener seines Herrn war, empfing dieselben.
Es war keine darunter, die einen Sonnenblick hoffen
ließ, denn die Wolken auf seiner Stirn wurden immer
trüber.

„Ich darf es ihm nicht länger verschweigen“, sagte
er endlich vor sich hin. „Was nützt es auch? Er
muß es ja doch erfahren.“

Mit diesen Worten ging er in das Arbeitszimmer
des Kaufmanns.

In großer Aufregung kam dieser dem treuen
Diener entgegen:

„Mercedes, teurer Mercedes, was bringt Ihr?“

„Wenig tröstliches, Sennor. Ueberall Achselzucken
und endloses Bedauern, aber keine Hilfe. Nur ein
einziger erklärt sich bereit, Wechsel auf Euer Haus
anzunehmen, aber auf eine unzureichende Summe und
unter Bedingungen, welche ich für unerfüllbar halte.
Ramiro und Kompagnie sind es, die uns verhöhnen,
indem sie uns Hilfe bieten.“

„So rettet mich nichts vom Bankerott!“ rief der
Kaufmann, wenn nicht in dem entscheidenden Augenblicke eine glückbringende Nachricht einläuft.

„Nichts neues von dort her, Sennor.“

„Verdammt ist dieser Vincent mit seiner Saum-
seligkeit! Was giebt es da?"

Einer der Kommis brachte einen versiegelten Zettel.
In krampfhafter Eile riß der Kaufmann denselben auf
und überflog den Inhalt.

Ein eisiges Lachen erschreckte den Buchhalter:
„Mutter aller Gnaden, was ist Euch?"

„Ein Schelmenstück, Mercedes! Der fromme
Timotheus schlägt die letzte Stütze weg, die mich vielleicht halten könnte. Ein spitzbübischer Advokat, der
sich um seinen Anteil betrogen sieht, gerät in Aufregung über den mönchischen Judas und spricht von
einer Schenkung, die das Vermögen meiner Frau in
die Hände dieses Pfaffen spielt!"

„Was sagt Ihr, Herr?" fragte der erschreckte
Buchhalter. „Eure Gemahlin sollte . . .? Es ist nicht
zu denken, Herr."

„Nichts ist unmöglich, wenn pfäffische Schlauheit
der frömmelnden Borniertheit die Karten mischt!" entgegnete der Kaufmann. „Da ist Paulo! Was bringst
Du, Kerl?"

Paulo, der sein Pferd fast zu schanden ritt, reichte
dem Gebieter statt aller Antwort das ihm von dem
Arzte anvertraute Papier.

Der Kaufmann hatte es kaum gelesen, als er nach
Pferde und Wagen rief. Mercedes eilte, um den Befehl so schnell als möglich zu vollziehen. Der Kaufmann sah den Sklaven an und fragte hastig:

„Sonst nichts zu melden?"

Der Sklave schüttelte mit dem Kopfe.

„Pferde! Pferde!" schrie der Kaufmann in der
höchsten Aufregung. „Pferde, sage ich Euch, damit ich
dem Teufel seinen Raub abjage."

Die Hausklaven eilten — Paulo voran — um
die Befehle des Gebieters zu erfüllen, der in der Aufregung doppelt furchtbar anzuschauen war. Umsonst
versuchte Sennor Mercedes, ihn zu beruhigen. Nur
mit Mühe gelang es, den Tobenden in ein anderes
Gemach zu bringen, wo er den Blicken der Leute nicht
ausgesetzt war, die in Geschäften das Comptoir be-
suchten. Es liefen ohnedies schon ärgerliche Gerüchte
genug umher, und das nachfolgende überbot das vor-
hergehende stets um einige Abenteuerlichkeiten. Endlich
langten die Pferde keuchend und schnaubend an.
Sennor Fabio Crustello flog in gestrecktem Galopp seiner
Villa zu.

Still und traurig war es in diesen Räumen.
Sennora Petrea lag auf Ihrem Ruhebette, eine Sterbende.
Livia kniete neben ihr und hielt die erkaltende Hand.
An der andern Seite stand der Pater, ein beschriebenes
Blatt in der einen, eine Feder in der andern Hand.
Er beugte sich zu der Kranken nieder und flüsterte
derselben zu:

„Mut, meine Tochter! Mut!"

Petrea streckte die Hand nach der Feder aus, die
der Pater ihr aufzwang. Sie erfaßte dieselbe, ließ
aber die Hand wieder sinken und seufzte:

„Livia, es ist Dein Todesurteil!"

„Was ist die Armut des Ueberlebenden, wenn er
dadurch einer ihm teuern Seele die Wonnen des
Paradieses erringt?" sprach der Pater mit Salbung.

„Nicht an mich sollst Du denken, teuere Mutter!“ bat Livia. „Ich baue auf die Gnade der allerheiligsten Jungfrau, die mich nicht verlassen wird.“

„Warum, meine fromme Tochter,“ sprach der Pater dringender, „bist Du um das irdische Wohl dieser Jungfrau bekümmert? Gab sie doch ihr unsterbliches Teil daran, indem sie sich einem Ketzer in die Arme warf, durch den alles Unheil und alle Verderbnis über dieses gottesfürchtige Haus kam. Rette jene arme, verlorene Seele, meine Tochter, indem Du den irdischen Tand von Dir wirfst. Dein Opfer wird nicht nur Dir, sondern auch denen zugute kommen, welche zur Zeit in der Irre umher taumeln. Sie werden bereuen und umkehren.“

Petrea nahm die Feder. Der Pater breitete das Papier vor ihr aus.

Sie bebte, als sie mit der Spitze der Feder die vorgehaltene Schrift berührte; fast wäre sie ihr wieder entfallen. Da faßte Livia die Hand der Mutter und führte sie. Der Name Petrea Crustello stand mit zitternden, doch leserlichen Zügen unter dem Dokument. Triumphierend ergriff es der Pater und begann der Sterbenden eine gnadenvolle Erlösung zu verkünden.

Da ward die Thür aufgerissen und herein stürzte Sennor Fabio Crustello, gefolgt von dem Arzte, der ihm alles sagte, was in dem Sterbezimmer vorging.

„Nichtswürdiger Erbschleicher!“ schrie der Kaufmann außer sich, indem er sich auf den Pater warf, dem er das Dokument zu entreißen suchte.

„Vater! Vater!“ rief Livia sich erhebend. „Erbarme Dich Deines sterbenden Weibes!“

Petrea ſeufzte aus tiefſter Bruſt. Der Todeskampf malte ſich in allen ihren Zügen.

Timotheus fühlte ſich dem unvorhergeſehenen An=griff nicht gewachſen. Der Kaufmann zerriß das erbeutete Dokument, indem er ein gellendes Gelächter aufſchlug.

„Fabio!" rief Petrea mit ihrer letzten Kraft=anſtrengung, indem ſie ſich zu erheben ſuchte und das brechende Auge auf ihren Gatten heftete.

„Sie ſtirbt!" ſchrie Livia voll Entſetzen, und warf ſich, in Thränen aufgelöſt, über die Leiche.

Der Kaufmann ſtand bei dieſem Ausrufe erſtarrt. Das zerriſſene Blatt fiel zur Erde.

Timotheus verließ mit lauten Verwünſchungen das Gemach. Er rief Zeter über die Abtrünnigen und Gottloſen.

Eine dumpfe Klage ging durch das ganze Haus.

Eine Stunde verſtrich. Da tönte Hufſchlag durch die ſchauerliche Stille.

Es war Sennor Perez, der Courtier, welcher für das Geſchäft des Hauſes thätig war. Er fragte Be=lasquez nach dem Herrn. Der niedergebeugte Majoral führte ihn in das Wohngemach, wo Sennor Fabio im Armſeſſel ſaß und düſter vor ſich hinbrütete.

„Sennor Don!" ſagte Perez ihm nahe tretend. „Sennor Don, ermuntert Euch."

„Wer ruft mich?"

„Ich, Sennor Don, Perez, Euer treuer Cour=tier. Rafft Euch auf, Mann. Es iſt nicht Zeit müßig vor ſich hin zu ſtarren, wenn alles verloren geht."

„Was ist noch zu verlieren?"

„Afrika!"

Dies eine Wort traf den Kaufmann, wie ein elektrischer Schlag. Er sprang vom Stuhl auf und richtete die stechenden Augen auf den Mackler, indem er krampfhaft dessen Hand ergriff.

Nicht ohne Mühe gelang es dem Sennor Perez, sich von den ihn umstrickenden Fingern zu befreien und sagte:

„Nehmt Euch zusammen, Sennor und verliert den Kopf nicht. Die Brigg „Claudio" ist von der West= küste angelangt und bringt Briefe von Euerm Super= cargo, den Sennor Vincent. Euer Buchhalter Mercedes hat sie geöffnet und . . . . "

„Weiter! Weiter!" stöhnte der Kaufmann.

„Weiter ist zu melden, daß Euer Kapitän sich weigert, sich auf den Sklavenhandel einzulassen. Vincent hat ihn darauf des Kommando's entsetzt und ihn von den Matrosen greifen lassen wollen. Aber die Holländer, die sich dort befinden und die uns stets aufsässig sind, verhinderten es und stellten den Rebellen unter ihren Schutz. Vincent ist in der größten Not und weiß sich nicht zu helfen."

„Verloren! Alles verloren!" rief Fabio Crustello.

Sennor Perez sprach einige ermutigende Worte und sagte dann:

„Es ist nicht Zeit, die Hände müßig in den Schooß zu legen, sagte ich schon einmal. Es muß gehandelt werden, ohne Zögern, oder Ihr seid bankerott."

Dies Wort übte eine elektrische Wirkung.

„Ich will handeln!" rief der Kaufmann, „sobald ich hier der unabweislichsten Pflicht genügte. Geht Ihr voran, Perez und trefft mit Mercedes alle Vorkehrungen. Ich folge Euch, sobald ich kann."

Der Makler verließ die Villa. Der Kaufmann begleitete ihn im Geiste. Was zurückblieb, war nur der Körper, welcher sich mechanisch fortbewegte.

Livia trat an des Vaters Stelle. In Gemeinschaft mit dem treuen Velasquez traf sie alle Vorkehrungen zum Begräbnis der Mutter. Die Ruhestätte ward ihr nach ihrem eigenen Wunsch in dem Park neben der Kapelle unter den dunklen Sykomoren bereitet.

Als die traurige Ceremonie beendet und der letzte Ton der Glocke verklungen war, erhob sich Fabio Crustello von den Knieen. Er gab dem Majoral einige Befehle, richtete ein kurzes Abschiedswort an die Tochter und warf sich in den Wagen.

Livia sah ihn mit thränenumflorten Blicken nach und sprach:

„Der Unglückliche. Mit den letzten goldenen Flittern fällt der letzte Freund von ihm ab und er steht allein in der weiten Welt. Gott wird mir Kraft verleihen, ihn in seinem selbstverschuldeten Unglück aufrecht zu erhalten. Gott und der Gedanke an den Geliebten, dessen schöne Liebe ich erst ganz erkennen lernte, seitdem ich ihn, vielleicht für immer, verlor."

Während Livia sich diesen Gedanken hingab, bereitete sich in dem entgegengesetzten Teile der sehr christlichen Habanna eine Scene anderer Art vor. Es war

dies in dem Hause der wohlbekannten Donna Aricia,
die einer hochansehnlichen Macht als Unterhändlerin
diente und von dieser verleugnet wurde, wenn dieselbe
Gefahr lief, durch ihre Handlungen ihr Ansehen erschüttert zu sehen.

In dem Wohnzimmer derselben war Lasarilla,
die hübsche Mulattin, die den untreuen Lorenzo wieder
gnädig aufgenommen und die flüchtige Neigung für den
deutschen Ludwig glücklich überwunden hatte. Beide
waren ein Herz und eine Seele; sie drückten sich die
Hände, streichelten sich die Backen und flüsterten zärtlich
miteinander, ab und zu auf die Thür deutend, welche
in das große Wohngemach führte und scharf hinhorchend,
ob in demselben sich etwas ereigne, das des Horchens
wert wäre. Aber sie vernahmen keinen Laut.

In dem Gemache selbst befand sich die Dame des
Hauses. Sie saß in ihrem großen Armsessel im hohen
Grade mürrisch und verdrießlich, ab und zu einen Blick
auf ihren Gast, den Pater werfend, so stechend, als
wollte sie ihn damit durchbohren.

Pater Timotheus war in der allerübelsten Laune.
Der Kredenztisch war, wie stets, mit Wein und Lecker-
bissen besetzt. Er hatte für diese Reize, die ihn sonst
mächtig anzogen, kein Auge und die Lampe, welche vor
dem Muttergottesbilde brannte, wurde nicht durch die
Zigarre des Paters entheiligt. Der letzte Fehlschlag
hatte ihn gänzlich nieder geworfen. Nicht nur der
Verlust einer großen Summe Geldes, sondern auch die
Art und Weise, wie die Kunde davon in die Oeffent-
lichkeit drang, hatte das Ansehen der Kirche erschüttert.

„Sie werden es nicht unthätig hingehen lassen," seufzte Timotheus. „Sie werden mich verleugnen und mich dem allgemeinen Unwillen preisgeben."

„Euch wird geschehen, was Ihr wert seid," unterbrach ihn die Dame. „Kann eine Strafe ersonnen werden, hart genug für ein solches Ungeschick?"

„Verdammt alle diese Crustello's und Riccardo's!" fuhr der Pater fort. „An diesen beiden Felsen bin ich gescheitert. Ich gehe unter in dem allgemeinen Strudel."

„Und ich?" fuhr die Sennora auf. „Ich, die aus Gutmütigkeit Euch Thor und Thür öffnete und Eure Schlechtigkeit mit dem Mantel christlicher Liebe zudeckte?"

„Verdammt auch Ihr, nichtswürdiges Weib, das mich höhnte und neckte und die reichliche Hälfte dessen verschluckte, was ich zusammen brachte, um höhern Zwecken zu dienen, von denen Ihr nichts versteht. Möchtet Ihr im Fegefeuer lichterloh brennen; ich würde nicht die Hand ausstrecken, um Eure lechzende Zunge mit einem Wassertropfen zu kühlen."

Sennora Aricia war mit einer passenden Antwort zur Hand und die im Vorzimmer lauschenden beiden Liebenden hatten fortan keinen Grund, sich über die in dem Wohngemache herrschende Stille zu wundern. Rede und Gegenrede folgten Schlag auf Schlag und da eines dem andern das Kapitel seiner Nichtswürdigkeiten vorhielt, bot sich ihnen ein unerschöpflicher Stoff dar. Der Lärm hatte die möglichste Höhe erreicht, als er plötzlich durch eine unerwartete Wendung unterbrochen wurde.

Lasarilla flog mit allen Zeichen der Angst in das Wohngemach. Sie versuchte zu sprechen, allein der

Atem versagte ihr und man vernahm nur das vereinzelte Wort: „Verrat!"

„An wen?" fragte Aricia und erhob sich, von einer bösen Ahnung ergriffen.

„An Euch," entgegnete Lasarilla und versuchte weiter zu sprechen.

Das Getöse, welches sich vernehmen ließ, machte jede weitere Erklärung unmöglich und überflüssig. Lorenzo eilte herbei, nahm Lasarilla in seine Arme und zog sie mit sich fort, indem er ihr zuraunte:

„Hier ist nicht gut sein. Fort in jene Kammer und durch das Fenster in den Hof."

Kaum waren sie fort, als zwei Mönche erschienen, begleitet von einigen handfesten Klosterknechten. Sie traten auf Timotheus zu, der gespensterbleich mit schlotternden Knieen vor ihnen stand. Sie legten Hand an ihn und sprachen in dumpfem Tone:

„Im Namen des hochwürdigsten Erzbischofs, dessen Glorie Du angetastet mit frevelhaften Händen und den fleckenlosen Ruf der allerheiligsten Kirche mit unfläthigen Worten besudelt! Wir ergreifen Dich und schleppen Dich zu den Füßen des Richters, der Dich züchtigen wird, um Deiner Missethat willen, bis Du Deinen unsaubern Geist aushauchest und hinabfährst in die Tiefe, allwo Heulen und Zähnklappern sein wird, und wo man Dich peinigt, bis zur Stunde des jüngsten Gerichtes."

Timotheus vermochte kein Wort hervorzubringen. Als die Mönche ihn losließen, brach er zusammen und stieß ein dumpfes Geheul aus. Die Klosterknechte nahmen ihn vom Boden auf und trugen ihn hinaus.

Die Mönche folgten den Knechten. Der älteste
von ihnen wandte sich an der Thür um und sagte zu
Aricia:

„Wehe Dir, Weib, daß Du dem Unseligen zu
seinen höllischen Werken die Hand botest. Die Kirche
verstößt Dich mit ihrem Fluche; für Deine Vergehen
aber wird Dich der weltliche Richter ansehen."

Aricia zitterte, da sie diese schrecklich klingenden
Worte vernahm. Als die Tritte der Mönche verhallten
und sie die Augen aufzuschlagen wagte, erblickte sie die
Diener der heiligen Hermandad auf der Schwelle des
Zimmers.

Das Geschick des Kaufmanns hatte sich erfüllt.
Der Bankerott war ausgebrochen. Das Kontor wurde
geschlossen. Alles Eigentum ward von Gerichts wegen
mit Beschlag belegt. Sennor Mercedes, der treue
Buchhalter, war vor Schrecken erkrankt, und Sennor
Perez, der schlaue Sensal, der bislang für alles Rat
wußte, bekannte für diesmal seine Ohnmacht und ward
unsichtbar.

Seitdem das Unglück offenkundig ward, hatte sich
Livia völlig verwandelt. Sie war ruhig und besonnen
und fand sich mit überraschender Schnelle in das Unvermeidliche. Sie fühlte, daß der Vater jeden Halt
verlor und daß es ihre Pflicht sei, ihm zur Seite zu
stehen.

Mit leichterem Herzen, als es mancher für möglich
gehalten, trennte sie sich von den glänzenden Flittern,
womit der Reichtum des Vaters sie schmückte und verließ ihre prächtigen Zimmer, um sie mit der bescheidenen
Wohnung zu vertauschen, welche Velasquez, der treue

Majoral, der einzige, der seinen Herrn nicht verließ, für sie besorgt hatte. Der Zufall wollte, daß diese Wohnung in dem obern Stock des Hauses gelegen war, dessen untern Räume die Werkstatt des Tischlers Gottlieb Matsen umschloß.

Der ehrliche und dankbare Meister begrüßte die ihm wohlbekannte Dame mit einem gemischten Gefühl von Wehmut und Trauer. Er verlor keine Worte, aber in aller Stille suchte er ihr den Aufenthalt in der ärmsten Wohnung so erträglich als möglich zu machen.

Sennor Fabio Crustello war schwer betroffen, aber die Zähigkeit und Energie seines Charakters ließ ihn nicht ganz sinken. Als er begriffen hatte, daß hier alles und für immer für ihn verloren sei, suchte er einen andern Schauplatz für sein künftiges Wirken.

„Selbst ist der Mann!" sagte er vor sich hin. Jeder dritte ist lästig und sieht mehr auf seinen Vorteil, als auf den meinigen. Was die Habsucht des Vincent und die Charakterlosigkeit des blondhaarigen Deutschen mir verkümmerten, will ich mir wieder erobern und mit neuen Kräften verzehnfachen. Es ist beschlossene Sache: Ich gehe nach Afrika."

In diesem Sinne wurden alle Vorkehrungen getroffen. Als Livia von dem Entschlusse ihres Vaters Kenntnis erhielt, begann ihr Herz zu schlagen. Dorthin war ihr Geliebter gegangen. Seitdem sie von ihm getrennt ward, fühlte sie sich schwer bedrückt. Sie erkannte ihr Unrecht, die Gewalt, welche sie auf ihn ausübte, gemißbraucht zu haben. Nur durch ihre leidenschaftlichen Aeußerungen beirrt, hatte er sich hinreißen

laſſen, ſich einem Gewerbe hinzugeben, welches ihn mit
Abſcheu erfüllte. Um ſie nicht zu verlieren, hatte er
ſeine Ehre daran geſetzt und die Achtung vor ſich ſelbſt
verſcherzt.

„Ich will gut machen, was ich verdarb; ich will
ſühnen, was ich verbrach!“ ſprach ſie entſchloſſen. Ich
ſtehe hier allein und verlaſſen. Meine Mutter iſt mir
geſtorben und auch mein Vater iſt für mich ſo gut als
tot. Er hat mich ſtets nur als eine Ware betrachtet,
die er zum höchſten Preiſe verwerten müſſe und da ihm
dies nicht gelang, bin ich ihm überflüſſig, ja eine Laſt
geworden. Ich will ſie von ihm nehmen, dieſe Laſt;
ſie ſoll ihn ferner nicht drücken.“

Und als ſie dies feſt bei ſich erwogen hatte, ging
ſie in das Zimmer ihres Vaters, um deſſen Rückkehr
abzuwarten.

Er kam nach einigen Stunden. Erſchöpft wie er
war, zeigte er wenig Neigung, ſich auf eine Unterhaltung
einzulaſſen. Als aber Livia ihn dringend bat, ihr nur
eine Viertelſtunde Gehör zu ſchenken; als er ihren
Entſchluß vernahm, ihm zu gunſten auf ihr mütter-
liches Erbe zu verzichten, auf daß er ſich damit in
eine glücklichere Lage bringe, und daß ſie ihn nach
Afrika begleiten wolle, um eine Sühne zwiſchen dem
Geliebten und dem Vater zu verſuchen, hörte er ſie
mit voller Aufmerkſamkeit an. Als ſie endlich erſchöpft
inne hielt und die Hände bittend nach dem Vater aus-
ſtreckte, ſagte dieſer:

„Du biſt eine Thörin, wie Deine Mutter. Sie
warf alles hin, um ſich einen beſonderen Platz im
Himmel zu ſichern, was ich gottlob verhinderte; Du

wirfst Deine ganze Habe von Dir, um den Geliebten mit dem Vater zu versöhnen, oder vielmehr, um Dich mit Deinem Vermögen von dem Vater loszukaufen und Dich als Bettlerin dem Manne hinzugeben, der Dich in der Fülle des Glanzes und des Reichtums kennen lernte."

„Vater! Vater!" rief Libia, durch diese Aeußerung des Kaufmanns schwer verletzt.

„Ich bitte Dich," unterbrach er seine Tochter, „verschone mich mit allen sentimentalen Phrasen. Sie waren nie nach meinem Geschmack und sind es noch weniger in der Lage, worin ich mich jetzt befinde. Dein Erbieten nehme ich an. Wenn ich mich aus der Kalamität, die mich traf, befreit habe, wird Dir das Deine unverkürzt werden. Scheint es Dir verlockend genug, die fieberschwangere Küste von Afrika mit der Heimat zu vertauschen, will ich nichts dagegen haben. Das Schiff, welches mich hinüberträgt, ist groß genug, um auch Dir die Ueberfahrt zu gewähren und Deine Habe wird nicht so umfangreich sein, um es unbillig zu belasten.

Mit dieser letzten spöttischen Bemerkung trennte sich der Kaufmann von seiner Tochter, die dadurch dem Manne, der ihr erster und treuer Freund sein sollte, noch mehr entfremdet ward.

Die Frau des Handwerkers, bei welchem die junge Dame wohnte, war bei dem Ordnen ihrer Angelegenheiten behilflich. Meister Gottlieb Matjen leistete ihr allen Vorschub und war am Abend vor der Abreise unablässig thätig, damit ja alles rechtzeitig am Bord sei. Als er zurückkehrte, war Donna Libia im

Begriff, die harrende Schaluppe zu betreten und ihrem
Vater, der das Schiff bereits bestiegen hatte, zu folgen.

Der Meister näherte sich ihr und sagte: „Es ist
alles wohl besorgt, Sennora. Von meinem Weibe
weiß ich Euer Vorhaben und segne Euch dafür. Wenn
Ihr meinen Landsmann seht, den guten Johannes
Hansen, wißt Ihr, dann bringt ihm einen Gruß vom
Gottlieb Matsen, der seiner nicht vergessen wird. Der
Mann, der vielen ein Freund in der Not war und nach
dem der Bedrängte die Hand ausstreckte, wird in Euch
den rettenden Engel finden, der ihn aufrichten muß.
Dazu spreche ich Amen. Euer Schaluppenmeister wird
ungeduldig, Sennora. Die Zeit ist abgelaufen. Vergönnt, daß ich Euch eine Hand reiche.“

Livia nahm die dargebotene Hand, welche sie
herzlich drückte und stieg in die harrende Schaluppe,
indem sie sagte:

„Mein erstes Geschäft soll sein, den Gruß auszurichten, den Ihr mir für den Freund mitgegeben.
Lebe wohl.“

Das Boot flog pfeilschnell dahin. Noch einmal
sah sie sich um und winkte mit dem Tuche. Schweigend wandte sich der Meister um und ging nach Hause.

XVIII.

Welcher ist der Bräutigam?

Die Wanderer stiegen den Berg abwärts zu Thale. Der Aeltere schritt rüstig voran; der Jüngere zog hinterdrein. Anscheinend erschöpft stand er endlich still und rief:

„Halt und stopp, Onkel Wilhelm!"

„Was giebt's Junge?" fragte dieser, sich umwendend.

„Meine, es sei an der Zeit, wieder eine Pause zu machen. Dies ist ein Platz, wie zum Ausruhen geschaffen. Setzt Euch auf jenen Stein; ich setze mich auf diesen. Wir treffen es nirgends besser."

Es geschah. Als beide sich gegenüber saßen, blickte der Onkel seinen Neffen forschend an und sagte dann kopfschüttelnd:

„Was ist es mit Dir, Ludwig? Als wir unsere Reise antraten, warst Du immer voran. Als wir nach langen Mühen und Beschwerden das Ziel erreichten, warst Du es, der mich stützte, als die Freude mich schwächte und Erschöpfung mich bedrohte. Auch während des Heimwegs bliebst Du fröhlich und guter Dinge, bis vor zweien Tagen ein Geist des Unmuts

und der Verzagtheit über Dich gekommen ist. Was
soll es bedeuten? Krank bist Du nicht; Deine klaren
Augen bezeugen es. Sprich und erleichtere Dein
Herz."

„Was soll ich Euch sagen?" entgegnete Ludwig.
„Die Monate lang dauernde Einsamkeit hat meine
ganze Natur verändert. Ihr wißt es, daß ich der
Flortje von Herzen gut bin und jetzt, wo in dem Leib=
gurt, den ich trage, soviel Gottessegen steckt, daß ich
zum Dank für etwas Liebe, ihr ein glückliches Leben
bereiten könnte, ist mir der Gedanke gekommen, es
könnte wohl sein, daß ich die Dirne davon trüge.
Ich habe das so lange und soviel gedacht, daß ich mir
es gar nicht anders vorstellen kann.

„Und sie wird Dein Weib, Junchen! Ich mache
den Freiwerber und nehme keinen Korb an."

„Seit gestern ist mir die frische Brise ausge=
gangen," sagte Ludwig mit einem trüben Lächeln.
„Die Segel schlagen back und klatschen gegen Stängen
und Masten. Es kommt anders, Onkel Wilhelm.
Die Flortje schlägt mich aus."

„Warum bildest Du Dir dergleichen ein?"

„Kann nicht dafür. Als wir gestern dort hoch
oben waren und zum ersten Male wieder die See
aufleuchten sahen, war es plötzlich, als sause es mir
vor den Ohren und ich vernehme die Worte: „Ludwig,
Du Narr, sie will Dich nicht!" Es klang so deutlich,
daß ich mich erschrocken umsah, ob nicht Einer hinter
mir stehe, der diese Worte sprach. Und von dem
Augenblicke an, hängt es mir wie Blei an den Füßen.
Ich fürchte mich vor dem Heimgange."

„Singe ein lustiges Matrosenlied, Junchen; das bringt Dich allemal wieder auf die Beine."

„Habe sie alle vergessen. Die Worte fehlen und auch auf die Melodie kann ich mich nicht wieder besinnen. Nicht nur der Vogel, wenn er in dieses Klima kommt, vergißt das Singen. Es geht den Menschen nicht besser. Aber Ihr habt Recht, die Sonne neigt sich abwärts und wir müssen rüstig zuschreiten, wenn wir vor Dunkelwerden unsere Hütte erreichen wollen. Holla Ahoi! Alle Mann an Deck! Ich gehe wieder voran."

Und schweigend einer hinter dem andern her schreitend, stiegen die beiden hinab in das Thal, aus welchem der Weg nach der Faktorei führte.

Dort ging es ernsthaft zu. Zwei Parteien standen sich schroff einander gegenüber. Hier Sennor Vincent, dem sich der Franzose Piere Bernard zugesellte; dort Kapitän Johannes Hansen, der an den Holländer Pieter Jantzen einen treuen Verbündeten fand. Zwischen beiden stand Ferdinand Strömer als unthätiger Zuschauer. Er hatte lange begriffen, daß ein schlaues Abwarten oft mehr nützt, als ein übereiltes Zufassen. Es dünkte ihm Zeit genug, sich zu erklären, wenn erst die Wageschale nach der einen, oder der andern Seite hin sinke.

Eduard Hochfeld fühlte sich unter diesen aufregenden Verhältnissen unbehaglich. Er hatte sich in die ihm gewordene friedliche Stellung hineingelebt und war darin so glücklich, daß er jedes Ereignis fürchtete, wodurch dieselbe eine Aenderung erfahren könnte.

Mit der schönen Flortje hatte er sich ganz verständigt. Beide gelobten sich ewige Liebe und Treue; beide malten sich ihre Zukunft mit den glänzendsten

Farben aus. Eduard schien seiner Sache über alle
Maßen gewiß zu sein. Seit dreien Tagen hatte diese
Zuversichtlichkeit einen schweren Stoß erlitten.

Im Voraus überzeugt, ein offenes Ohr zu finden,
hatte er es gewagt, in Gegenwart des Vaters von der
Tochter zu sprechen. Er hatte die etwas unbestimmte
Idee, daß Mynheer Jantzen daran eine Unterhaltung
anknüpfen würde und wollte dann seinen Gedanken
freien Lauf lassen. Sehr überraschend und gar nicht
in seinen Plan passend, war ihm daher, als der alte
Herr sagte:

„Ja, ja! Man hat mit so einem Mädchen seine
liebe Not und es wird nicht eher Ruhe im Hause, als
bis man sie weggegeben hat. Zum Glück sind Bewerber
genug da und wir wollen sehen, wer uns die besten
Bedingungen stellt. Sobald die Geschäfte, die sich jetzt
häufen, etwas flauer werden, will ich es in Ueberlegung
nehmen und Du kannst mir mit Deinem Rate zu
Hand gehen; Du bist ja mit allen diesen Leuten wohl
bekannt.“

Mynheer konnte bei diesen Worten ein vieldeutiges
Lächeln nicht unterdrücken. Eduard bemerkte es nicht,
denn er wurde über und über rot und das Blut stieg
ihm zu Kopf. Er suchte nach einem Grund, das
Comptor zu verlassen und eilte zu Flortje, der er alles
mitteilte, was soeben geschehen war.

„Wie aufgeregt Du bist!“ entgegnete sie. „Sei
doch ein wenig besonnen, mein lieber Junge. Bist Du
nicht meiner Liebe gewiß? Es kann sein, daß mein
Vater es genau so meint, als er es Dir sagte; aber er
ist viel zu gut und brav, als daß er mich mit einem

Manne verheiraten sollte, den ich nicht lieben kann. Vielleicht den schlangenglatten Franzosen mit dem verlebten Gesicht? oder seinen Gehilfen, den Ferdinand, der nur bei der Hand ist, wenn es etwas einzusacken giebt und der die Nase stets so hoch trägt, als wollte er sagen: Wenn Ihr nicht wollt, so laßt es; ich kann es entbehren!"

Eduard seufzte. Ferdinands Abfall hatte ihm manche trübe Stunde gemacht. Flortje fuhr fort:

„Oder den ewigen Matrosen, der jetzt wieder auf irgend einer Suchfahrt begriffen ist, und sich wochenlang nicht sehen ließ, zum großen Aerger des alten Claus Ahlers, der ihn für den besten Maaten erklärte, den er jemals hatte."

„Du!" entgegnete Eduard, scherzhaft mit dem Finger drohend. „Lasse mir den Ludwig in Ruhe! Ich leide es nicht, daß Du ein böses Wort über ihn sagst. Er ist der beste von uns allen . . ."

„Wenn Du das meinst," unterbrach ihn Flortje in einer mutwilligen Laune, „will ich ihn erhören, sobald er seine Bewerbung anbringt, denn für mich ist das Beste gerade gut genug. Und dann bleibt mir noch für den Fall, daß Dein Herzbruder Ludwig mich nicht wollte, der Kapitän übrig, der, seitdem er hier ist, die trübseligsten Gesichter von der Welt schneidet, außer, wenn er mit dem halbtollen Supercargo zusammentrifft, wo dann ein Donnerwetter auf der Stirn steht und die Augen zu blitzen anfangen."

„Es ist wirklich mit Dir heute nicht auszukommen," rief Eduard, der in der That verdrießlich wurde. „Kapitän Johannes Hansen ist durch und durch ein

Ehrenmann und sein Unglück sollte ihn wenigstens
davor schützen, ein Gegenstand des Spottes zu werden."

„Hei, da brennt es wieder einmal lichterloh zum
Dache hinaus!" sagte Flortje. „Eduard, mein lieber
Junge, Du solltest ein wenig vernünftiger sein und
über meine Possen lachen, da Du doch wohl weißt,
wie Du mit Deinem Mädchen daran bist. Aber da
kommt der Vater mit dem Kapitän. Sie sehen so
ernsthaft darein, als die Domines mit der Halskrause
in unserer Hauspostille. Wer weiß, was die mit einander verhandeln und ob es ihnen angenehm wäre,
von uns gestört zu werden. Wir wollen ihnen lieber
den Gefallen thun und ihnen aus dem Wege gehen."

Mynheer Jantzen und der Kapitän näherten sich
dem Platze, wo kurz vorher die beiden Liebenden sich
unterhielten und der erstere, das Gespräch fortsetzend,
sagte:

„Ihr braucht Euch nicht weiter zu entschuldigen,
daß Ihr mißgestimmt seid. Wer in Eurer Lage wäre
es nicht? Als ich Euch dieses Haus anbot, geschah es,
weil ich Euer Recht klar erkannte und stets gegen die
Nichtswürdigkeit Front gemacht habe. Der Spanier
soll Euch nichts anhaben. Der Kerl speit Feuer und
Flammen, da er sieht, daß alle seine Nichtswürdigkeiten wie leere Wasserblasen zerplatzen. Der „Claudio"
ist längst versegelt. Er hat die Anklage jenes Mannes
und Eure Rechtfertigung an Ort und Stelle zu gebracht. Harrt nun der Entscheidung. Nach Eurer
letzten Entschließung ist Eure Ehre wieder hergestellt,
die ein wenig ins Schwanken geriet, als Ihr Euch von
den schwarzen Augen einer Sirene hinreißen ließet . . ."

Johannes Hansen legte seine Hand auf den Arm des Holländers und dieser sagte:

„Wir verstehen uns. Jedermann hat seine Rasezeit. Bei dem einen kommt sie früher, bei dem andern später. Die Natur fordert gebieterisch ihre Rechte. Ihr seid in einer würdigen Verfassung, Kapitän. Bleibt derselben treu, wenn die entscheidende Stunde kommt. Wer weiß, ob sie nicht da ist, bevor wir es denken.“

Der Holländer hatte Recht. Schon zog sie heran über das Meer. Sie hatte sich an den Rumpf des Schiffes geheftet, welches den Sen>nor Fabio Crustello und seine schöne Tochter nach der afrikanischen Küste trug.

Die Reise war eine langwierige. Bald nach der Abfahrt lief der Wald konträr. Der Wind wurde zum Sturm und warf das nicht besonders ausgerüstete und schwach bemannte Schiff, wie ein steuerloses Wrack umher. Der Zustand der Passagiere war ein beklagenswerter. Sen>nor Fabio Crustelle war, von all den Erregungen, die auf ihn einstürmten, bereits sehr angegriffen an Bord gegangen. Das schlechte Wetter brachte ihn vollends herab. In seiner Koje liegend, schüttelte ihn das Fieber und ließ ihn bald vor Hitze, bald vor inneren Frost vergehen. Seine Gedanken verwirrten sich. Sie liefen durch einander. Im Geiste sah er die Gestalten der Personen, mit denen er im Leben verkehrte. Er sprach mit ihnen und schauerte zusammen, wenn er ihre Stimme zu hören glaubte . . Dann vernahm man, wie er leise ihre Namen nannte und um Vergebung bat, weil er sie einst mit Verachtung, mit Kälte oder Gleichgültigkeit behandelte.

Livia, die ihn nicht aus den Augen ließ, war von Scenen dieser Art innerlich bewegt.

„Er spricht von der Mutter," sagte sie. „Sie erscheint ihm als ein verklärter Engel und neigt sich mit versöhnendem Lächeln über ihn. Sie hat den Kummer der Erde überwunden und genießt die Seligkeit des Paradieses. — Jetzt spricht er seinen Namen aus, den Namen des über alles geliebten Mannes. Er nennt ihn zwei mal nacheinander und die starren Züge verwandeln sich in einen Blick voll Liebe und Wohlwollen. O Juan, mein teurer Freund, jetzt, wo ich mich mit jeder Stunde Dir nähere, fühle ich, daß uns ein unerforschtes Etwas weiter und weiter auseinander reißt. Dem Manne, der mir hart und strenge entgegen trat und mich wie eine Ware betrachtete, worüber er nach Belieben schalten könne, vermochte ich zu trotzen. Der Härte und Fühllosigkeit setzte ich eine gleiche Härte und Fühllosigkeit entgegen. Den Vater, der sich mir in Milde und Freundlichkeit zuwendet, dessen Herz sich nach Liebe sehnt in den Tagen der Prüfung, wo seine Freunde ihn verlassen und das Weib seines Herzens ihm starb, den Vater kann ich nicht verlassen."

Endlich hatten die Stürme ausgewütet. Die See schlichtete sich allmälig und eine handliche, günstige Brise führte das Schiff dem Orte seiner Bestimmung zu. Don Fabio Crustello bestieg mit Livia das Verdeck. Sie sahen die Küste vor sich im Sonnenschein liegen. Der Kapitän trat zu ihnen und sprach:

„Wegen der Untiefen und der mancherlei sich kreuzenden Strömung ist es bei der vorgerückten Tageszeit nicht möglich, heute noch zu landen. Wir werden

während der Nacht unter dichtgerefften Sturmsegeln
beilegen und morgen früh bei guter Zeit Anker werfen
können."

Der Kaufmann gab seine Zustimmung und der
Kapitän erteilte seine Befehle. Als der Erstere wieder
unter Deck ging, sagte er zu seiner Tochter, die ihn
begleitete:

„Es wartet meiner ein Werk von zwiefacher
Natur. Den Kampf mit Vincent, der, ich weiß es,
geheime Verhaltungsbefehle meiner Gläubiger mit sich
führt und ein harter, rücksichtsloser Mann ist. Ich
kenne ihn, denn er hat mit denselben Waffen für mich
gestritten, die er jetzt gegen mich wenden wird. Dann
soll ich mich mit dem Mann vergleichen, der mehrfaches
Unrecht von mir ertragen mußte und dem ich zuerst die
Hand zum Frieden zu bieten habe. Wie glücklich preise
ich mein Los, daß die schwere Last, die mich bedrückte,
von mir genommen ist, in der Stunde, da mir die
Erkenntnis kam. Nun wird mir das Schwere leicht
werden."

Die Erscheinung des Kaufmanns brachte eine nicht
geringe Bewegung hervor. Sennor Vincent schaute
mürrisch darein. Es war genau so, wie Fabio Crustello
sagte. Man hatte ihm in Havanna geheime Ordres
gegeben, nach denen er zu verfahren hatte, sobald ihm
der Zeitpunkt günstig zu sein schien. Darnach war
Vincent der eigentliche Herr. Diesen Anweisungen
gemäß hatte er das Schiff mit mehreren hundert
Negern vollgepfropft; die Ware entweder baar bezahlt,
oder doch ausreichende Deckung angeboten und wollte
jetzt den Kapitän Johannes Hansen zwingen, an Bord

zu gehen und als Kapitän seine Schuldigkeit zu thun, wobei er höhnend hinzufügte, die dem Kapitän gebührenden Procente würden ihm in untadelhafter Beschaffenheit gereicht werden. Er selbst solle sich den Block aussuchen, von welchem er glaube, daß er sich in Havanna am vorteilhaftesten verkaufen lasse. „Das ist nicht mehr als billig,“ schloß er mit rohem Lachen, „denn Jedem ist sein Verdienst zu gönnen.“

„Ich würde Euer unverschämtes Anerbieten in gebührender Weise abfertigen,“ entgegnete Johannes Hansen, „wenn mich nicht jedes Wort gereute, was ich an Euch verwende. Zwischen uns ist keine Gemeinschaft und ich fordere Euch allen Ernstes auf, mich zu verlassen und mich nicht weiter zu behelligen.“

„Oho!“ rief Vincent und brach in ein empörendes Lachen aus:

„Leben Euer Gnaden noch tausend Jahre in Ehren und Freuden, aber in den nächsten Wochen und Monaten sollt Ihr merken, daß Ihr mir untergeben seid, mögt Ihr den Kopf auch noch so verächtlich in den Nacken werfen und mich so hochmütig anschauen, als Ihr immer wollt. Ich, Kapitän Johannes Hansen, ich stelle die Ordre aus und Ihr werdet sie blindlings befolgen.“

„Darauf habt Ihr Eure Antwort ein für alle mal erhalten und nun entfernt Euch!“ sagte der Kapitän.

„O Sennor Don, edelster Caballero und Kapitano, ganz nach Eurem Belieben,“ entgegnete Vincent, sich spöttisch verneigend. „Ihr trotzet auf den Schutz dieser geizigen, neidischen Holländer und Ihr thut wohl daran, denn es ist durchaus nicht meine Absicht, mich mit ihnen in einen Kampf einzulassen.“

„Daran thut Ihr wohl! Ihr würdet nur den Kürzeren ziehen."

„Es bleibt mir eine andere, weit sichere Waffe, womit ich gegen Euer Gnaden zu Felde ziehen kann, und gegen die Eure Schutzherrn, die Mynheers, keine Hand zu erheben vermögen. Der Herr Kapitän wird sich erinnern, dem Hause Fabio Crustello eine ansehn= liche Summe zu schulden, worüber eine Verschreibung existiert. Diese Verschreibung, welche die Gläubiger des ruinierten Kaufmanns an sich brachten, ist in meinen Händen und Ihr begreift wohl, daß ich den Vogel, den ich mühsam und mit großen Kosten einfing, nicht ohne ihn tüchtig gerupft zu haben, los lassen werde."

Der Kapitän verstummte. Diese Nachricht kam ihm zu unerwartet. Ihm fehlte die Antwort darauf.

„Ich sehe, daß Euer Gnaden anfangen, gelindere Saiten aufzuziehen, wenn es Euch auch nicht beliebt, es in klaren Worten auszusprechen. Wünsche, daß Euer Gnaden in der Erkenntnis fortfahren mögen und zwar bis morgen früh, wo die Sache zwischen uns zur Ent= scheidung kommen muß. Punkt neun Uhr, Sennor Don."

Mit dieser Bemerkung entfernte sich Sennor Vincent. Bevor aber diese Stunde hereinbrach, war das Schiff, welches den Kaufmann und seine Tochter an Bord hatte, gelandet. Mit dem Erscheinen dieser Personen nahm die Sache eine andere Wendung. Vincent mußte sich einstweilen zurückziehen. Er that es, aber nur gezwungen und in der festen Ueberzeugung, baldigst mit nm so größerer Entschiedenheit auftreten zu können.

Das Herz des Kapitäns begann höher zu schlagen, als er die Kunde von der Ankunft der Geliebten erhielt.

Ihr entgegen eilend, traf er sie mit dem Vater auf dem Wege nach der Faktorei. Das erste Zusammentreffen hatte etwas Befangenes. Der Kaufmann, welcher sich für die Ursache hielt, reichte dem Kapitän die Hand, indem er sagte:

„Zwischen uns steht nicht alles, wie es sollte. Wenn es Euch aber genehm ist, hoffe ich, das Mißverständnis auszugleichen. Die letzten Monate haben vieles geändert und der Mann, der Euch hier mit diesem Bekenntnis entgegen tritt, ist ein anderer, als der, von dem Ihr in Havanna schiedet."

„Ich bin zu Euern Diensten, Sennor, sobald für das Unterkommen dieser Dame gesorgt ist," entgegnete der Kapitän. „Da kommt Mynheer Jantzen, mein wackerer Wirt und mit ihm seine Tochter. Gefällt es Euch, Sennora, die Dienste dieser jungen Dame anzunehmen?"

„Es geschieht in der Voraussetzung, daß der Sennor auch mir eine Unterredung gestatten wird!" antwortete Livia, dem Kapitän die Hand reichend. „Darf ich auf Euern Besuch rechnen?"

„Alle Zeit, über welche ich verfügen kann, ist zu Euern Diensten!" sagte Johannes Hansen, indem er der Dame den Arm bot. Als sie vor der Thür des Staatszimmers anlangte, welches Flortje der Tochter des Kaufmannes bereitwillig anbot, sagte Livia:

„Ich sehne mich nach einer Unterredung mit Euch, theurer Juan. Laßt mich nicht zu lange auf Euern Besuch warten."

Er versprach, sich bei ihr einzufinden, sobald er mit ihrem Vater gesprochen. Der Kaufmann zeigte sich

während der Unterredung so nachgebend, der Kapitän
war so bereit, jede geschehene Unbill zu vergessen, daß
alle Unebenheiten sich überraschend schnell ausglichen.
Im Uebrigen verständigten sich beide über die ob=
schwebenden Fragen. Der Steuermann am Bord des
Schiffes, welches den Kaufmann hierher brachte, erklärte
sich bereit, an die Stelle Johannes Hansen zu treten
und es blieb nur noch ein Abkommen wegen der Summe
zu treffen, die letzterer zahlen mußte und worüber
Vincent das Dokument in Händen hatte. Als der
Kaufmann sich erhob, sagte er dem Kapitän die Hand
reichend:

„Ich danke Euch für Eure Nachgiebigkeit. Begebt
Euch jetzt zu meiner Tochter. Wie mit uns eine
Wandelung vorging, ist es auch mit ihr der Fall. Ihr
werdet vielleicht etwas hören, was Ihr nicht zu hören
vermutet. Nehmt im Voraus mein Ehrenwort darauf,
daß ich auf ihre Entschließungen ohne allen Einfluß war,
vielmehr davon selbst auf das Aeußerste überrascht
worden bin."

Mit nicht geringer Spannung trat Johannes
Hansen in das Zimmer der Dame, die ihn ersuchte,
ihr gegenüber Platz zu nehmen. Das erste Beisammen=
sein hatte etwas Peinliches. Der Kapitän fühlte sich
davon am meisten gedrückt und athmete leicht auf,
als Livia endlich sagte:

„Ich liebe Euch mit derselben Zärtlichkeit, die ich
Euch von dem ersten Tage unserer Bekanntschaft an
weihte und werde nicht aufhören, Euch zu lieben."

„Theuere, theuere Livia!" rief er und suchte ihre
Hand zu ergreifen. Sie verhinderte es, indem sie sprach:

„Nach diesem Bekenntnis werdet Ihr nichts Schlimmes von mir denken, wenn ich es Euch offen sage, daß ich Euch nicht angehören darf.“

Der Kapitän schwieg betreten. Nimmermehr hatte er geglaubt, hören zu müssen, was er in dieser Minute vernahm. Und doch hallten diese Worte als ein nicht endendes Echo in seinem Innern nieder. Auch er empfand, daß etwas Fremdes zwischen ihnen stehe, welches eine Vereinigung unmöglich mache. Mit großer Spannung hing er an ihren Lippen.

„Habt Nachsicht mit mir, theurer Freund, wenn ich nicht alles so darlege, wie es dargelegt werden muß, allein ich hoffe, daß Ihr dieses Herz, das in unwandelbarer Zärtlichkeit für Euch schlägt, begreifen und würdigen werdet. Die Unterredung mit meinem Vater wird Euch belehrt haben, welche Sinnesänderung mit ihm vorging. Der Mann, der alles verlor und im Unglück das Menschliche wiederfand, ist mir über alle Maßen theuer geworden. Die Kindesliebe, welche vor dem kalten strengen Vaterblick zu Eis erstarrte, ist, vom Hauche der Zärtlichkeit angefacht, zur hellen Flamme aufgelodert. Ich fühle es, daß ich nicht im Stande bin, mich von ihm zu trennen und daß ich nicht treu und fest mich an den Vater schließen kann, bevor ich die Bande löse, die mich an Euch fesseln.“

Johannes Hansen beteuerte, daß er sie, um der Liebe zum Vater willen, nur noch zärtlicher, inniger verehren werde; sie aber verneinte mit hohem Ernste!

„Nein, Don Juan, wir wollen uns nicht selbst belügen. Zwischen uns soll lautere, offene Wahrheit sein. Von dem Vater trenne ich mich nie; das habe ich mir bei den Manen meiner Mutter feierlich gelobt. Blieben wir vereinigt, würdet Ihr es auch bleiben müssen und das wäre unser aller Unglück. Wie sehr auch Don Fabio's starrer Sinn sich milderte; die Gewohnheiten, die Ansichten von dem Leben, von den Verhältnissen sind zu fest in ihm gewurzelt, als daß er von ihnen lassen könnte und wollte. Eure Grundsätze sind denen des Vaters ganz entgegengesetzt. Ihr gabt Euch die Mühe, mir darüber Aufklärung zu geben. Ich habe Euch bewundert, Don Juan und Euch als ein höheres Wesen betrachtet, als Ihr mich durch Eure Beredsamkeit zum Schweigen brachtet; allein überzeugt von der Notwendigkeit Eurer Gründe habt Ihr mich nicht. Verzeiht der in den Vorurteilen ihres Landes aufgewachsenen Tochter der Havanna, wenn sie Euch nicht begreifen kann. Es würde, trotz unserer gegenseitigen Liebe, ein steter Zwiespalt unter uns herrschen, der uns unglücklich machen würde."

„Hört mich, Livia!" rief der Kapitän, dem eine Erklärung der Dame, welche diese, bevor sie solche aussprach, ernstlich bei sich erwogen hatte, so unerwartet kam, daß sie ihn um seine sonst klare Besonnenheit brachte. Allein die Dame unterbrach ihn, indem sie sagte:

„Nehmt Euch Zeit, zu überlegen, weshalb es so und nicht anders kommen mußte, dann werdet Ihr auch überzeugt sein, daß es zu unser aller Heil gereicht, wenn die Geliebte von Euch scheidet, die, das schwöre ich hier feierlich, nie einem andern Manne ihre Hand reichen, sondern bis zum letzten Atemzuge nur Euch angehören wird."

„Livia! Livia! Ich faſſe und begreife Dich nicht!"
rief er aus; „allein ich erkenne, daß es unmöglich iſt,
Dich von dem Pfade abzubringen, den Du als den
richtigen anerkannt haſt.   Weh mir, daß ich verlieren
ſoll, was mir als das Einzige auf Erden blieb.   Wie
ich den Verluſt überſtehe, vermag ich nicht zu faſſen."

„Und ich?" ſprach Livia.   „Soll das ſchwache
Weib den ſtarken Mann beſchämen?"   Mich hält die
Ueberzeugung aufrecht, daß ich meine Pflicht erfülle,
ob auch mein Herz zu ſchlagen aufhört.   Und wenn
die Stunden für mich anbrechen — und ſie werden
anbrechen, oft und ſchwer — da die freiwillig über=
nommene Pflicht mir unerträglich dünkt, und ich voll
leidenſchaftlicher Glut das Glück herbeiſehne, dem ich
freiwillig entſagte, wenn unbefriedigte Sehnſucht mir
die Bruſt zuſammenſchnürt . . . ."

Johannes Hanſen, der in der größten Spannung
ihren Worten folgte, rief unwillkürlich:

„Dann!   Dann?"

„Dann werfe ich mich der heiligen Gottesmutter
in die Arme.   An ihren Altären kniee ich in Demut
nieder, zu ihr erhebe ich vertrauensvoll im Gebet die
Hände und ſie wird mich aufrichten in meinem Kummer,
und mir den verlornen Frieden wiedergeben."

Sie ſprach dieſe letzten Worte mit einer ſolchen
überzeugenden Gewalt, daß Johannes Hanſen nichts
darauf zu entgegnen vermochte, ſondern ſich ſchweigend
entfernte, als Livia ihm ſagte:

„Ueberlaßt mich eine kurze Zeit mir ſelbſt.   Ich
bedarf der Einſamkeit, um mich zu ſammeln und meine
weitern Entſchlüſſe zu faſſen.   Ohne Groll und ohne

Zorn, Don Juan. Wohin Euch auch das Schicksal führt; es wird einen Ort geben, wo eine Schwester Euer in treuer Liebe gedenkt."

Kaum aber hatte der Kapitän das Zimmer verlassen, als die erkünstelte Fassung verschwand und sie in Thränen aufgelöst zusammenbrach.

So fand sie der Vater, als er bald darauf eintrat. Sie reichte ihm die Hand und sagte leise:

„Es ist vorüber. Wir haben von einander Abschied genommen."

Zwei Tage verstrichen, da näherten sich die beiden Wanderer, die von den Bergen in das Thal niederstiegen, der Faktorei. Die Bewegung welche in deren Nähe herrschte, hatte ihre Aufmerksamkeit erregt und Ludwig sagte zu seinem Begleiter:

„Gieb Acht, Onkel, hier geht etwas vor, wenn es auch nichts Gutes ist."

„Woraus schließest Du das, mein Junge?"

„Aus dem Zusammenströmen der Menschen, die sich alle nach einem und demselben Punkt drängen. Wäre etwas Lustiges dabei, hörten wir die Neger schreien und juchheien. Irgend ein Tamtam oder eine verstimmte Trompete ließe sich vernehmen und von den Schiffen und Dächern wehten Flaggen und Wimpel. Von alledem ist nichts vorhanden. Mir fällt es schwer auf's Herz, als sei hier alles nicht recht richtig."

„Mache Dir nicht so schwarze Gedanken, Junge," beruhigte Wilhelm. „Laß uns rascher zuschreiten, damit wir der Sache desto eher auf den Grund kommen."

„Das wollen wir!" sagte Ludwig und nahm einen schnelleren Gang an, stand aber gleich darauf still.

„Was ist Dir?" fragte der Onkel besorgt.

„Schau dorthin!" sprach Ludwig hastig. „Siehst Du die beiden Reiter? Der vorderste ist der Franzose, Pierre Bernard der Sklavenhändler, und der ihm nach= folgt ist Ferdinand Strömer. Wie vornehm der Bursche darein scheint. Und ein Gesicht zeigte er, wie der Teufel es schneiden soll, wenn er eine arme Menschenseele ver= handelt. Laß uns ihm nachgehen. Vielleicht sind wir im Stande, ein Unglück zu verhüten."

Sie mußten sich sputen, wenn sie der Spur der Reiter auch nur von Ferne folgen wollten, denn diese trabten rasch weiter und Ferdinand sagte zu seinem Begleiter:

„Wir dürfen keine Zeit verlieren. Sennor Vincent hat mir gesagt, daß in dieser Stunde die Entscheidung falle. Der Kaufmann sowohl, als der Kapitän müssen nach seiner Pfeife tanzen, da es ihnen nicht möglich ist, ihren Verpflichtungen nachzukommen und sich durch Bezahlung der Wechsel von ihm zu lösen. Die Melodie, welche er zu spielen gedenkt, soll nicht besonders heiter klingen."

„Ihr habt in meiner Gesellschaft profitiert," lachte Pierre Bernard. „Wenn Euer Schutzheiliger, insofern ein solcher sich mit Euch abgibt, Euch vergönnt, noch einige Zeit auf diesem Boden zu bleiben, werdet Ihr mich bald übertreffen. Eure Gesinnung gegen einen Mann, wie der Kapitän Johannes Hansen Euch war, macht Euerm Herzen alle Ehre."

„Was wollt Ihr?" entgegnete Ferdinand heftig. „Unser früheres Verhältnis war längst aufgehoben und in der Stellung, worin ich mich gegenwärtig befinde, hat er mich mit rücksichtsloser Verachtung behandelt. Verdammt, wenn ich ihm das vergesse und nicht eher ruhe, bis er selbst dem Gewerbe verfällt, um dessentwillen er mir den Rücken wandte."

Sie erreichten jetzt den Platz, wo die ernsten Verhandlungen gepflogen wurden und traten in den Kreis. Der Kapitän sprach seine entschiedene Weigerung aus und bekräftigte sie mit einem feierlichen Eide. Der Kaufmann zollte ihm Beifall und enthob ihn jeder Verpflichtung. Livia, die ihrem Vater nahe stand, dankte mit einem Händedruck. Vincent lachte in seiner rohen Weise und rief:

„Sennores, Ihr gebt Euch die außerordentlichste Mühe, leeres Stroh zu dreschen. Hier stehe ich, mit einem Blatt Papier in der Hand. Es ist leicht wie eine Feder und doch sind alle Eure Lungen nicht stark genug, es wegzublasen. Sperrt Euch soviel Ihr wollt, Ihr bleibt mir unterthan."

Zu den Anwesenden gesellten sich noch Mynheer Jantzen und Flortje, denen Eduard auch auf dem Fuße folgte. Ludwig hatte den Schauplatz ebenfalls erreicht und einen der Faktoreidiener nach der Ursache dieser Zusammenkunft gefragt. In aller Eile entgegnete dieser und Ludwig war vollständig unterrichtet, als Vincent ausrief:

„Hier nützt kein weiteres Geschwätz! Bereitet Euch, Kapitän! Ich lege meine Hand an Euch!"

Da hatte Ludwig mit seinem Onkel den Kreis durchbrochen und rief mit lauter Stimme:

„Holla Ahoi, Kapitän Johannes Hansen! Hier ist einer Eurer treuesten Maaten, der um Aufnahme bittet."

„Ludwig!" jauchzte dieser und das Rot der Freude
schoß ihm in die Wangen. „Ludwig, mein Junge, wo
kommst Du her? Ich gab Dich schon für verloren."

„Berliner Blut ist immer obenauf, Kapitän! Hoffe
nicht, daß Ihr um meinetwegen in Sorgen wart, Herr.
Habe mit meinem Onkel, den ich wiederfand, eine
Suchfahrt gemacht und das Gesuchte gefunden. Aber
nicht von mir ist die Rede, sondern von Euch. Habe
bereits alles vernommen. Ihr steckt mit dem Kopfe
in der Schlinge und anstatt, daß einer Hand anlegte,
um Euch aus derselben zu befreien, stecken sie diese,
müßig gaffend, in die Tasche."

Er blitzte bei diesen Worten die beiden andern
Argonauten mit einem Zornesblick an. Eduard schien
reden zu wollen, während Ferdinand sich achselzuckend
abwandte; der Kapitän aber sagte:

„Das mußt Du ihnen nicht anrechnen, mein Junge.
Es ist ein Werk, dessen sie nicht kundig sind."

„Was?" rief Ludwig. „Hatten sie keine Arme,
um den braunen Burschen da niederzuschlagen, als er
sich unterstand, seine Hand nach Euch auszustrecken?
Wäre ich hier gewesen, er hätte meine fünf Finger
an der Kehle gehabt und geschüttelt hätte ich ihn, bis
der letzte Atemzug aus ihm herausging."

„Was für ein unfläthiger Gesell ist das, der den
Mund soweit aufreißt?" warf Vincent dazwischen.
„Nimm Dich in Acht, daß man Dir ihn nicht für
immer schließt."

Der Spanier warf giftige Blicke auf den jungen
Matrosen. Seine Hand suchte den Griff eines Messers.
Ludwig, der allen Bewegungen folgte, sagte lachend:

„Laßt das Ding nur stecken, außer Ihr wollt es
für Euch selbst gebrauchen. Euch will ich gründlich die
Lust verderben, diesen Mann, den ich ehre und liebe,
weil er mir Freund und Lehrer war, zu Euern Bosheiten zu mißbrauchen. Laßt mich gewähren, Kapitän;
es ist jetzt keine Zeit, mich zu unterbrechen. Da steht
Mynheer Jantzen. Er ist der Geschäfte kundig und
wird mir zu meinem Vorhaben behülflich sein. Sagt,
Mynheer, ob es sich hier um ein Stück Geld handelt,
welches der Kapitän bezahlen soll und gerade nicht bei
der Hand hat?"

„So ist es, Jungchen!" sagte der Holländer, nicht
ohne mit Verwunderung auf den jungen Seemann
zu blicken.

„Hurra!" rief dieser. „Onkel Wilhelm, wir sind
zur rechten Zeit gekommen. Laßt Ihr jenen Mann
gehen. Ich bürge für alles."

Vincent und die übrigen lachten laut auf. Selbst
Sennor Fabio Crustello konnte ein Lächeln nicht unterdrücken, während Johannes Hansen nicht ohne Besorgnis
auf seinen jungen Matrosen sah, der leichthin sagte:

„Lacht Ihr nur zuerst; nachher kommt es an uns.
Mynheer Jantzen, nehmt meinen Onkel mit Euch in
Euer Comptoir; er wird die Angelegenheit des Kapitäns
für mich in Ordnung bringen. Ich bleibe bis zur
ausgemachten Sache hier. Geht, Onkel, und nehmt
die Last von meinem Herzen."

„Ja, Jungchen, das will ich. Und ich darf wohl
sagen, daß von allen Gängen, die ich Zeit meines
Lebens in diesem Lande machte, dieser mein glück-
lichster ist."

Die beiden Männer entfernten sich. Die Zurück-
bleibenden bildeten einzelne Gruppen, Ferdinand und
Pierre Bernard, Vincent und seine Genossen, Eduard
und Flortje, Don Fabio und Livia, der Kapitän und
Ludwig.

„Es wird Euch nichts verborgen bleiben, Herr,"
sagte der Letztere. „Bis auf das Geringste lege ich
Euch Rechenschaft ab von dem, was ich that, seitdem
ich von Euch entfernt war und Ihr werdet mir nicht
das Zeugnis weigern, daß ich meine Pflicht that. Nur
jetzt verlangt es nicht, Herr. Mir ist das Herz so voll
und meine Augen pumpen Wasser, da ich Euch vor mir
sehe und bei mir denke, daß die Kette, woran sie Euch
zu halten denken, in dem nächsten Augenblicke wie ein
mürbe gewordenes Kabelgarn auseinander reißt."

„Zehn Tausend Dueros!" rief Vincent höhnend.
„Möchte den Matrosenbeutel sehen, worin eine solche
Summe Raum hat."

„Zehntausend Donnerböen," schrie Ludwig zurück.
„Wollte, es stände in meiner Macht, sie auf Euch
herabfallen zu lassen. Sollte mir nicht darauf an-
kommen, wenn es auch ein Dutzend mehr würden.
Aber da sind unsere Abgesandten wieder. Onkel Wilhelm,
wie steht es?"

Statt aller Antwort schloß dieser seinen Neffen
an die Brust. Mynheer Jantzen aber sagte:

„Deckung vollauf. Wenn sich Sennor Vincent
und Sennor Fabio in mein Comptoir bemühen wollen,
wird Ihnen Ihre Forderung bis auf eines Vintems
Wert ausbezahlt werden."

Der Eindruck, den diese Worte hervorbrachten, war ein mächtiger. Es bedurfte längerer Zeit, bis man sich einigermaßen verständigte und der wiederholten Mahnung des Holländers Folge leistete. Auch die Nichtbeteiligten schlossen sich an und harrten vor der Thür des Ausgangs.

Bald war alles geordnet. Die Spanier empfingen ihr Geld und der Kapitän erhielt seine Schuldverschreibung. Es ward beschlossen, da alles in Ordnung war, mit dem Beginn der Landbrise den Anker zu lichten. Vincent ging grollend an Bord. Ihm folgte Don Fabio Crustello, nachdem er sich mit dem Kapitän völlig ausgesöhnt und ihm alle guten Dienste angeboten hatte, die er irgend zu leisten imstande wäre. Livia ward von dem Kapitän bis zur Schaluppe begleitet. Auf dem Wege dahin ließen beide ihren Gefühlen nochmals freien Lauf.

„Und nun ich gewiß bin, daß kein bitteres Gefühl in unsern Herzen zurückbleibt," sagte Livia, „scheide ich, wenn auch mit Wehmut, doch im innersten zufrieden. Lebe wohl, Juan, Du einziger Freund, und bewahre mir ein brüderliches Gedenken."

Sie reichte dem Geliebten die Hand, die dieser in lebhafter Bewegung ergriff:

„Es ist der schwerste Abschied meines Lebens; ein Abschied vom Leben selbst. Livia, was ist das Dasein ohne Dich?"

„Ein Kampfplatz, auf welchem Du ausdauern und siegen wirst. Mut, mein teurer Bruder. Siehst Du nicht, daß ich die Kraft habe, mich in diesem Sturme

aufrecht zu halten? Du wirst Dich nicht von einem
Weibe übertreffen lassen!"

„Nein, nein!" rief er in voller Empfindung und
mit überwallendem Herzen. „Du gehst mir voran als
eine Heldin; ich werde Dir folgen. Das sei unser
Abschied."

„Das," sagte Livia. „Und dies!"

Sie schloß ihn in ihre Arme und drückte einen
letzten Kuß auf seinen Mund. Dann riß sie sich von
ihm los und ging der Schaluppe zu. Der junge
Offizier, welcher dieselbe befehligte, bot ihr den Arm und
geleitete sie an ihren Platz. Die Ruder senkten sich
ins Wasser und die Schaluppe flog auf die Reede
hinaus.

„Ade! Ade!" klang es aus der Ferne zu dem
am Ufer harrenden Kapitän hinüber.

Die Masten des spanischen Schiffes bedeckten sich
mit Leinwand. Der Anker war gelichtet und hing
vor der Klüse. Als die Segel voll schlugen und das
Schiff sich leise auf die Seite neigte, ging Johannes
Hansen binnenwärts. In seinem Innern war es öde
und leer.

Lebhafter war es in dem Hofe der Faktorei.
Dort hatten sich die drei Argonauten zusammen ge=
funden und es entspann sich ein Streit. Besonders
heftig gerieten Eduard und Ferdinand an einander,
während Ludwig sie zu besänftigen versuchte, was ihm
aber nicht zu gelingen schien. Ferdinand wurde in
seiner gewohnten Manier immer höhnender und ver=
letzender, wodurch Eduard, auf das tiefste gekränkt,
seiner Natur ganz entgegen, im Zorn aufbrauste und

dem ehemaligen Freunde Vorwürfe machte, welche dieser wenigstens aus diesem Munde nie zu hören erwartet hatte.

Mynheer Pieter Jantzen, der unbemerkt ein Zeuge dieses Streites war, trat jetzt vor. Er verwies den jungen Leuten ihr ungehöriges Benehmen und schloß mit den Worten:

„Hätte gewünscht," daß Euer Abschied weniger stürmisch gewesen wäre."

„Abschied?" fragte Eduard bewegt.

„Es versteht sich," fuhr Mynheer fort, „daß Euer Verhältnis zu mir aufhört, da der Kapitän, dem Ihr zugeschworen seid, wieder ganz und gar sein eigner Herr ist. Du, Ferdinand, hast Dich außerdem schon früher von uns getrennt, und wie die Sachen stehen, möchte ich auch eine Vereinigung nicht mehr wünschen. Ehe ich aber Euch entlasse, habe ich noch eine Rechnung mit Euch abzuschließen und das soll in diesem Augenblicke geschehen."

„Möchte wissen, welche Art von Rechnung es ist?" fragte Ferdinand, den Kopf in den Nacken werfend. „Wenn es damit seine Richtigkeit hat, wird sie unfehlbar eingelöst werden."

Mynheer zuckte bei diesen prahlerischen Worten die Achseln und sagte dann:

„Wißt Ihr, wer und was Ihr seid, Ihr drei? Junges, grünes Volk, welches sich erst Wind um die Nase wehen lassen und eine Stellung in der Welt erkämpfen soll, bevor es mitsprechen darf. Und doch habt Ihr die Nase höher getragen, als mancher ehrbare Mann, der Haus und Hof errang und nicht wagte, an

die Thür zu klopfen, hinter welcher er einen Schatz zu
finden hoffte, der ihm noch zu seinem Glücke fehlte. Ihr
seid nicht so schüchtern gewesen, Ihr drei kleinen Mynheers, sondern habt dem Pieter Jantzen mit klaren
Worten, oder himmelnden Blicken zu verstehen gegeben, daß Ihr seine Tochter liebt und es gar nicht
unnatürlich fändet, des alten Faktors Schwiegersohn zu
zu werden.“

Es trat eine peinliche Stille ein. Flortje bedeckte
verschämt das Gesicht mit ihren Händen. Endlich sagte
Ferdinand:

„Mag sein, es war eine Dreistigkeit. Meinerseits
sage ich zur Entschuldigung, daß niemand seinem Herzen
zu gebieten vermag und was im Innern so mächtig sich
bewegt, in Worten und Blicken sich kund giebt.“

„Will es dafür gelten lassen,“ fuhr Mynheer fort.
„So steht Ihr denn alle drei hier und werbt um dies
Mädchen. Was habt Ihr dagegen in die Wageschale
zu legen? Sprecht offen und ehrlich und ich gebe mein
Wort darauf, daß derjenige von Euch meine Tochter
haben soll, dem ich sie, nachdem ich Euch aufmerksam
anhörte, mit gutem Gewissen anvertrauen kann. Du
machst ein Gesicht, Meister Ferdinand, als könnte es Dir
nicht fehlen. Sprich Dich aus, Bursche! Was kannst
Du sagen, um Dir die schöne Flortje zu gewinnen.

„Ihr werdet mich abweisen,“ entgegnete Ferdinand,
„wenn Ihr in Euren Vorurteilen befangen bleibt.
Wollt Ihr aber den Beruf, dem ich mich weihte, mit
günstigeren Augen ansehen, dann glaube ich, daß Ihr
nicht fehl greift, wenn Ihr das Schicksal Eurer Tochter

in meine Hände legt, denn ich fühle, daß ich einer
glänzenden Zukunft entgegen gehe."

„Das thut Ihr!" bestätigte Pierre Bernard, der
seinen jungen Freund selten verließ. „Laßt Euer seltsames Vorurteil fahren und nehmt mich zum Bürgen
für die Verheißungen des jungen Mannes an."

„Alte Leute haben schlimme Gewohnheiten,
Monsieur," sagte der Holländer. „Ich bin nicht besser
als die andern und denke von Euch und Euerm Geschäft nur mit einer Anwandlung von Fieber. Nehme
ich Euren Schützling zum Schwiegersohn an, entsage ich
aller Aussicht auf fieberfreie Tage und das ist mehr
als der Rücksichtsloseste fordern kann."

„Das heißt, ich bin abgewiesen," sprach Ferdinand
und vermochte nicht, den Aerger, der sich seiner bemächtigte, zu verbergen. „Nun, Pierre Bernard, wir
müssen uns trösten über den unersetzlichen Verlust.
Lebt wohl, schönste Flortje! Ihr werdet Euch wohl
nicht allzusehr härmen und mir gestatten, mich zu entfernen, um meinem Schmerz in der Einsamkeit freien
Lauf zu lassen."

Beide gingen und Mynheer sagte zu Eduard:
„Die Reihe ist an Euch! Was könnt Ihr zu Euren
Gunsten vorbringen?"

Eduard trat einen Schritt näher und das junge
Mädchen, welches ihn keinen Moment aus den Augen
ließ, haschte die Worte von seinen Lippen.

„Wie könnte ich etwas sagen," begann Eduard
schüchtern, „das Ihr nicht im Voraus wüßtet? Ich
bin nichts, als was Ihr aus mir machtet. Besitze ich
irgend ein Gut, als was ich von Euch empfing? Ich

bin Euer Geschöpf ganz und gar, Herr. Was ich in mir
trage, ist meine wandellose Treue und meine aufrichtige
und heiße Liebe zu dieser Jungfrau, deren Glück die
einzige Aufgabe meines Lebens sein würde, wenn ich ihr
das meinige darbringen dürfte. Das ist alles, Herr. Das
Gefühl, welches mich unwiderstehlich erfaßt, lähmt mir
die Zunge. Ich kann nicht mit Worten sagen, was in
mir vorgeht.

Eduard schwieg. Mynheer Pieter Jantzen entgegnete
ihm nichts, sondern wandte sich an Ludwig, der am
Arm seines Onkels mit gespannter Erwartung dem
Laufe der Begebenheiten folgte:

Und Du, Blaujacke? Bist ja sonst immer mit dem
Munde vornweg. Ist er Dir gerade jetzt zugewachsen?"

„Nein, Herr!" entgegnete Ludwig. „Es ist Alles
wohl bestellt mit mir; aber in diesem Falle habe ich
Euch nichts zu sagen. Glaubte vor einiger Zeit, mit
Hilfe dieses alten Mannes, soviel geschafft zu haben, um
als Freiersmann vor Euch hintreten zu können; allein
die Wageschale ist seitdem bedeutend gesunken."

Kapitän Johannes Hansen konnte eine innere
Bewegung nicht unterdrücken. Ludwig bemerkte es und
sagte mit innigem Tone:

„Bitte Euch, lieber Herr, wollt diese Worte
nicht als Prahlerei nehmen. Es fuhr mir so heraus
und ich mußte davon sprechen, damit jener Mann
begreife, weshalb ich eine Hoffnung aufgebe, die mich
eine Zeitlang zu dem glücklichsten Burschen machte.
Dank Euch, Mynheer Jantzen, daß Ihr mir das Wort
vergönntet, aber ich bin ein armer Junge, der nicht
um ein Mädchen, wie Eure Tochter ist, werben darf."

„Und Du bist es gerade, den ich mir zum Bräu=
tigam für mein Kind ausersehen habe," rief Pieter
Jantzen aus. „Wer aus freiem Antriebe voll Dank=
barkeit sein alles hingiebt, um seinem Herrn aus der
Not zu reißen, der ist auch der Mann dazu, sein Leben
einzusetzen, wenn es das Glück eines geliebten Weibes
gilt. Was frage ich darnach, wenn Ihr auch keinen
Gulden in der Tasche habt? Mit einer Gesinnung wie
die Eurige, seid Ihr dem Reichsten gleichzustellen und
für das Uebrige bin ich auch noch da."

Kapitän Johannes Hansen sah in hoher Bewegung
auf seinem Zögling. Dieser aber, als er die Worte
des Holländers hörte, sagte lebhaft errötend:

„Ist das die Wahrheit? Ihr wolltet? — Hört
Ihr es, Kapitän? Mynheer Jantzen will mich zum
Sohne annehmen! Onkel Wilhelm! Habt Ihr es ge=
hört? Das Mädchen, welches ich im Herzen trage, so
lange ich sie kenne, deren Bild mich auf allen unsern
mühevollen Wanderungen begleitete, soll die meinige
werden. Ich glaube, daß ich jetzt nicht mit dem Kom=
mandanten der schönsten Fregatte tauschte, wenn mir
das Kommando angeboten würde. Nichts für ungut,
lieben Leute, ich weiß nicht, was ich für tolles Zeug
schwatze."

Die Erklärung des Holländers und der unwill=
kürliche Ausbruch der Freude des Matrosen brachten
eine auffallende Veränderung hervor. Flortje erbleichte
und drohte zu sinken. Eduard eilte zu ihrem Beistande
herbei. Er führte sie zu dem Vater, der ihm unwill=
kürlich den Arm entgegenstreckte und sagte dann:

„Erlaubt, Mynheer, daß ich mich entfernen darf."

Ludwigs Aufwallung war eine heftige gewesen,
allein sie dauerte nur kurze Zeit. Die bebende Stimme
Eduards schlug an sein Ohr. Der klagende Laut
der Jungfrau drang ihm in's Herz. Er riß sich von
dem Onkel los und hielt Eduard auf. Er sah in das
erbleichende Gesicht des jungen Mädchens, sah die
Thränen, welche ihre Wangen herabrollten und sprach,
sich an den Vater wendend:

„Halt und stopp, Herr. Ich danke Euch für Eure
gute Meinung, aber aus unserm Vorhaben kann nichts
werden."

„Was ist das?" fuhr Pieter Jantzeu unwillkürlich
auf. „Du unterstehst Dich . . .?"

„Ja, ich unterstehe mich, einen Schatz auszu=
schlagen, weil ich zwei Herzen brechen würde, wenn
ich ihn annehme und selbst nicht glücklich werden
könnte. Seht nur die beiden an, Herr, und Ihr
werdet begreifen, daß ich mir das alles aus dem
Sinne schlagen muß. Jungfer Flortje, seid so gut, die
Thränen abzuwischen und laßt Eure Backen wieder
glühen, wie vorher. Ich will gar nicht Euer Mann
sein. Bin viel zu flügge und unstätt dazu, ein toller,
ausgelassener Bursche, der sich die Hörner noch lange
nicht abgelaufen hat. Und Du, Bruder Eduard, wirst
nicht glauben, daß ich Dir etwas rauben will, was
Du schon mit gutem Rechte besitzest. Aber nun laßt
mich gehen. Ich tauge nicht mehr unter Euch und muß
mit mir allein sein. Onkel Wilhelm, ich folge Deinem
Beispiel und verlaufe mir die Grillen, die mich zu be=
wältigen drohen."

Er machte sich von ihnen los und sie ließen ihn ungehindert ziehen.

Die Sonne senkte sich bereits stark zur Küste, als er zu den Freunden zurückkehrte, die sich in das Innere der Faktorei begeben hatten. Als Ludwig bei ihnen eintrat, erklang ein Ausruf der Freude. Mynheer Jantzen ging ihm entgegen und sagte:

„Du sollst mir nicht an Hochherzigkeit vorangehen. Bin es nicht gewohnt, mich überbieten zu lassen. Da Du mir einen Korb gegeben hast, mußte ich schon An-stalten treffen, die Dirne anderweitig los zu werden, damit ich sie am Ende nicht auf dem Lager behalte. Da stehen Braut und Bräutigam.“

Er deutete auf Flortje und Eduard.

Ludwig ging zu beiden. Für die Braut hatte er nur ein freundliches Wort, das nicht ohne Zittern über seine Lippen trat; dem Freunde aber bot er die Hand und sprach mit Empfindung:

„Wir sind die Berliner Argonauten, die über den Ocean gingen, um das goldene Vließ zu holen. Einen Augenblick lang bildete ich mir ein, ich hätte es errungen und dürfe es mir nur um die Schulter schlagen. Du aber hast es in Wahrheit erobert und ich kann Dir nun nichts anderes sagen, als dies: Halte es fest, ganz fest, mit Herz und Hand. Es ist ein anvertrautes Gut.“

„Das gelobe ich Dir!“ rief Eduard und streckte die Hand zur Bekräftigung seines Gelöbnisses empor.

„Nun stehe ich hier, ein einsamer Bursche, auf einer fremden Küste, der keinen andern Zweck hat, als diesen alten Mann heimwärts zu lootsen und dann wieder in das Leben hinauszusteuern. Ein abgedankter

Matrose, der nach einer frischen Heuer sucht. Ist keiner da, der mir das Handgeld giebt?"

„Ich!" rief Kapitän Hansen, der seiner Empfindung nicht Herr blieb. Sie brach mächtig hervor. „Ich, mein Junge! So lange noch ein Athemzug in mir ist, lasse ich nicht von Dir."

Er schloß ihn in seine Arme. Ludwig rief aus:

„Kapitän und Matrose! Halbdeck und Fockmast! Das wird eine flotte Reise werden. In Gottes Namen denn, Anker auf!"

Die Uebrigen drängten sich mit inniger Rührung um diese beiden.

XIX.

In Berlin und Anker auf.

Abermals in Berlin und in der Wilhelmstraße. Sie zeigt in ihrem untern Teile, wo die Weberkolonie ansässig ist, noch dieselbe Physiognomie, als in jenen Tagen, da Ludwig vom Vater aus dem Hause gewiesen, seine Reise in das Blaue hinein antrat. Hier und da ist eine Fensterscheibe noch grüner und röter geworden; die Mauern sind von Sturm und Regen arg mitgenommen und glänzen im ungewissen Farbenschimmer.

Nur die Weißbierstube von Friedrich Wilhelm Schulze ist unverändert dieselbe, wenn auch ihr Wirt der Zeit den Tribut zahlte. Die braunen Haare nahmen eine weißliche Färbung an und das Embonpoint trat so sichtlich hervor, daß die blaue Schürze, womit er sich, als ein Bierwirt der alten Schule, stets seinen Gästen zeigte, sie nicht mehr zu verbergen imstande war.

Die Kellerarbeit war gethan. Dienstmädchen und Hausknecht hatten ihr tägliches Aufgebot erhalten, womit Herr Schulze alle Untergebenen stets reichlich bedachte, und er trat jetzt in die Hausthür, um nach rechts und links die Straße auf und ab zu blicken, ob nicht irgend ein Gast bei ihm einsprechen werde, um

„eine Frühstücksweiße zu schwelgen" und einen Blick in die Spenersche zu werfen, welche er zur Unterhaltung seiner Gäste seit kurzem angeschafft hatte. Die Lesewut war nun auch schon in das Weberviertel gedrungen, dessen Bewohner sich nicht mehr mit dem Intelligenzblatt und dem Beobachter an der Spree abfertigen ließen.

„Was sind denn das für ein paar?" fragte Herr Friedrich Wilhelm Schulze sich selbst, als er zwei Männer entdeckte, welche von den Linden herkamen und sich dem Amalien-Palais gegenüber befanden. Der alte mit dem Bart sieht in dem zugeknöpften Oberrock aus wie ein nackensteifer Spießbürger aus Teltow oder Köpenik. Aber der andere ... Kurios! Er hat nicht einmal einen Rock an, sondern blos eine Jacke und vom Hute flattern Bänder in die Luft ... Herrjeh! Sie kommen hierher!"

Die beiden Männer näherten sich und der jüngere sagte zu dem älteren:

„Hier wollen wir beilegen. Am Fenster hängen noch die roten Gardinen von damals und der Wirt ist auch noch bei Wege. Guten Morgen, Herr Schulze."

„Guten Morgen ..." entgegnete dieser, aber alles weitere blieb in der Kehle stecken, vor Erstaunen darüber, daß ein Fremder ihn bei Namen nannte.

„Ist es erlaubt, einen Augenblick bei Ihnen einzutreten? Wir sind fremd und suchen gute Gesellschaft auf."

„Dann nur immer näher getreten, meine Herren," bat der Wirt höflich, indem er den Fremden die Gaststube öffnete. „Es werden bald sämtliche Frühstücks-gäste kommen."

Die beiden setzten sich und der jüngere fragte: „Kommt Neumeier auch?"

„Wenn Sie den Posamentier Neumeier meinen," antwortete Herr Schulze ganz verblüfft, „der an der Zimmerstraßen-Ecke wohnt, so liegt er an der Gicht darnieder und kann nicht vom Stuhl aufstehen."

„Schade!" entgegnete jener. „Sonst hätte ich Sie um einen Schwärmer gebeten."

Diese Aeußerung war dem Wirte vollends unver-ständlich; er zuckte daher mit den Achseln und die Mütze von einem Ohr auf das andere schiebend, sagte er:

„Womit kann ich dienen?"

„Mit allem, was ein paar hungrige Menschen brauchen, die nicht viel Umstände machen," antwortete der Onkel. „Und vergessen Sie sich selber nicht. Es wird uns angenehm sein, wenn Sie unser Gast sein wollen."

Herr Schulze hatte sich lange nicht so bereitwillig gezeigt, ihm unbekannte Gäste pünktlich zu bedienen, als an diesem Morgen. Er brachte, was er hatte, schänkte das Weizenlagerbier mit besonderer Vorsicht ein und setzte sich auf wiederholte Einladung mit an den Tisch. Wenn auch ein harter Thaler, den der Onkel wie zufällig neben seinen Teller legte, ihn hin-sichtlich der Zeche beruhigte, schien er über seine Gäste doch nicht ganz im klaren zu sein. Er rückte unge-duldig auf seinem Stuhl hin und her und sagte:

„Um Vergebung, aber Sie müssen es auch nicht übel nehmen, daß ich so dreist bin. Das vorhin mit dem Schwärmer war wohl nur ein Witz?"

„Es war ein Witz," nahm Ludwig das Wort, „den sich ein ausgelassener Junge erlaubte, indem er einen Schwärmer an Neumeiers Stuhlbein befestigte und in Brand setzte. Es war ein Feuerwerk, das die halbe Wilhelmsstraße rebellisch machte und dem Feuer= werker einen Laufpaß verschaffte, der erst jetzt sein Ende erreichte."

„Herrjeh, der Lude!" platzte der Wirt heraus und jener fuhr fort:

„Ludwig Pfingstberg, der als Schuster Pech hatte und als Weberlehrling den Faden verlor. Sonst aber bin ich in leidlicher Verfassung und nur hier inwendig rumort es ein bißchen, bevor ich weiß, was alles geschehen ist, seit ich fort bin. Geschwind, Mann, sprechen Sie von den Meinigen, ob sie noch leben und wie es ihnen geht?"

„Sie leben," entgegnete der Wirt. „Und gehen thut es auch, wenn gleich nicht sonderlich. Meister Andreas Pfingstberg ist recht kümmerlich geworden; es will mit der Arbeit nicht mehr gehen. Er kommt auch nur selten hierher, wahrscheinlich von wegen der Groschens, die er — na, nehmen Sie es nur nicht übel — allein der Verdienst ist schwach und der Neu= meier hat ihm seiner Zeit den Dampf angethan; nun sind die andern Meister über ihn gekommen."

„Neumeier!" fuhr Ludwig auf. „Wo ist der Kerl?"

„Lassen Sie es mit Dem man gut sein," gab der Wirt zur Antwort. „Er kriegte eine wohlhabende

Frau, allein es war eine böse Sieben und sie hat ihm oft die Hölle heiß gemacht. Früher konnte er es verlaufen, wenn es zu toll wurde; allein seitdem er von der Gicht geplagt, wochenlang auf einem Fleck sitzt ..."

„Lassen wir ihn sitzen!" fuhr Ludwig ungeduldig drängend fort. „Vom Vater haben Sie gesprochen, aber noch nicht von Tante Jette."

Herr Schulze saß so, daß er dem Onkel Wilhelm fast den Rücken zuwendete, er konnte also auch nicht sehen, in welche Bewegung der Mann geriet, als dieser Name genannt wurde, und sprach unbeirrt weiter:

„O, Mamsell Leffler hält sich noch immer frisch! Sie hat ihren Vetter nicht verlassen und führt ihm nach wie vor die Wirtschaft, was, im Anbetracht der teuern Zeiten und des schwachen Verdienstes, mitunter ein Kunststück sein mag. Ein bischen still ist sie geworden, sagen die Leute ... Aber dabei ist nichts unnatürliches ... Was ist Ihnen denn, lieber Mann?"

Diese Worte richtete er an Onkel Wilhelm, der an das Fenster getreten war. Dieser antwortete nichts und trommelte mit den Fingern gegen die Scheiben. Ludwig zog den Wirt zur Seite und sagte zu diesem:

„Möchte gerne zum Vater gehen, je eher, je lieber, allein ich fürchte mich, ihn zu erschrecken. Wenn Sie so gut sein wollten, ihn vorzubereiten — ich habe keinen, an den ich mich wenden kann, als an Sie —"

„Mit allem möglichen Plaisir=Vergnügen!" fiel Herr Schulze gefällig ein. „Ist ja nicht weit von hier. Noch das alte Quartier, wissen Sie. Ein properer Wirt, der alte Scharnweber. Hat den Vater nicht gesteigert die langen Jahre und ihm auch nicht

gekündigt, obgleich es manchmal mit der Miete gehapert
haben soll. Nichts für ungut; es fuhr mir so heraus!
Carline, altes Möbel, gieb gut Acht, wenn jemand
kommt! Ich muß einen Gang weggehen. Den Rock
her! — Herrje, wer mir das vor einer Stunde gesagt
hätte! Wo ist meine Mütze? Adjes, ich komme gleich
wieder."

Mit diesen Worten war Herr Schulze zur Thür
hinaus und lief nach dem Scharnweber'schen Hause,
in dessen dritten Stock hinter halb blinden Scheiben
Meister Andreas vor seinem Weberstuhl saß.

Jette Leffler trat zu ihm. Die Wangen waren
bleich und die Stirn zeigte tiefe Furchen. Sonst aber
erschien sie noch ziemlich kräftig und in ihrem Anzuge
zeigte sie sich fest und sauber wie immer.

„Gönne Dir ein bischen Ruhe, Vetter," sagte
sie freundlich. „Es geht nun drei Stunden in einem
Zuge."

„Ich kann auch nicht mehr," gab Andreas zur
Antwort, indem er die Hände in den Schoß sinken
ließ. „Zumal heute morgen, wo ich immer an meinen
Traum denken muß."

„An welchen Traum?"

„Den von heute morgen; kurz vorher, ehe ich
aufstand. Der Ludwig war gekommen. Wovon träume
ich denn anders, als von dem Jungen? Er stand
vor mir am Webestuhle, so dicht, als Du jetzt vor
mir stehst und sagte zu mir: Guten Morgen, Vater,
wie geht es Dir?"

„Das hätte ich wohl mit träumen mögen," sagte
Jette Leffler. „Habe guten Mut, Vetter. Ist der

Ludwig nur erst im Traume da, kommt er auch bald in Person."

Meister Andreas schüttelte wehmütig mit dem Kopf und sagte:

„Weißt Du nicht, daß immer das Gegenteil von dem geschieht, was man träumt? Sonnenschein ist Regen und Gold bedeutet Sand und Steine. Der kommt nicht wieder."

„Das ist Dein alter Unglaube!" unterbrach ihn Jette Leffler eifrig. „Du bist stets verzagt und darum geht es auch immer mehr bergab mit Dir. Ich dagegen hoffe ein halbes Menschenleben und werde nicht müde, auf Gottes Gnade zu hoffen. Immer bereit das höchste Glück zu erleben, was ich kenne, würde ich gefaßt sein, es zu empfangen, wenn es bei mir anklopfte."

Jette Leffler sagte es. Als es nun aber wirklich an die Thür klopfte, fuhr sie doch merklich zusammen und fühlte ein leises Zittern in den Knieen.

„Wer ist da?" rief Meister Andreas, sich aufrichtend und nach der Thür schauend.

„Gut Freund," entgegnete Herr Schulze eintretend. „Muß doch mal nach einem alten Kunden sehen, der, wie es scheint, mir untreu geworden ist."

„Schulze!" sagte der Meister verwundert. „Ich bin Euch doch nichts schuldig geblieben, daß ich wüßte."

„Aber so 'n Mann!" rief Schulze handschlagend. „Bin ich einer, der nur zu der Menschheit kommt, um zu mahnen? Mamsell Leffler, geben Sie der Wahrheit die Ehre. Habe ich jemals gemahnt?"

„Habt auch keine Ursache dazu," brummte Meister Andreas.

„Zugegeben! Aber wenn auch, dann doch nicht . . Ja, so, was ich sagen will . . . Wie es denn so kommt in der Welt."

„Das hat etwas zu bedeuten!" rief Tante Jette, vorahnend.

Recht, Mamsell Leffler," sagte Schulze bekräftigend. „Das hat auch etwas zu bedeuten, nämlich ein Paar Fremde in meiner Bierstube."

„Redet, Mann!" sagte Tante Jette und ihr Atem stockte. „Die fremden Gäste . . . O, sprecht doch . . . Was sind es für welche?"

„Es sind Leute, die mir etwas anvertrauten . . ."

„Das dauert zu lange. Ich will selbst hin . . ."

„Wohin?" fragte Schulze und hielt sie auf. „In die Bierstube? Da sind sie nicht mehr. Ja, Kinder= chens, das wird eine Freude geben. Es ist einer, der Nachricht von dem Ludwig bringt."

„Von meinem Sohne?" rief der Meister.

„Ja, Meister Pfingstberg, von Eurem Sohne. Das heißt . . ." Aber Jette Leffler ließ ihn nicht weiter sprechen, sondern sagte hastig:

„Ihr sagt nicht die Wahrheit; oder vielmehr, Ihr haltet noch mit etwas hinter dem Berge. Das ist kein Fremder, der Nachricht von dem Ludwig bringt. Mir sagt es mein Herz, er ist selbst da!"

„Ach Gott! Ach Gott!" rief der Meister und griff nach der Lehne des Stuhls.

„Ja, Kinderchens, es ist, wie Ihr sagt. Der Ludwig ist da. Und nun Ihr das wißt, kann er in

Gottes Namen eintreten und ich gehe wieder in meine Bierstube. Da ist er schon! Springt das die Treppen herauf! Drei Stufen auf einmal! Na! Laßt es Euch gut bekommen und vergeßt mich nicht."

„Vater! Tante! Vater!" rief es schon draußen. „Ludwig! Ludwig!" schallte es dem Rufenden entgegen. Und alle drei hielten sich fest umschlossen.

„Das muß ich sagen!" sprach Herr Schulze vor sich hin, indem er sich entfernte. „Und das dicke Ende kommt nach. Ich werde von Meister Andreas noch ganz anders denken lernen."

Alle drei sammelten sich nach und nach. Der Vater saß mit einem glückseligen Lächeln da. Er hielt die Hand des Sohnes fest und wandte kein Auge von der männlich kräftigen Gestalt des jungen Mannes, der seine Tante mit liebevoller Zärtlichkeit anblickte, als sie ihn fest an ihre Brust drückte.

„Den Einen hätte ich wieder," sagte sie, „und will ihn nicht wieder loslassen. Kind! Kind! Wo bist Du überall gewesen und wie hast Du uns so lange allein lassen können? Wie will ich Dich halten und herzen und drücken, mein Herzblatt, damit Du uns nicht wieder verloren gehst, Du lieber, böser Ludwig."

Hin und her flogen die Beweise von Liebe und Zärtlichkeit zwischen den dreien. Vater Andreas ver- jüngte sich zusehends. Da sprang Ludwig auf und die Tante rief erschreckt:

„Du willst Doch nicht fort?"

„Ich muß, Tante Jette. Da ist mein Reise- gefährte. Der arme Mensch vergeht vor Ungeduld.

Er kann nicht lange ohne mich sein und ich nicht ohne ihn."

„Dann bringe ihn hierher," sagte die Tante. „Schon um Deinetwillen ist er ein willkommener Gast."

„Ich will ihn auch bringen, Tante. Und wenn er nicht gleich mitkam, geschah es um Deinetwillen. Jetzt will ich ihn holen. Aber ehe ich es thue, mußt Du mir etwas versprechen."

„Alles soll geschehen, was Du willst, Kind. Wie ist mir denn eigentlich? Du siehst so feierlich aus, Ludwig, Du hast noch etwas auf dem Herzen."

„Ja, Tante, das habe ich. Als ich vor Jahren in die weite Welt ging, sagte ich zu Dir, daß ich gehen wolle, um den Onkel Wilhelm zu suchen..."

„Jesus!" rief sie aus.

„Die Welt ist groß, Tante Jette. Groß zu Land und zur See. Aber ich hatte einmal gesagt, ich will Onkel Wilhelm suchen und nicht eher zurückkommen, bis ich ihn gefunden habe, und... Tante, Du wirst so blaß! Vater, hilf mir, sie stützen."

„Du bist zurückgekommen," sagte sie matt, „also hast Du ihn gefunden und er ist..."

Die Stimme versagte ihr. Die Augen schlossen sich. Ludwig hielt sie aufrecht.

Onkel Wilhelm war eingetreten. Ludwig winkte ihn zu sich und legte die Halbohnmächtige in seine Arme; dann aber sagte er leise zum Vater:

„Wir wollen die beiden allein lassen. Nebenan in der Kammer ist Platz genug für uns beide und ich habe Dir genug zu erzählen."

Vier Wochen waren seit jener Stunde des ergreifenden Wiedersehens vergangen. Die Sonne schien hell durch die Fenster und beleuchtete einen behaglichen Aufenthalt. Die Wohnung des Webermeisters Andreas Pfingstberg hatte ein anderes Ansehen erhalten. Der goldene Schatz, den Onkel Wilhelm von Afrika mit herüberbrachte, reichte über und über aus, um seiner Jugendgeliebten und seinem Bruder ein behagliches Auskommen, wenn auch nur in den bescheidensten Formen, zu sichern. Wilhelm und Jette Leffler hatten sich, nachdem der erste stürmische Rausch der Freude vorüber war, bald über ihre Zukunft geeinigt. In steter, sich gleichbleibender treuer Freundschaft wollten sie den Rest ihrer Tage mit einander verleben. Gemäß diesem Vorhaben trafen sie ihre ganze Einrichtung.

Da trat eines Morgens Herr Schulze in die Wohnung der Glücklichen und sprach:

„Das muß ich sagen! Acht Tage vergangen, ohne daß einer sich blicken läßt; da muß ich wohl hierher kommen, wenn ich ein Gewerbe ausrichten will."

„Willkommen, Nachbar Schulze!" sagte Meister Andreas.

„Ihr seid nun recht fröhlich beisammen, Kinderchens," fuhr Herr Schulze fort. „Und es ist Euch auch zu gönnen. Aber nicht allen wird es so gut, und von einem solchen habe ich ein Gewerbe zu bestellen."

„Sprecht Euch aus, Nachbar. Ist jemand aus unserer Nachbarschaft in Not und sollen wir ihm beispringen?"

„Ja, Nachbar. Es ist einer in Not und Ihr sollt ihm beistehen, wenn auch nicht mit Gut und Geld, so doch mit gutem Wort und Handschlag."

„Gebt es deutlicher, Mann!" fiel Wilhelm unge= duldiger ein. „Wovon ist die Rede?"

„Vom Neumeier, daß ich es gerade heraussage!"

Der Name brachte keinen besonders günstigen Eindruck hervor. Herr Friedrich Wilhelm Schulze ließ sich nicht beirren, sondern sprach weiter:

„Ich rede von einem Manne, der Euch allen aufsässig war und Euch Verdruß bereitete, wo er konnte und wußte. Er hat aber auch nicht auf Eider= daunen geschlafen. Seine Frau war eine böse Sieben und hat ihm oft genug die Hölle heiß gemacht. Als er Witwer ward und sich wieder frei fühlte, lag er krank. Die letzten Jahre hatte er keinen gesunden Tag mehr. Jetzt ist es gar Matthäi am letzten. Er kann jede Stunde daraufgehen."

„Gott tröste ihn in seiner Not!" sagte Jette Leffler.

„Wie es denn mit der Menschheit in solcher Lage kommt: Es fällt einem manches bei und man möchte gern gut machen, wenn es nur ginge. So ist es auch mit dem Neumeier und Euch. Weiter kann ich nichts sagen. Allein ich weiß, es würde ihm wohlthun und ihm seine letzte Stunde erleichtern, wenn Ihr zu ihm ginget und ihm ein gutes Wort sagtet. Und nun Adjes."

„Wir wollen gleich gehen!" entschied Tante Jette. „Warum anders hätte ich soviel des Glückes empfangen, als daß ich von Herzen demütig sein soll? Komm,

Wilhelm, wir gehen voran. Vetter Andreas und Ludwig folgen uns. Wir wollen ein christliches Werk thun."

Mit feierlichem Ernst betraten sie das Neumeier'sche Haus. Sie verließen es wieder in einer gehobenen Stimmung. Dazwischen lag eine aufrichtige, herzliche Versöhnung.

Abermals verstrich eine Woche. Alles nahm einen noch geregelteren Gang in dem Zusammenleben dieser Leute an. Nur Ludwig fühlte sich zu Zeiten beengt. Er hatte etwas auf dem Herzen, aber wenn er auf die Glücklichen schaute, die um ihn waren, getraute er sich nicht, davon zu sprechen.

Da klopfte es eines morgens an der Thür und der Briefträger erschien.

„Nachbar Petzold, was bringen Sie uns?" fragte Tante Jette.

„Einen Hamburger!" sagte Herr Petzold und entfernte sich wieder.

Der Brief war an den Matrosen Ludwig Pfingstberg gerichtet. Dieser löste das Siegel mit einiger Hast und überflog den Inhalt. Als er ihn gelesen, ging er hinaus, ohne ein Wort zu sagen. Sie sahen sich unter einander an und wurden über die Maßen betrübt, denn sie wußten bereits, was dieses Schweigen bedeutete.

Erst am Abend kehrte Ludwig von einem längeren Ausgange zurück. Er trat an den Tisch und sagte:

„Der Brief, den ich erhielt, ist vom Kapitän Johannes Hansen. Er mahnt mich an unsere gegen=seitige Uebereinkunft und giebt mir Ordre, an Bord zu kommen."

„Ludwig!" rief der Vater. „Ich habe es nicht glauben wollen, als mein Bruder es mir sagte. Du willst uns gewiß und wahrhaftig wieder verlassen?"

„Ich will nicht, Vater! Ich muß!" entgegnete Ludwig mit einem Händedruck. „Wo ich immer gehe und stehe, höre und sehe ich nichts, als die blaue, rollende See, die mich ruft. Es wird nicht eher Frieden, bis wir wieder beisammen sind. Jenseits des Oceans ist meine Heimat. Dort soll ich sie suchen und ich werde sie auch finden. Ich wäre ein schlechter Argonaut, wenn ich nach der ersten mißlungenen Fahrt die Hände in den Schoß legte und die Augen vor dem Glanze des Bließes schloß, das mir aus der Ferne entgegen lacht."

„Sohn! Sohn! Thue mir das Herzeleid nicht an, daß Du mich wieder verläßt, nachdem ich Dich kaum gefunden," bat Meister Andreas.

„Vater, reiße nicht an diesem Herzen. Du weißt nicht, wie weh Du mir thust," sagte Ludwig. „Frage Deinen Bruder; er wird Dir statt meiner Antwort geben. Sieh nur auf Tante Jette. Sie sagt nichts und schaut mich mit ihren klaren Augen an, als wollte sie sagen: Ich begreife ihn und weiß, es geht nicht anders."

„Ja, mein Junge; es ist, wie Du sagst. Du hast den Sinn Deines Onkels Wilhelm geerbt. Du mußt eben."

Wilhelm wandte sich an seinen Bruder und sagte zu diesem:

„Laß ihn. Er kann nicht anders."

Ludwig umarmte alle, dann entfernte er sich. Als die übrigen sich trennten, flüsterte Wilhelm:

„Gieb acht, Jettchen, den sehen wir nicht wieder. Morgen früh ist er auf und davon."

Der Morgen dämmerte. Meister Andreas fuhr aus dem Schlafe empor und fühlte sich von etwas umstrickt. Es waren die Arme des Sohnes, der den letzten Scheidegruß auf die Stirn des Greises drückte und mit einem krampfhaft ausgestoßenen Lebewohl verschwand. Meister Andreas war zu schwach, ihn aufzuhalten und ihm zu folgen. Er faltete die Hände und von seinen Lippen bebte es:

„Vater unser, der Du bist im Himmel."

Ende.